企业上市财务方略

姚海新 ◎ 著

天津出版传媒集团
天津科学技术出版社

图书在版编目（CIP）数据

企业上市财务方略 / 姚海新著. -- 天津：天津科学技术出版社，2020.4

ISBN 978-7-5576-7611-7

Ⅰ. ①企… Ⅱ. ①姚… Ⅲ. ①上市公司－企业管理－财务管理－研究 Ⅳ. ①F276.6

中国版本图书馆 CIP 数据核字(2020)第 053758 号

企业上市财务方略
QIYE SHANGSHI CAIWU FANGLUE

责任编辑： 陶 雨

出 版： 天津出版传媒集团
　　　　 天津科学技术出版社
地　址： 天津市西康路 35 号
邮　编： 300051
电　话： (022) 23332400
网　址： www.tjkjcbs.com.cn
发　行： 新华书店经销
印　刷： 北京宝莲鸿图科技有限公司

开本 787×1092　1/16　印张 12　字数 270 000
2021 年 4 月第 1 版第 1 次印刷
定价：58.00 元

前　言

　　一个国家企业发展水平可以映射出其经济市场的稳定性和发展潜力。我国改革开放以来，市场经济取得了跨越式的发展，上市企业也不断涌现，其一方面优化了经济资金的配比；另一方面推动了国民经济的可持续发展。衡量上市企业的经济能力和发展潜力可以从上市企业财务绩效评价方面进行研究，应用统计学的原理对金融上市的企业构建能力指标，其中包括：股本扩展能力、营利能力、发展能力和偿债能力等，对各指标参数进行计算，可以客观准确地反映出上市企业真实的经营水平、风险状况及未来的发展前景。

　　因此，本书对企业上市财务方略进行详细介绍，知识点全面，希望能够帮助相关工作人员展开工作，从而推动我国经济的进步与发展。

目 录

第一章 企业财务管理基础知识 ... 1
- 第一节 财务管理导论 ... 1
- 第二节 财务管理环境 ... 10
- 第三节 货币时间价值 ... 16
- 第四节 风险与收益 ... 21
- 第五节 资本成本和现金流量 ... 26
- 第六节 财务预测 ... 46
- 第七节 财务决策 ... 62
- 第八节 财务预算 ... 79
- 第九节 财务控制 ... 88

第二章 上市公司财务管理战略 ... 95
- 第一节 财务战略理论的演进 ... 95
- 第二节 国外财务战略的研究现状 ... 99
- 第三节 我国财务战略的研究现状 ... 100
- 第四节 上市公司财务战略目标 ... 102
- 第五节 上市公司财务战略的内容 ... 105
- 第六节 上市公司财务战略管理模式 ... 108

第三章 上市公司财务风险管理 ... 111
- 第一节 上市公司财务风险管理理论 ... 111
- 第二节 上市公司财务风险管理体系的构建 ... 116

第四章 上市公司财务绩效评价 ... 130
- 第一节 上市公司财务绩效评价体系 ... 130
- 第二节 上市公司财务绩效评价探讨 ... 138

第五章 上市公司财务报表舞弊及审计·················144

第一节 上市公司财务报表舞弊的含义、特征、危害············144

第二节 上市公司财务报表舞弊手段······················151

第三节 上市公司财务报表舞弊的审计对策················156

第六章 上市公司财务质量评价·························165

第一节 财务质量评价的理论基础······················165

第二节 上市公司财务质量影响因素及评价中存在的问题······170

第三节 我国上市公司财务质量评价体系··················175

结　语···184

第一章　企业财务管理基础知识

第一节　财务管理导论

一、财务管理概述

财务管理是在一定的整体目标下，关于资产的购置（投资）、资本的融通（筹资）和经营中现金流量（营运资金），以及利润分配的管理。财务管理是企业管理的一个组成部分，它是根据财经法规制度，按照财务管理的原则，组织企业财务活动，处理财务关系的一项经济管理工作。简单地说，财务管理是组织企业财务活动，处理财务关系的一项经济管理工作。

主要内容包括：财务的目标与职能、估价的概念、市场风险与报酬率、多变量与因素估价模型、期权估价、资本投资原理、资本预算中的风险与实际选择权等。

（一）基本理论

资本结构理论是研究公司筹资方式及结构与公司市场价值关系的理论。1958年莫迪利安尼和米勒的研究结论是：在完善和有效率的金融市场上，企业价值与资本结构和股利政策无关——MM理论。米勒因MM理论获1990年诺贝尔经济学奖，莫迪利尼亚1985年获诺贝尔经济学奖。

现代资产组合理论与资本资产定价模型(CAPM)现代资产组合理论是关于最佳投资组合的理论。1952年马科维茨（Harry Markowitz）提出了该理论，他的研究结论是：只要不同资产之间的收益变化不完全正相关，就可以通过资产组合方式来降低投资风险，马科维茨为此获1990年诺贝尔经济学奖。资本资产定价模型是研究风险与收益关系的理论。夏普等人的研究结论是：单项资产的风险收益率取决于无风险收益率，市场组合的风险收益率和该风险资产的风险。夏普因此获得1990年诺贝尔经济学纪念奖。

期权定价理论是有关期权(股票期权，外汇期权，股票指数期权，可转换债券，可转换优先股，认股权证等)的价值或理论价格确定的理论。1973年斯科尔斯提出了期权定价模型，又称B—S模型。20世纪90年代以来期权交易已成为世界金融领域的主旋律。斯科尔斯和莫顿因此获1997年诺贝尔经济学奖。

有效市场假说是研究资本市场上证券价格对信息反映程度的理论。若资本市场在证券价格中充分反映了全部相关信息,则称资本市场为有效率的。在这种市场上,证券交易不可能取得经济利益。理论主要贡献者是法玛。

代理理论是研究不同筹资方式和不同资本结构下代理成本的高低,以及如何降低代理成本提高公司价值。理论主要贡献者有詹森和麦科林。信息不对称理论(Asymmetric Information)是指公司内外部人员对公司实际经营状况了解的程度不同,即在公司有关人员中存在着信息不对称,这种信息不对称会造成对公司价值的不同判断。

(二)财务规划

财务规划帮助公司设立指导方针来制定运营和财务计划。将公司的关键目标合理化并兼顾到资本投资。公司目标转化成有形的财务指标。投资决策和目标产生整合的财务报表,把财务目标和财务指标联系起来。然后整个组织围绕这些目标和指标运营。

财务规划包含3项活动:①设立目标;②设立有形指标;③衡量并调整目标和指标。在财务规划流程中,关键是要建立整合的财务报表及其与运营规划的链接。关键的财务规划与预测产生一致损益表、资产负债表、现金流量表,并最终形成财务指标。

财务规划与预测的典型工作流程通常从建立财务目标开始,财务目标通常与近期和长期目标(3~5年)相关,且常常与有形的硬指标相联系。然后使用整合的财务报表对财务目标建立模型。可考虑把收入、盈利能力和现金流作为关键的财务和非财务指标。建立好模型后,高层管理者经常会同董事会对其进行审查。审批后,财务报表以一组财务指标的形式发布到整个组织。

组织的其余人员使用财务指标创建来年的战术运营规划。规划通常基于驱动因素,且与销售量、产品组合等关键业务因素相连。审查并通过规划后,将其重新绑定到整合的财务报表中,确保规划能达成公司目标。通过一系列的反复,公司资源和规划需要经常更新以达成财务目标。整个流程中,要不断地把运营规划转换成一组财务数据。

(三)成本费用

1.成本项目

制造成本。制造成本是工业企业生产过程中实际消耗的直接材料、直接工资、制造费用等。

期间费用:期间费用是企业为组织生产经营活动发生的、不能直接归属于某种产品的费用。包括管理费用、财务费用和销售费用。期间费用直接计入当期损益,从当期收入中抵消。

管理费用:管理费用指企业行政管理部门为组织和管理生产经营活动而发生的各项费用,包括工资和福利费、工会经费、职工教育经费、劳动保险费、待业保险费、研究开发费、业务招待费、房产税、土地使用税、技术转让费、技术开发费、无形资产摊销、坏账损失等。

财务费用:财务费用是企业为筹集资金而发生的各项费用,包括利息支出、汇兑净损失、金融机构手续费以及为筹资发生的其他费用。

销售费用：销售费用是指企业在销售产品、自制半成品和提供劳务等过程中发生的各项费用以及专设销售机构的各项经费，包括应由企业负担的运输费、装卸费、包装费、保险费、展览费、广告费、销售服务费用、销售部门人员工资、职工福利费和其他经费等。

2. 成本费用管理的主要内容

成本预测。成本预测是指依据成本与各种技术经济因素的依存关系，结合企业发展前景以及采取的各种措施，通过对影响成本变动的有关因素的分析测算，采用科学方法，对未来成本水平及其变化趋势做出的科学估计。

成本决策。成本决策是指为了实现目标成本，在取得大量信息资料的基础上，借助一定手段、方法，进行计算和判断，比较各种可行方案的不同成本，从中选择一个技术上先进、经济上合理的优秀方案的过程。

成本计划。成本计划是指以货币形式预先规定企业计划期内完成生产任务所需耗费的费用数额，并确定各种产品的成本水平和降低成本的任务。

成本核算。成本核算是指根据会计学的原理、原则和规定的成本项目，按照账簿记录，通过各项费用的归集和分配，采用适当的成本计算方法，计算出完工产品成本和期末产品成本，并进行相应的账务处理。

成本控制。成本控制是指在生产经营过程中，按照规定的标准调节影响成本的各种因素，使生产耗费控制在预定的范围内，包括事前成本控制、日常成本控制和事后成本控制。

成本考核。成本考核是将会计报告期成本实际完成数额与计划指标、定额指标、预算指标进行对比，来评价各个成本责任中心成本管理工作的成绩和水平的一项工作，是检验成本管理目标是否达到的一个重要环节。

成本分析。成本分析是根据成本核算资料和成本计划资料及其他有关资料，运用一系列专门方法，揭示企业费用预算和成本计划的完成情况，查明影响计划或预算完成的各种因素变化的影响程度，寻求降低成本、节约费用途径的一项专门工作。

（四）预算

不论财务经理是否认识到，其预测流程都很可能存在弊病。陈旧的流程和工具与对预测准确性和质量的错误认识结合，使全球大多数预测流程存在弊病。成功治愈这一"流行病"需要两步。首先，财务经理应当通过确定并解决预测问题的常见症状，认识到自己的弊病所在。其次，认识到这一点之后，财务经理可以采取措施以实现更为健康的预测实践，并且最终转变为更加灵活且具有盈利能力的组织。

预测问题的七种症状包括：语义混乱、视力障碍、准确性妄想症、系统超负荷、繁荣综合征、缺乏协作和反社交行为。通过确定和处理上述预测问题的症状，企业可以体验"健康"的预测方法带来的优势。规划软件必须支持得到认可的最佳实践，以增强规划的及时性、信息可靠性以及全组织中重要人员的参与度。最佳实践方法要求规划者采用若干关键战略和战术。IBM Business Analytics 软件可提供决策者实现更理想的业绩所需的切实可行的洞察力。IBM 还可提供由商业智能、预测和高级分析、财务业绩、战略管理、监管、风险与合规性以及分析应用程序构成的全面统一的产品服务组合。

例子：已经成功登陆纳斯达克的汉庭酒店集团，在保持着门店数量高速扩张的发展态势。2011 年初，汉庭利用 IBMCognosTM1 建立了全面预算管理系统，提高了决策能力，构建了对业务发展更深刻的洞察。秒级的分析时间是汉庭选用 IBMCognos 产品的最重要的一个原因。同时，IBMCognos TM1 还非常易于使用和维护，并提供 Excel、Web 等三种使用界面。除了完成财务全面预算的任务外，汉庭酒店集团还计划基于 IBMCognos TM1 将全面预算管理平台升级成为整合的全面绩效管理平台。

（五）管理目标

（1）产值最大化。
（2）利润最大化。
（3）股东财富最大化。
（4）企业价值最大化。
（5）相关方利益最大化。

（六）工作重点

一是加强统筹协调和配合，明确国有资本经营预算的支持方向和重点。国有资本经营预算的收入规模需要不断扩大，支出方向和重点需要进一步明确，国有资本存量需要逐步盘活，努力使国有资本经营预算集中解决国民经济重点行业重要资源短缺，加大研发投入和自主创新的支持力度，改造传统产业和发展战略性新兴产业，促进企业实现转型升级和发展方式转变。

二是进一步深化国有企业改革。在确保国有控股的前提下，进一步完善产权交易市场，通过整体改制上市、引入非公经济等战略投资者等多种方式，盘活庞大的国有资本存量，促进国有企业投资主体多元化，形成产权明晰、机制灵活、管理科学的国有企业内部约束机制，建立和完善现代企业制度。

三是借鉴国际经验，实现企业财务管理与国际对接，建立首席财务官制度，完善企业治理结构。同时，研究建立企业财务总监委派制度，明确财务总监的地位作用、职责权限和工作要求等，促进财务总监代表出资人参与企业重大经营决策。

四是构建企业财务管理能力认证体系，提升企业财务管理能力，推动企业强化内部约束和财务管控，实现管理创新。

二、财务管理的假设

在当前我国的财务管理理论中，有关财务管理假设问题的研究相对较少。财务管理假设在整个财务管理理论中占据基础性地位，并对财务管理实践具有不可忽视的指导作用。

（一）财务管理假设的内涵与作用

一般而言，经济学理论研究是从"假设"开始的。根据《韦氏国际词典》的解释，假设是基本的前提或假定，是提出一个认为是理所当然或不言自明的命题。由此我们可以认为假设是人们根据特定环境和已有知识提出的、不需要证明的、具有一定事实依据的假定或设想，是人们进一步研究问题的基本前提。对财务管理的研究也应从假设开始。所谓财务管理假设，是指财务管理人员对那些无确切认识或无法正面论证的经济和财务现象所做出的一种合乎逻辑和情理的推测，是对财务存在的客观环境的一些不确定因素，根据客观情况或趋势所进行的合乎情理的判断，是进一步研究财务管理理论和实践的基本前提。它实质上是对不确定经济环境的预测，是财务对象和财务目标研究的必要限定条件。财务管理假设包括基本假设、派生假设、具体假设。财务管理基本假设是指研究整个财务管理体系的假定或设想，它是财务管理实践活动和理论研究的基本前提；财务管理的派生假设是根据基本假设引申出来的一些假定或设想，是对基本假设的进一步说明和阐述，在构建财务管理体系中起着重要作用；财务管理具体假设是为研究某一具体问题而提出的假定或设想，它以基本假设为基础，是构建某一理论或提出某一具体方法的前提，如财务管理中著名的 MM 理论、资本资产定价理论、量本利分析方法都是在一系列假设的基础上构建的。本书所谈假设指的是基本假设。我国会计学界目前没有对财务管理假设问题给予足够的重视，原因在于对财务管理假设的重要性认识不足。我们认为，财务管理假设不是可有可无的，它在财务管理理论研究和实践中发挥着不可替代的作用。表现在：①财务管理假设是建立财务管理理论体系的基本前提；②财务管理假设是财务管理实践活动的出发点；③财务管理假设可以为人们的财务管理实践提供指导。

（二）财务管理假设的特点

（1）客观性。财务管理假设来源于财务管理实践，是对财务管理活动一般规律的反映。它不是人们主观臆想任意创造出来的，而是有一定事实根据的科学设想。通过对假设的不断补充和完善，有利于财务管理理论的研究和实践的发展，减少盲目性。

（2）普遍性。财务管理实践丰富多彩，反映出来的具体假设也不一样。一门学科的假设应具有一定的抽象性和代表性，只有普遍意义上的财务管理假设才能推导出一系列财务管理概念和理论。

（3）基础性。客观世界是无限的，任何一门学科都是以某一局部客观世界为对象的，因此必须进行一些合理的界定，为本学科的逻辑推理提供一个出发点或基础。这些合理的界定就是假设。没有出发点，就无法进行推理并得出相应的结论，假设在任何理论中都起着基石的作用。

（4）独立性。财务管理假设中的每一项内容应各自独立，各项假设不能重复交叉，其间没有从属关系。独立性是财务管理假设的重要特征。

（5）高度概括性。财务管理的基本假设是根据财务管理实践和财务管理环境抽象出来的，所以，财务管理假设不是事实与经验的简单罗列，而是对各种现象的高度概括和抽象。可以这样说，财务管理基本假设并不涉及具体问题，而是抽象和总括性的。

（6）系统性。财务管理假设的系统性是指财务管理各项假设之间不是相互矛盾的，而是相互配合的，是一个不可分割的整体。

（7）不能直接自我验证。假设是理论体系的基础，没有更基础的东西可用来对假设进行验证。但这并不是说假设就没有依据，根据不适当的假设建立的理论必定与现实不符。

（8）动态性。财务管理假设虽然具有相对稳定性，但是由于其与环境相关，一旦环境发生变化，假设也会发生变化，因此财务管理假设不是固定不变的，而是发展变化的。若经济环境变化使某项假设不能适应实践的需要，就应对其进行改进。

这种变化可能有两种形式：用新的假设取代旧的假设或原有的假设虽然名称没有变化，但内涵改变了。也就是说，财务管理假设可能因为时间或空间的变化而与实际情况不符，有一部分假设会被否定，新的假设也会出现，这种否定是对财务管理假设的一种补充和修正。所以，财务管理假设不是一成不变的，它不断面临环境的挑战。

（三）财务管理假设的内容

（1）理财主体假设。随着现代企业制度的逐步建立和完善，企业成为相对独立的理财主体。独立理财主体假设的本质是企业以拥有法人财产权为依据，独立开展各项理财活动。国家作为社会管理者，在宏观上通过制定法规、政策来规范、引导和约束企业的财务活动。因此，独立理财主体也是有条件的，而且受内外部环境的影响，为了使财务理论更加简明，需要以假设的办法来说明独立理财主体问题。理财主体应具备这样的特点：①必须有独立的经济利益；②必须有独立的经营权与财权；③理财主体不一定是法律实体，但法律实体一定是理财主体。企业作为独立的理财主体是现代市场经济的标志，只有真正实现政企分开，国家不再作为企业的理财主体，我国的市场经济体制才算真正建立。因此，企业作为独立理财主体具有特别深远的意义。按照独立理财主体假设去运营，可以使企业的财务管理活动逐步走上成熟的市场经济轨道。

（2）持续经营假设。持续经营假设包含四层含义：①理财主体将按照现在的经济组织形式长期地存在下去，在可预见的将来不会进行破产清算；②在理财主体存续期内，其经营活动连续不断地进行；③理财主体的财务活动伴随其经营活动连续不断地进行；④财务管理将连续不断的财务活动按管理要求划分为若干连续的财务管理期间（如年、季、月、日），对其实行分期管理。这一假设从时间上限定了财务管理要素的具体范围，使财务管理主体、财务管理客体、财务管理目标、财务管理信息、财务管理方法有了时间上的归属，赋予其特定的经济含义。这一假设限定了财务管理理论研究和实践的内容，即主要是常规的财务管理。它是企业进行财务预测、制定财务决策和计划、进行财务控制的前提条件。如果下一期企业不继续经营，对企业下一期的财务活动进行预测、决策和计划便无必要。如果不对企业的财务活动实行分期管理，企业的财务预测、决策、计划便无明确的目标，日常的财务控制便失去了标准，财务管理工作将成为毫无意义的活动。

（3）货币时间价值假设。在企业财务管理中，货币时间价值是应用最为广泛的一项假设。人们假设货币是按一定比率随着时间的推移而不断增值的，而且不管货币资金是转化为产品还是转化为固定资产，都是按同样标准计算货币时间价值的。货币时间价值假设是促使企业优化资源配置、不断增加价值的基础。货币时间价值的实质是人类用愈来愈强的能力改造自然界，扩大再生产，为社会创造、积累的财富随时间的推移日渐增加。货币时间价值假设是企业加强财务管理的重要前提，它要求企业无论是开展投资活动，还是筹资活动、营运资金活动以及资金分配活动都要注意降低成本，从而实现企业资金的不断增值。货币时间价值假设是货币资本市场得以有效运行的前提。如果缺乏有效的货币资本市场，就没有真正市场经济意义下的企业。因此，企业财务与货币时间价值假设密不可分。至于各种与货币时间价值假设有关的现值、终值、利息、利率的计算，都是这一基本假设的有效应用和发挥。

（4）资金增值假设。资金是企业财务管理的对象，资金具有增值特征是由社会环境及其内在机制决定的。这一假设为企业以最少的投入争取最大的产出，力争以低成本实现高利润创造了条件。这也成为企业进行各种财务决策，编制财务计划，加强财务控制的理论先导。资金增值假设要求企业在开展每项财务活动之前，首先考虑能否实现资金增值，影响资金增值的因素有哪些，增值水平高低等一系列问题。在此基础上采用科学的方法去实现资金增值目标。企业财务管理的本质就是实现资金增值。企业的一切财务管理活动都与谋取资金增值有关，就是收益分配活动也可以看成是谋取资金增值循环的终点和新的起点。

（5）财务风险与收益相关假设。现代市场经济条件下的企业财务活动充满各种财务风险。我们已经知道企业财务风险与收益之间的关系，每个企业都要在财务风险与收益之间做出选择。财务风险与收益相关假设也是企业财务管理的主要前提。企业财务是在不确定的市场环境中运营的，经营结果的不确定性带来了财务风险。不考虑企业财务风险的理财活动是一项盲目的活动，不能有效排除或避免财务风险的理财活动是一种低水平的活动，因为有些财务风险是可以避免的。既然财务风险是由未来不确定因素造成的，那么财务收益与风险的关系也就难以完全进行定量化分析，因此财务风险与收益相关假设也就有存在的必要。由于财务风险的存在及财务风险与收益相关假设作用的发挥，企业理财才充满生机与活力，才有丰富多彩的数量化的现代理财分析方法，才有各种各样的筹资与投资活动。由于人们对财务风险与收益之间的相关性进行不断探索，大大深化了理财理论与方法，许多著名的理财模型都与财务风险与收益相关假设有关。

（6）有效市场假设。有效市场假设是指财务管理所依据的资本市场是健全和有效的。只有在有效市场上，财务管理才能正常进行，财务管理理论体系才能建立。因为资本市场不是在任何情况下都是有效的，会出现例外情况，所以在财务管理理论中一般都假设资本市场有效。西方财务理论中的有效资本市场假设是建立在高度发达的资本市场和股份制占主导地位的理财环境基础上的，并不完全符合我国的国情。从我国理财环境和我国企业的特点来看，有效市场应具备以下特征：①资本市场能够识别企业及其理财行为的优劣。企业经营状况的好坏都能在资本市场上公允地表现出来；企业理财上的任何成功和失误都能在资本市场上得到及时而有效的反映。②资金富有弹性（资金软约束）。当企业确实因经营需要或因有利的投资机会需要筹集资金时，能以公允的价格在资本市场上筹集到所需的资金；当企业有闲置的资金想投资时，能在资本市场上找到有效的投资工具。有效市场假设的派生假设是市场公平假设，即理财主体在资本市场进行筹资和投资时完全处于市场经济条件下的公平交易状态。市场不会抹杀某一理财主体的优点，也不会无视某一理财主体的缺点。理财主体的成功和失败，都会公平地在资本市场上得到反映。因此，每一个理财主体都会自觉地规范其理财行为，以便在资本市场上受到好评，以利于今后的财务管理工作。市场公平假设还暗含着另外一个假设，即市场是由众多的理财主体在公平竞争中形成的，单一理财主体无论其实力有多强，都无法控制市场。有效市场假设是确立财务管理原则，决定筹资方式、投资方式，安排资金结构、确定筹资组合的理论基础。如果资本市场无效，很多理财方法和财务管理理论都无法建立。

（7）代理成本假设。所谓代理成本是指在企业经营权和所有权分离时所有者对经营者进行激励、监督等所付出的成本。根据理性人假设，经营者更关心个人的晋升、收入增加、地位提高等问题，这使经理人的目标和股东的目标可能出现不一致的情况，因而就出现了代理成本问题。该假设在财务管理中运用于以下几个方面：①财务分析。通过有效财务分析发现经营者业绩的好坏，从而对经营者进行有效激励。②资本结构决策和股利政策决策。已经有理论及实证研究表明，代理成本影响企业的资本结构决策。

（8）所得税影响决策假设。所得税对财务决策的影响表现在以下几个方面：①所得税影响资本预算决策。进行资本预算决策时，必须考虑所得税对现金流入以及对资金成本的影响。②所得税影响资本结构决策。由于企业因负债而支付的利息可以在所得税税前扣除，这就使负债资金成本率较权益资金成本率低。③所得税影响股利政策决策。由于支付股利需支付所得税，故所得税对股利政策决策亦有影响。

（9）现金流量至上假设。由于会计人员按权责发生制来计算利润，因此会计人员更关心利润，而财务人员关心的则是现金流量。现金流量至上假设贯穿财务管理的以下几方面：①证券估价。通过对现金流入（而非利润）的折现估算股票、债券的价格。②资本预算。现金流量至上假设在资本预算中的运用表现为：其一，估算长期投资项目现金净流量的依据是现金而不是利润，估算现金流出的依据是现金流出量而不是成本。其二，长期投资决策依据的是增量现金流入和流出原则。这是因为在估算现金流入时，由于企业不同投资项目的产品会相互竞争而使总体现金流入减少；同样，由于企业不同投资项目的协同效应而使现金流出减少。③现金收支预算。由于现金对企业财务管理如此重要，企业必须编制详细的现金收支预算以加强对现金的管理。

（10）财务理性人假设。按照西方经济学的观点，每个人都是理性的，人类行为的利己动机是很普遍的，对自己的利益是精打细算的。财务理性人假设的本质是强调人们对自己利益的关心与认同。可以利用这一假设，设计出一套完善的利益调控机制，引导人们合理地追求自身利益，在此基础上促进企业利益的实现。财务理性人假设要求企业财务管理人员按理性人的原则处理各种财务问题。他们本身就是理性人，其他人员也是理性人，都有趋利避害的倾向。财务理性人假设是企业进行各种财务利益分配的基础。财务理性人假设也是企业建立各种财务决策模型的基础。因为对不同方案的比较分析都是从假定决策者理性的角度出发的，从若干财务方案中选择最佳方案。他们总是选择那些风险相对较小，而收益相对较大的投资组合；他们总是选择最佳的筹资渠道与筹资方式，形成最佳资金结构。

（11）财务关系假设。财务关系是由于财务活动所形成的经济关系，它是客观存在的。处理好各种财务关系也是财务管理的一个重要方面。财务关系假设是搞好财务管理的前提。令人遗憾的是，在我国虽然早就有人提出处理好财务关系的观点，但未对其进行深入研究，大多停留在雷同的描述性叙述这一水平上。财务关系理论完全可以上升为一门"企业财务关系学"。因为财务关系行为主体之间的竞争是财务关系运行的最基本状态，财务关系行为主体的相互合作是我国社会主义财务关系的一个基本特点，财务关系行为主体间的矛盾和冲突是财务关系运行的客观现象。只要有财务活动就有财务关系，而如何处理好财务关系关系到各方的权利和义务，关系到相关方的利益，也关系到整个经济的协调发展。财务关系随着经济环境、经济关系的变化而发生改变。如何处理好财务关系既要考虑社会经济关系的状况，又要结合企业财务文化做出灵活的选择。在我们考虑企业财务关系问题时，相关方的角色和利益都要考虑进去。只有同时考虑相关方的利益，才能使各方都有所得，也才能增加社会的总体财富。

（12）财务可管理假设。虽然财务活动纷繁复杂，人们对财务现象的认识还很肤浅，但财务还是可以加以管理的。因为财务活动作为人的一项基本活动，是可以按人的意志加以控制的。既然财务活动是一项重要的经济活动，就必然引起各方面的广泛关注，人们在不断地研究财务问题，在不断实践着如何管理好财务活动。随着社会的进步和人们理财水平的提高，财务活动被人们科学管理的可能性将越来越大。

财务可管理假设的含义之一是要求每一个理财者都要对企业财务活动加以严格管理，提高理财水平和理财效益。而且财务管理在众多的管理工作中具有特别重要的意义。因此，这一假设不是可有可无的，而是理财的重要前提。

第二节　财务管理环境

一、财务管理环境

财务管理环境，或称理财环境，是指对企业财务活动和财务管理产生影响作用的企业内外各种条件的统称。环境构成了企业财务活动的客观条件。企业财务活动是在一定的环境下进行的，必然受到环境的影响。企业的资金的取得、运用和收益的分配会受到环境的影响，资金的配置和利用效率会受到环境的影响，企业成本的高低、利润的多少、资本需求量的大小也会受到环境的影响，企业的兼并、破产与重整与环境的变化仍然有着千丝万缕的联系。所以，财务管理要获得成功，必须深刻认识和认真研究自己所面临的各种环境。

财务管理环境，主要包括经济环境、法律环境和金融环境等。

环境是个相对的概念，它是相对于主体而言的客体。任何事物都是在一定的环境条件下存在和发展的，是一个与其环境相互作用、相互依存的系统，作为人类重要实践活动之一的财务管理活动也不例外。在财务管理活动中，财务管理主体需要不断地对财务管理环境进行审视和评估，并根据其所处的具体财务管理环境的特点，采取与之相适应的财务管理手段和管理方法，以实现财务管理的目标。因此，企业财务管理环境就是影响企业财务主体的财务机制运行的各种外部条件和因素的总和。不难看出，由于影响企业财务主体的财务机制运行的外部条件和因素错综复杂，且变幻莫测，因此，财务管理环境本身就构成了一个复杂多变的系统。

二、财务管理环境的意义

企业从事财务管理工作所面临的局势、氛围和条件，就是财务管理环境。换言之，财务管理环境是非财务事件制约企业实现财务管理目标的客观条件。它是财务管理系统之外的但与财务管理系统有着直接、间接联系的各种因素的总和。

研究财务管理环境的意义，至少表现在以下三个方面。

（1）通过对财务管理环境的系统研究，可以使我们正确、全面地认识财务管理发展的历史规律，以及财务管理未来发展的基本趋势。

财务管理的发展受多种因素的影响，是各种环境因素综合作用的结果。同时，我们又应该注意到，在这些环境因素里，某些因素起着主导作用。只有首先认识了这些环境因素及其在各历史阶段的变化特征，方能真正认识财务管理自身的发展变化规律。

（2）通过对财务管理环境的系统研究，可以使我们正确地认识财务管理实践活动的环境特征，从而有助于财务管理工作更好地适应环境。

财务管理只有首先适应了环境，才会有生命力。当环境发生变化时，财务管理就必须做出相应的变化，尤其是在做出重大的长远财务决策时，更需要对未来环境的可能变化趋势做出尽可能客观的分析和预测，否则，财务决策的成功率就不可能高，未来企业财务的失败就会让人感到十分"意外"。

（3）通过对财务管理环境的系统研究，可以推动财务管理理论的更快发展。财务管理理论的研究目的，不应仅限于正确地反映财务管理实践，更重要的是为了以正确的理论指导实践。没有财务管理实践，固然就不会有财务管理理论。然而，财务管理实践如果缺少正确理论的指导，那就可能是十分盲目的。财务管理理论的发展变化，绝不是简单的几个因素或某一特定因素作用的结果，而是前已述及的诸多方面因素综合作用的结果。所以，进行财务管理理论研究，就必须密切注意影响财务管理的各种环境及其变化。

三、财务管理环境的分类

（一）根据环境的层次性，可分为宏观、中观及微观环境

（1）财务管理的宏观环境，是指对一个国家或一个相对独立的地区内的所有企业的财务管理都有着重要影响的环境因素，如国家政治，经济体制，经济发展水平，经济周期，金融市场状况等。

（2）财务管理的中观环境，是指对一个国家或地区部分企业的财务管理有着重要影响的环境因素。如行业环境，地方环境等。

（3）财务管理的微观环境，是指那些仅对一个特定企业的财务管理有着重要影响的环境因素。如企业所有制，企业组织形式，企业内部组织结构，生产状况，技术状况，营销状况等。

（二）根据环境因素的可控性，可分为可控环境因素和不可控环境因素

（1）可控环境因素，是指那些对企业财务管理有着重要影响，但其本身可以为企业管理当局所控制和调整的环境因素。如企业内部的各种因素，包括人员状况、生产状况、技术状况等。

（2）不可控环境因素，是指那些对企业财务管理有着重要影响，且不能为企业管理当局所控制和调整的环境因素。如企业外部的各种因素一般均属于此类。

（三）根据环境因素的易变性，可分为稳态环境和动态环境

（1）稳态环境，是指那些对企业财务管理有着重要影响，但其本身通常情况下处于相对稳定状态的各种环境因素。如地理环境、人文环境、政治环境等。

（2）动态环境，是指那些对企业财务管理有着重要影响，且本身处于经常变动之中的环境因素。如利率、汇率、通货膨胀率、购销市场价格等。

四、财务管理环境的主要内容

（一）财务管理一般环境

这里的一般财务管理环境就是指企业治理契约或公司治理结构以外的其他影响财务主体的财务机制运行的外部条件和因素，主要包括政治环境、法律环境、经济环境、社会文化环境、科技教育环境等等。其中，影响最大的是政治环境、法律环境、经济环境。

（1）政治环境。一个国家的政治环境会对企业的财务管理决策产生至关重要的影响，和平稳定的政治环境有利于企业的中、长期财务规划和资金安排。政治环境主要包括：社会安定程度、政府制定的各种经济政策的稳定性及政府机构的管理水平、办事效率等；

（2）法律环境。财务管理的法律环境是指企业发生经济关系时所应遵守的各种法律、法规和规章。国家管理企业经济活动和经济关系的手段包括行政手段、经济手段和法律手段三种。随着经济体制改革不断深化，行政手段逐步减少，而经济手段，特别是法律手段日益增多，把越来越多的经济关系和经济活动的准则用法律的形式固定下来。与企业财务管理活动有关的法律规范主要有以下几个方面：①企业组织法规；②税收法规；③财务法规等，这些法规是影响财务主体的财务机制运行的重要约束条件。

（3）经济环境。经济环境是指企业在进行财务活动时所面临的宏观经济状况。主要包括以下几个方面：①经济发展状况；②政府的经济政策；③通货膨胀和通货紧缩；④金融市场；⑤产品市场；⑥经理和劳动力市场等。其中，金融市场的影响最为显著。

金融市场可分为货币市场和资本市场。货币市场也称短期资金借贷市场，主要是一年期以内的短期资金借贷市场。资本市场又称长期资金融通市场，主要是指长期债券和股票市场。

金融市场与企业财务管理具有十分紧密的关系，金融市场的作用主要表现在以下几个方面：①金融市场是企业筹资和投资的场所。企业需要资金时，可以到金融市场选择适合自己需要的方式筹资，如银行贷款、融资租赁、发行股票和债券。企业有了剩余资金，也可以灵活选择投资方式，为其资金寻找出路，如银行存款、投资国债和购买股票。②企业可以通过金融市场使长短期资金互相转化。企业作为战略投资者持有的上市公司股票可以在规定的持有期到期后在证券市场上卖出；持有的可上市流通债券可以随时转手变现，成为短期资金；远期票据可以通过贴现，变为现金；大额可转让定期存单，也可以在金融市场卖出，成为短期资金。与此相反，短期资金也可以在金融市场上转变为股票、债券等长期资产。③金融市场可以为企业财务管理提供有意义的信息。金融市场的利率变动，反映了资金的供求状况；有价证券的市价波动反映了投资者对企业的经营状况和盈利水平的客观评价。因此它们是企业经营和投资、筹资的重要依据。

（二）具体财务管理环境

具体财务管理环境是指对财务主体的财务机制运行有直接影响的那部分外部条件和因

素。具体财务管理环境的主要内容可以用企业治理契约或公司治理结构来概括。当以所有者和经营者作为财务主体进行分析时，具体财务管理环境的构成要素主要有以下几方面：

（1）债权人。债权人是企业资金的重要提供者，他们的利益要求决定了企业筹集和使用资金成本的高低。除此而外，债权人还对企业的筹资决策、投资决策和利润分配决策有直接影响。他们通过与企业签订具有保护性条款的契约的方式对企业所有者和经营者的财务决策施加影响，以促使企业保持较强的偿债能力、变现能力。在企业无力偿还债务时，债权人还可取得对企业的财务控制权。一般财务管理环境中金融市场环境的作用主要通过该要素得以体现。

（2）供应商和顾客。供应商包括原材料、机器设备等生产资料的提供者，顾客则是吸收本企业产出的主体。良好的与供应商和顾客的关系是企业增加价值的重要源泉，其对企业降低成本、赢得竞争起着举足轻重的作用，是企业最重要的经济资源。不同类型的与供应商和顾客的关系所导致的成本、利润、存货、应收账款、现金流量等有显著的差异。因此，供应商和顾客是企业营运资金管理、成本管理、利润管理及战略财务管理等需要考虑的最重要环境因素。20 世纪 90 年代以来，风靡全球的业务流程再造、供应链管理、客户关系管理等管理理论和方法的出现，则是企业管理主动营造良好财务管理环境的典型例证。一般地说，产品市场、通货膨胀及经济周期等一般财务管理环境的作用主要通过该具体财务管理环境因素得以体现。

（3）政府。政府对企业财务机制运行的直接影响主要体现在两个方面：一是作为社会管理者所制定的政策法规、管理制度，直接限定了企业作为财务主体开展财务活动的范围；二是作为征税者的政府运用税收手段直接参与企业的利益分配，取得税收收入。我们认为，作为征税者的政府与投资者、供应商、顾客等一样，其对企业管理的目的是为了足额征收企业应交的税金，满足作为征税者的政府自身的利益。从这一意义上说，作为征税者的政府也是企业的利益相关者之一，是公司治理的重要参与主体，是企业具体财务环境中一个非常重要的组成部分。政治环境、法律环境、税收环境等一般财务管理环境的作用主要通过该要素得以体现。

（4）职工。职工是企业经营的主体，他们是企业治理契约或公司治理结构的重要组成部分。对于所有者、经营者来说，他们相互之间及各自与职工在财权和利益分配等方面进行博弈，始终是其财务管理的重要内容，对职工的财务激励和约束也始终是财务管理的难题之一。除此之外，企业职工的素质和精神风貌也直接影响着企业财务管理的目标，而且对企业财务目标的实现程度有着直接的影响，因此在财务决策时必须认真考虑企业职工这一环境因素。教育、科技、文化及经理和劳动力市场等一般财务管理环境的作用主要通过该要素体现出来。

财务管理活动总是依存于特定的财务管理环境。但是，不论是一般财务管理环境，还是具体财务管理环境，都不是一成不变的。恰恰相反，不断发生变化是它们的基本特点。因此，每一个财务主体必须随时关注其具体财务管理环境的变化，并注意一般财务管理环境可能发生的变化及其所产生的潜在影响,以便尽快适应财务管理环境的变化。只有这样,才能做到在变幻莫测的财务管理环境中得心应手,运营自如。当然,财务管理活动对财务管理环境特别是对具体财务管理环境也有一定的反作用。科学的财务管理应当使财务管理环境不断改善,从而更有利于财务主体财务目标的实现

五、现代经济条件下的财务环境

(一)经济全球化

在经济全球化浪潮中,对财务管理有着直接影响的是金融全球化。在金融全球化的趋势下,越来越多的外资金融机构进入我国,必将使我国金融市场发生全面而深远的变化,呈现出一些新的特征,从而对企业筹资投资产生极大的影响。第一,金融市场规模的扩大、资金供给的增加和金融工具的不断创新,为我国企业筹资、投资和规避风险提供了多种可供选择的组合方式。第二,金融创新丰富了金融工具品种,拓展了金融服务范围,但同时也派生出利率风险、汇率风险、表外风险等新的风险,使金融风险进一步加大,规避风险将成为企业财务管理面临的最重要课题之一。第三,国内外金融市场竞争的加剧,促使我国金融机构建立现代企业制度的步伐进一步加快,金融机构自律性管理将进一步加强,国家对金融市场的监管也将进一步规范,这必将使金融市场配置资源的功能得以更加有效地发挥。这样,无论什么性质的企业在金融市场都将处于公平竞争的地位,只能凭借其良好的经济效益、看好的市场前景与持续高速的增长而获得资金。第四,金融市场的变化,使我国企业无论在"真实资产"方面还是"金融资产"方面都将面临许多新的投资机会。同时也应该看到,为了增强产品在国际国内市场上的竞争能力,我国企业尤其是一些资本和技术密集型企业就应该将其投资建立在高新技术产业基础之上,但与之相伴的投资风险将会较大;另外市场竞争日益激烈又将使报酬率趋于平均化,企业要获得较高的投资报酬就必须努力降低投资成本和风险损失。企业投资的这些新变化,要求我们进一步提高企业投资决策的及时性、合理性和科学性。

(二)网络经济下的财务管理环境

(1)经济环境。网络经济时代,信息产业成为全球第一大产业,以信息产业为主导产业的全球经济逐渐知识密集化。因特网的建立形成了全球单一的电子市场基础;企业的资源配置,产品的销售,都在世界范围内进行;企业之间的合作、重组也跨越了国界。企业通过互联网不仅向社会提供服务,并且可以从事网络经贸活动(即电子商务),因此纷纷在网上开设"网址",树立网络形象。互联网络的迅速延伸和扩展,使得一个全新的网络社会正在形成,使地球"缩小"变成一个"地球村"。世界经济成了一个资源共享、高速运转、多元化发展的一体化经济,经济模式改变了人们的工作(如家庭办公),与生活(如网上购物),也改变了企业的运作方式(如虚拟企业的组建),管理方式(如网络财务的应用)。

全球经济的网络化、一体化，使全球的竞争更加激剧，同时改变了企业的竞争机制，在竞争中的合作变得尤为重要。全球网络化，资本、技术、智力的全球"流动"与扩散，使企业逐渐趋向"无界"经济。一些独立的厂商、顾客、同行的竞争对手通过信息技术联成临时的网络组织，以达到共享技术、分摊费用以及满足市场需求的目的，求得共同的生存与发展。技术变革要求企业变为松散、精简和更加灵活的结构。总公司重点从事设计、组装和开发市场，生产分包给外围公司，公司之间构成各种协作关系。大公司之间组成战略同盟，大公司与小公司构成几何网络企业。一种虚拟的动态联盟组织便适应时代的需求产生，供产销形成一个完整的链条，企业的财务管理功能将延伸到企业之外。

（2）技术环境。以网络技术为主的各种信息技术为企业的财务管理提供了更广阔更先进的技术手段与方法：企业可以以柔性技术为基础保持技术的领先；以信息网络为依托实现资源整合，将网络与财务相结合形成网络财务，并且开发网络财务软件，实行动态的、实时的财务管理。

（3）金融环境、社会环境。电子货币成了网络交易市场的主要货币流通结算工具，互联网的延伸使得全球外汇市场每天 24 小时都可以进行交易，人们可以在全球范围内将资金以"光的速度"从一个地方转移到另一个地方，并且流通费用、交易成本大大降低。电子货币形态的资金将成为企业筹资、投资、分配的主要形式之一。网上银行的建立为网络经济的五常运转提供了安全、可靠的金融保障。网络经济时代技术变革相应会带来社会变革，企业组织、工作结构、社会工种的改变也将影响到企业的财务管理。

（三）知识经济下的财务管理环境

知识经济对企业的影响是全方位的，从现代企业理财的微观视野看主要有以下方面。

（1）企业资产形态的变化。传统工业经济需要投入大量的资金和设备，有形资产在企业总资产中占绝对优势；而知识经济是以知识、智力等无形资产投入为主，无形资产在企业经营中起决定作用。现代企业中无形资产占总资产比重的不断上升已表现为一个明显的趋势。

（2）企业竞争力要素的变化。在典型的工业经济形态中，市场占有率和较大的市场份额是企业补偿投入成本、形成和增加企业利润、维持满意市场结构的决定要素；同时，由于固定资本的经营杠杆效应和企业以有形物质资产投入为主的特征，企业总是力求通过扩大产出规模来增加财务成果，从而获取相对于竞争对手的竞争优势。但是，随着经济逐渐朝知识经济方向发展，市场份额和产出绝对规模只是企业竞争力的外在表现。在内涵上，企业竞争力更主要是源于企业对各类知识的占有和知识资本的运用程度。企业在一定时期积累的知识量越大、其知识资产的结构及其动态组合与社会对知识的要求结构越一致，企业知识资产的转化效率就越高，企业竞争力，特别是长期竞争力就越强。

（3）企业经营行为的变化。知识投入的增加，特别是网络和信息技术在知识化和企业资产形态的无形化，企业投资转向以资源的开发利用为重点的新领域，随着经验决策向以知识为基础的科学决策转变，企业投资决策和投资管理日益知识化，对知识资产的评估和管理是知识决策的中心内容之一；由于知识成为企业的主体资产形式，企业的生产方式和组织结构日益柔性化。生产方式的柔性化表现为小型灵活的生产日益成为主流。组织结构的柔性化发展出灵活的工作时间、场所和报酬制度，企业更强调知识、信息的收集、传播和利用，并通过网络在企业内部分享、重组和创新，整个企业发展成为一个网络化的信息结构；由于知识的共享性和可转移性克服了物质资源的稀缺性和使用上的排他性，企业对知识的积累和运用与社会对知识的要求形成经常性的正向互动关系，使企业经营目标与社会整体目标日趋一致。

（4）企业产品的变化。随着知识经济的发展，企业产品发生一系列的变化，一是产品的知识含量提高，更新换代的速度加快；二是产品和服务的价值主要由其所含的知识量决定，知识的重复使用使产品生产中物质消耗的制造成本在产品价格中的比重越来越小；三是经济信息的广泛流通和网络购物的兴起，使市场信息接近于完全竞争的市场结构，顾客要求企业以最低的价格快速进行市场订货并提供多种类和个性的产品和服务，企业传统存货管理模式的变革提上日程。

（5）企业分配方式的变化。既然知识资源是产品的主要生产要素和产品价格的决定因素，知识和利用知识的能力参与企业利润分配并取得比其他要素更丰厚的报酬将成为必然趋势。

（6）企业范围边界的变化。与知识经济以前的经济形态相比，知识的形成、传播无地域性，使企业生产经营管理的范围迅速扩大，企业边界的概念模糊难定。一是企业活动与环境的联系更为密切，它们共处于一体化的网络之中；二是企业与企业在市场活动和产品链关系中形成物质资本与知识资本的相向流动，固定结构关系被打破；三是企业与供应商以及企业与客户的关系不再固定，在全球网络中，企业与客户形成"在选择中结盟，在结盟中选择"的新格局。

财务管理环境是财务管理理论研究的逻辑起点，财务管理中的一切理论问题都是由此展开的，并在此基础上层层深入，形成合理的逻辑层次关系。把握开展财务活动的有利条件和不利条件，合理地利用环境，对环境发挥积极的能动作用，利用环境变化可能带来的机遇，使企业的财务活动与变化了的财务管理环境相协调，提高企业财务管理工作对环境的适应能力、应变能力和利用能力，保证财务决策的正确性、及时性，从而更好地实现财务管理目标。

第三节　货币时间价值

货币时间价值是现代财务管理的重要的价值观念。对于财务管理课程的学习者来说，学习好货币时间价值，将为以后的项目投资决策、证券估价、企业价值计算的学习打下坚实的基础。在理论学习过程中，初学者常常易混淆复利、年金、终值、现值等概念。其实，货币时间价值的计算亦有方法可循。本书将通过对货币时间价值计算方法进行介绍，再议货币时间价值。

一、货币时间价值概述

（一）概念

货币时间价值的含义为货币在得到一定时间的投资、再投资行为之后所提升的价值。这之间所提升的价值，一方面对于货币拥有者而言，是其丧失货币一定时间使用权所应当得到的收益；另一方面对于货币借入者而言，是其获得货币一定时间使用权所应当支出的成本。货币时间价值表明了在时间轴的推移过程，使当前的货币相比于未来某个时间段等值货币所具备的增值能力。简单来说货币时间价值就是指当前的百元大钞所拥有的价值是超过将来某个时间点百元大钞的价值。

（二）形式

货币时间价值形式可进行宏观、微观表现分类。就全面社会经济活动角度出发，主要分为相对数与绝对数两种形式。相对数为没有风险和没有通货膨胀条件下的社会平均资金利润率；绝对数就是时间价值额是资金在生产经营中带来的真实增值额，也就是资金与时间价值率的乘积。

（三）价值

有效读懂货币时间价值，能够积极促进货币拥有个人、企业加速资金循环周转，提升货币使用率。货币增值额与货币循环周转次数是呈正比关系的，货币的循环周转促进货币时间价值获取，而这一获取所需要的周期可长可短，货币每进行异常循环周转，货币数额便能够得到一定程度的提升；货币数额增值情况，受货币循环周转次数正极影响。简而言之，在时间的推移下，经循环周转作用，货币总额可呈现几何级数增长的趋势。同时，货币时间价值还可作用于判定个人、企业投资决策可行程度，无论是个人，还是企业，其投资决策财务目标均为获取利润最大值。经货币时间价值对比，有效判定决策方案是否存在盈利点，当货币时间价值低于决策方案盈利利润时，决策方案方可施行，即货币时间价值是决策方案可行程度的度量指标。

二、财务管理货币时间价值成因

（一）生产流通中货币所具有的固定特征

我国市场上所具有的货币是由中国人民银行所供给的，如果货币供给不断增加，就会导致市场上流通的货币增多，货币就有可能出现贬值，通货膨胀现象加重，这样现在的货币所具有的价值远远大于未来所呈现的价值。中央银行的法定存款准备金率同样表现了企业的货币时间价值随着时间的推移，可能呈现下降的态势。

（二）公众心理的预期偏差

尽管个人在经济中处于理性状态，但是这种理性在公众的实际生活中会出现偏差，一旦出现理性预期的偏差，对未来的货币价值就会发生扭曲，就会是当前的货币所表现出来的价值满足他们的消费支出，而对未来的消费却不是那么的重视，产生了很大的不确定性，有可能不关心未来的货币所表现的价值，所以个人就有可能放弃当前的货币价值，但是必须要付出以利息的形式作为代价。

（三）社会资源的稀缺性

在当今的社会发展中，经济发展就必须要消耗自然资源和社会资源为代价的。而这些资源往往构成了社会最原始的财富，同时也会创造出新的社会产品和社会财富。但是在经济学中，资源具有稀缺性的特点，就要合理的利用当前的资源，使资源的配置达到最优化的资源，当前资源产品的效用可能会高于未来的效用。这个运用在货币经济学当中同样有效，现在的货币价值可能会大于未来的货币价值，这当中起着最主要的作用就是名义利率的存在，因为它反映着资源的稀缺性和社会经济增长的必要条件。

（四）货币所持有的动机

第一，在企业的生产经营中必须要有一定的货币余额，这时候的货币余额起着购买生产所需要的原材料，支付劳动者的工资，企业的日常管理费用等，这就是企业财务管理中货币所持有的交易动机。第二，企业在获得一定的货币资金收入，需要通过存款的形式保留在银行中，来弥补所产生的服务费用；另外，企业在获取银行所支付的货币贷款，也需要企业具有货币资产作为银行贷款的准备金，这样确保银行的资金安全，这便是货币所起的补偿动机原因。第三，企业在生产经营中随时随地都要面临着各种各样的不确定性风险，比如一些突发事件和不利的偶然事件，企业需要拿出一部分货币资金来面对着风险，以保证企业能够安全地进行生产经营，这就是货币谨慎动机起主导作用。第四，企业有时候看到投资报酬率很好的项目，也需要持有一部分货币资金用作这方面的投资，这就产生了企业的货币投机动机。

三、"货币时间价值"计算的一般方法

（1）根据已知条件中现金流量的特点，判断是复利计算还是年金计算。若是一次性收付款项终值与现值的计算属于复利计算；若是一定时期内一系列相等金额的收付款项的计算，则是年金计算，如发放养老金、租金计算、分期支付工程款等。

（2）若是年金计算，进一步判断是后付年金计算还是先付年金计算。如果等额的系列收付款项发生在每期期末，则为后付年金计算；如果等额的系列收付款项发生在每期期初，则为先付年金计算。

（3）结合已知条件判断是终值计算还是现值计算。如果是针对"现在的问题"计算就是现值计算，如果是针对"将来的问题"的计算则是终值计算。

四、货币时间价值的应用

（一）企业运营

1. 企业投资决策的应用

虽然在企业财务管理活动中，货币具有时间价值特征，但这种时间价值是有条件的，货币必须需要进入企业的生产经营领域和流通领域，才能真正地体现它的时间价值。如果企业或投资者把货币闲置起来，甚至都不储蓄，它将不会发生价值增值，还会发生货币的贬值，因为这受到宏观经济中的名义利率影响的。作为企业，在生产经营活动中追求最大的利润，就有可能把货币转化为投资，实现货币的增值。企业在通过用货币进行投资时，需要面临市场上未来的不确定性风险，企业的管理者就必须充分地运用市场环境，进行投资项目科学合理的分析，进行调研、论证、预测分析等环节，为企业的投资做出正确科学的决策。倘若企业的管理者对一个项目没有进行充分的调查与论证，就会致使决策失误，将会对企业的发展产生极为不利的影响。本书从两个方面说明货币的时间价值对企业的投资决策所产生的影响，一种是贴现法，另一种是非贴现法。

贴现法是在考虑货币时间价值的前提下，影响企业的投资决策，它一般包括获利指数法、净现值法、内含收益率法以及现值法等。非贴现法在不考虑企业的货币时间价值的条件下，影响企业的投资决策，一般包括会计报酬率法和回收期法。在企业的日常财务管理活动中，最基本的理念通过运用货币时间价值把所投资的项目花费的成本和未来的收益都用现值核算，其中贴现法是最适合的，因为其考虑了货币的时间价值，真实地反映了各个不同时期的资金的流量，而且还具有较强的可比性。所以，企业管理者在进行项目投资决策时，要以贴现法为主，非贴现法为辅。

2. 企业经营管理的应用

第一，企业在经营生产时，时间一久，必然将会存在固定资产发生折旧，这时候就要求企业进行更新固定资产，够买新的固定资产，但是在更新企业的固定资产时，一般并不会改变企业的生产能力，不会增加的企业现金流入流出，因为更新的部分正好和折旧的部分大致抵消了。所以这时候分析更新的成本与未来的收益，都要考虑货币的时间价值。第二，企业兼并收购、分期付款销售方式、委托代销、对外经济贸易、租赁寄售等等，都要具备货币的时间价值，使企业在未来中获得最大的利润。第三，随着企业的生产规模的不断扩大，企业将会生产大量的产品，这就有可能导致企业的存货增加，以及资金周转的速度减慢，不利于企业的追求利润的最大化。如果企业的管理者正确合理地处理好这些存货，就必须要复利计算，货币的支付保管费用也要按复利计量终值，一般不按单计量。

3. 新会计准则中的应用

在实际购买固定资产的价款与固定资产成本以购买价款的现值之间的差额应采用实际利率法进行分期摊销，摊销金额应记录为当期损益这一会计科目。新会计准则规定预计净残值要与国际接轨，充分注重货币时间价值的现值计量。在我国的一些特殊行业，在确定企业的初始成本时，弃置费用也要考虑到货币时间价值的现值作用，它应当记入财务费用会计科目，通常是以实际利率和摊余成本核算的。对于无形资产的运用与核算，新会计准则中同样考虑了货币的时间价值。

（二）个人理财

普通大众的生活离不开个人理财，即个人理财的涵盖面十分广泛，针对个人理财展开货币时间价值应用有着十分重要现实推广意义。个人理财随着投资时间的推移，每月所需的投资金额便会不断降低。时间是投资复利发挥功效的最佳催化剂，投资时间越长，获益越高。全部的货币时间价值定价问题都与 PV、FV、n、i 此四种变量存在关联，四种变量知道其中任意三种，便能够知道之外的另一种。

（三）应用注意事项

货币时间价值的应用应当考虑多方面的因素，包括投资风险因素、市场通货膨胀因素、时间点因素以及时间限制因素等。个人、企业投资过程中，都会一定程度地遭受风险，投资收益与风险承担是共同并有的。因此，货币时间价值可以被认为是投资收益减去所有风险收益后所剩余的那一部分的报酬。市场通货膨胀是诸多投资风险因素中的一个，通货膨胀作为一类市场特殊情况，其与货币时间价值直接相关联。由此可见，在货币时间价值应用过程中，应当将通货膨胀因素自各种风险因素中脱离出进行单独关注。从企业财务角度而言，一般情况将投资者因通货膨胀而获取的补偿称为通货膨胀补贴，即货币时间价值为投资收益与风险报酬和通货膨胀补偿后那一部分收益差。各个时间点的货币所拥有的特质是各不相同的。通过将各个时间点的货币投放于相同时间点上，这样才能够提升货币对比价值，从而表面它们拥有时间价值。同时，货币时间价值的应用还应当注意货币时间限制因素。货币时间价值受货币时间限制因素重要影响，投资者应用货币时间价值，并有效结合自身实际情况展开综合决策，充分利用货币时间价值降低投资风险。

五、财务管理中货币时间价值的管理

（一）注意货币时间价值的风险影响因素

企业投资后的利润占资本的比例完全由决策者决定，企业决策者做出的投资行为决定了货币时间价值的实现，由此可见，投资期间要通过货币时间价值来实现资本价值最大化。货币时间价值有一定风险，包括套期保值的不确定性风险、利率变动、汇率变动、自然因素、战争因素等。因此，在进行投资时，企业需要考虑货币时间价值的风险因素，才能进行比较全面达到风险预测和管理，确保资金实现收益最大化。

（二）企业投资金融产品的综合化和多元化

企业在投资金融产品时，要提高资本使用效率，把握好各个金融产品的特色，使投资达到较好的效果。通常金融产品的投资种类可以多元化，从而降低投资风险。比如 A 公司现有 9 万元资金，可以选择将 3 万元资本投资黄金产品，将 3 万元购买国家债券，另外 3 万元作为投资外汇产品的资本，这样 9 万元发挥了它的最大价值，可以避免因投资一个领域而受损失的风险。企业可以借助金融产品来拓展投资渠道，分析计算好投资路线、项目风险，实现经济效益最大化。

（三）注重货币时间价值与企业可持续发展的关系

企业生产经营的目的是盈利，将盈利资金再投入生产，周转循环实现可持续健康发展。要实现企业可持续发展，资本价值最大化的目标，需要专业知识，时间分析，决策者的耐性，以及考虑全面的风险，要重视货币时间价值。为实现企业的可持续发展，资本的投资方向显得尤为重要。企业掌握好了时间价值有利于改变企业现状，扩大企业生产规模，提高企业竞争力。

总而言之，在当前市场经济大环境下，个人、企业拥有闲置的货币，他们通过对这些货币进行投资、再投资，换一种方式将货币使用权转让给其他个人、企业，来获取货币的使用费；还有一些个人、企业拥有创造财务的投资机会，但是不拥有货币的支持，他们通过在金融市场获得贷款，将贷款货币用于投资理财，支付货币使用成本。不管是上述那种投资方式，都要对货币时间价值进行应用，投资是我们创造时间价值的途径，而货币时间价值则能够在投资决策方案中发挥其应有的价值。

第四节　风险与收益

一、风险

财务风险是包含有企业可能丧失偿债能力的风险和股东收益的可变性。随债务、租赁和优先股筹资在企业资本结构中所占比重的提高，企业支出的固定费用将会增加，结果使企业丧失现金偿付能力的可能性也增大了。企业财务风险的另一方面涉及股东可能得到的收益的相对离差。总之，企业的财务风险包含了股东未来收益的可变性和企业丧失偿债能力的可能性。这两方面都同企业的经营风险，即预期营业收益离差直接相关。

财务风险有广义的定义和狭义的定义。决策理论学家把风险定义为损失的不确定性，这是风险的狭义定义。日本学者龟井利明认为，风险不只是指损失的不确定性。而且还包括盈利的不确定性。这种观点认为风险就是不确定性，它既可能给活动主体带来威胁，也可能带来机会，这就是广义风险的概念。

（一）特征

企业财务风险贯穿于生产经营的整个过程中，可将其划分为：筹资风险、投资风险、资金回收风险和收益分配风险四个方面。主要特征表现在：

一是客观性。

即风险处处存在，时时存在。也就是说，财务风险不以人的意志为转移，人们无法回避它，也无法消除它，只能通过各种技术手段来应对风险，进而避免风险。

二是全面性。

即财务风险存在于企业财务管理工作的各个环节，在资金筹集、资金运用、资金积累、分配等财务活动中均会产生财务风险。

三是不确定性。

即财务风险在一定条件下、一定时期内有可能发生，也有可能不发生。

四是收益与损失共存性。

即风险与收益成正比，风险越大收益越高，反之风险越低收益也就越低。

（二）成因

企业财务风险产生的原因很多，既有企业外部的原因，也有企业自身的原因，而且不同的财务风险形成的具体原因也不尽相同。企业产生财务风险的一般原因有以下几点：

（1）企业财务管理宏观环境的复杂性是企业产生财务风险的外部原因。企业财务管理的宏观环境复杂多变，而企业管理系统不能适应复杂多变的宏观环境。财务管理的宏观环境包括经济环境、法律环境、市场环境、社会文化环境、资源环境等因素，这些因素存在企业之外，但对企业财务管理产生重大的影响。

（2）企业财务管理人员对财务风险的客观性认识不足。财务风险是客观存在的，只要有财务活动，就必然存在着财务风险。然而在现实工作中，许多企业的财务管理人员缺乏风险意识。风险意识的淡薄是财务风险产生的重要原因之一。

（3）财务决策缺乏科学性导致决策失误。财务决策失误是产生财务风险的又一主要原因。避免财务决策失误的前提是财务决策的科学化。

（4）企业内部财务关系不明。这是企业产生财务风险的又一重要原因，企业与内部各部门之间及企业与上级企业之间，在资金管理及使用、利益分配等方面存在权责不明、管理不力的现象，造成资金使用效率低下，资金流失严重，资金的安全性、完整性无法得到保证。这主要存在于一些上市公司的财务关系中，很多集团公司母公司与子公司的财务关系十分混乱，资金使用没有有效的监督与控制。

（三）应对策略

（1）建立财务预警分析指标体系，防范财务风险产生财务危机的根本原因是财务风险处理不当，因此，防范财务风险，建立和完善财务预警系统尤其必要。

（2）建立短期财务预警系统，编制现金流量预算。由于企业理财的对象是现金及其流动，就短期而言，企业能否维持下去，并不完全取决于是否盈利，而取决于是否有足够现金用于各种支出。

（3）确立财务分析指标体系，建立长期财务预警系统。对企业而言，在建立短期财务预警系统的同时，还要建立长期财务预警系统。其中获利能力、偿债能力、经济效益、发展潜力指标最具有代表性。反映资产获利能力的有总资产报酬率、成本费用利润率等指标；反映偿债能力的有流动比率和资产负债率等指标；经济效率高低直接体现企业经营管理水平，反映资产运营指标有应收账款周转率以及产销平衡率；反映企业发展潜力的有销售增长率和资本保值增值率。

（4）树立风险意识，健全内控程序，降低或有负债的潜在风险。如订立担保合同前应严格审查被担保企业的资信状况；订立担保合同时适当运用反担保和保证责任的免责条款；订立合同后应跟踪审查被担保企业的偿债能力，减少直接风险损失。

（5）科学地进行投资决策。

（四）基本类型

1. 筹资风险

筹资风险指的是由于资金供需市场、宏观经济环境的变化，企业筹集资金给财务成果带来的不确定性。筹资风险主要包括利率风险、再融资风险、财务杠杆效应、汇率风险、购买力风险等。利率风险是指由于金融市场金融资产的波动而导致筹资成本的变动；再融资风险是指由于金融市场上金融工具品种、融资方式的变动，导致企业再次融资产生不确定性，或企业本身筹资结构的不合理导致再融资产生困难；财务杠杆效应是指由于企业使用杠杆融资给利益相关者的利益带来不确定性；汇率风险是指由于汇率变动引起的企业外汇业务成果的不确定性；购买力风险是指由于币值的变动给筹资带来的影响。

2. 投资风险

投资风险指企业投入一定资金后，因市场需求变化而影响最终收益与预期收益偏离的风险。企业对外投资主要有直接投资和证券投资两种形式。根据公司法的规定，股东拥有企业股权的25%以上应该视为直接投资。证券投资主要有股票投资和债券投资两种形式。股票投资是风险共担、利益共享的投资形式；债券投资与被投资企业的财务活动没有直接关系，只是定期收取固定的利息，所面临的是被投资者无力偿还债务的风险。投资风险主要包括利率风险、再投资风险、汇率风险、通货膨胀风险、金融衍生工具风险、道德风险、违约风险等。

3. 经营风险

经营风险又称营业风险，是指在企业的生产经营过程中，供、产、销各个环节不确定性因素的影响所导致企业资金运动的迟滞，产生企业价值的变动。经营风险主要包括采购风险、生产风险、存货变现风险、应收账款变现风险等。采购风险是指由于原材料市场供应商的变动而产生的供应不足的可能，以及由于信用条件与付款方式的变动而导致实际付款期限与平均付款期的偏离；生产风险是指由于信息、能源、技术及人员的变动而导致生产工艺流程的变化，以及由于库存不足所导致的停工待料或销售迟滞的可能；存货变现风险是指由于产品市场变动而导致产品销售受阻的可能；应收账款变现风险是指由于赊销业务过多导致应收账款管理成本增大的可能性，以及由于赊销政策的改变导致实际回收期与预期回收的偏离等。

4. 存货管理风险

企业保持一定量的存货对于其进行正常生产来说是至关重要的，但如何确定最优库存量是一个比较棘手的问题，存货太多会导致产品积压，占用企业资金，风险较高；存货太少又可能导致原料供应不及时，影响企业的正常生产，严重时可能造成对客户的违约，影响企业的信誉。

5. 流动性风险

流动性风险是指企业资产不能正常和确定性地转移现金或企业债务和付现责任不能正常履行的可能性。从这个意义上来说，可以把企业的流动性风险从企业的变现力和偿付能力两方面分析与评价。由于企业支付能力和偿债能力发生的问题，称为现金不足及现金不能清偿风险。由于企业资产不能确定性地转移为现金而发生的问题则称为变现力风险。

（五）风险措施

1. 概述

企业财务风险是客观存在的，因此安全消除财务风险是不可能的，也是不现实的。对于企业财务风险，只能采取尽可能的措施，将其影响降低到最低的程度。

2. 投资风险措施

当企业的经营业务发生资金不足的困难时，可以采取发行股票、发行债券或银行借款等方式来筹集所需资本。从风险防范的角度来看，投资风险主要应该通过控制投资期限、投资品种来降低。一般来说，投资期越长，风险就大，因此企业应该尽量选择短期投资。而在进行证券投资的时候，应该采取分散投资的策略，选择若干种股票组成投资组合，通过组合中风险的相互抵消来降低风险。在对股票投资进行风险分析中，可以采用 β 系数的分析方法或资本资产定价模型来确定不同证券组合的风险。β 系数小于1，说明它的风险小于整个市场的平均风险，因而是风险较小的投资对象。

3. 汇率风险措施

（1）选择恰当合同货币。在有关对外贸易和借贷等经济交易中，选择何种货币作为计价货币直接关系到交易主体是否将承担汇率风险。为了避免汇率风险，企业应该争取使用本国货币作为合同货币，在出品、资本输出时使用硬通货，而在进口、资本输入时使用软通货。同时在合同中加列保值条款等措施。

（2）通过在金融市场进行保值操作。主要方法有现汇交易、期货交易、期汇交易、期权交易、借款与投资、利率—货币互换、外币票据贴现等。

（3）对于经济主体在资产负债表会计处理过程中产生的折算风险，一般是实行资产负债表保值来化解。这种方法要求在资产负债表上以各种功能货币表示的受险资产与受险负债的数额相等，从而使其折算风险头寸为零，只有这样，汇率变动才不致带来折算上的损失。

（4）经营多样化。即在国际范围内分散其销售、生产地及原材料来源地，通过国际经营的多样化，当汇率出现变化时，管理部门可以通过比较不同地区生产、销售和成本的变化趋利避害，增加在汇率变化有利的分支机构的生产，而减少汇率变化不利的分支机构的生产。

（5）财务多样化。即在多个金融市场以多种货币寻求资金的来源和资金去向，实行筹资多样化和投资多样化，这样在有的外币贬值，有的外币升值的情况下，公司就可以使绝大部分的外汇风险相互抵消，从而达到防范风险的目的。

4. 流动性风险措施

企业的流动性较强的资产主要包括现金、存货、应收账款等项目。防范流动性风险的目的是在保持资产流动性的前提下，实现利益的最大化。因此应该确定最优的现金持有量、最佳的库存量以及加快应收账款的回收等。都很清楚持有现金有一个时间成本的问题，手中持有现金过多，显然会由于较高的资金占用而失去其他的获利机会，而持有现金太少，又会面临资金不能满足流动性需要的风险。因此企业应该确定一个最优的现金持有量，从而在防范流动性风险的前提下实现利益的最大化。

5. 经营风险措施

在其他因素不变的情况下，市场对企业产品的需求越稳定，企业未来的经营收益就越确定，经营风险也就越小。因此企业在确定生产何种产品时，应先对产品市场做好调研，要生产适销对路的产品，销售价格是产品销售收入的决定因素之一，销售价格越稳定，销售收入就越稳定

二、收益

收益是指就该财产收取天然的或法定的孳息。收益权也可以依法律的规定或所有人的同意，而归非所有人取得。生产上或商业上的收入，营业收入、得到益处。会计学上的收益概念称为会计收益。根据传统观点，会计收益是指来自企业期间交易的已实现收入和相应费用之间的差额。它具有如下几个方面的特征：

（1）会计收益是根据企业实际发生的经济业务，以销售产品或提供劳务所获得的销售收入，减去为实际销售收入所支出的成本得出的。这些经济业务，既包括外部交易，也包括内部交易。与外界的业务活动使企业的资产或负债发生转移，由于它通常是直接的货币收支，因而其量度一般也是确切的。企业内部的资产之使用或转移，由于是非直接的货币

收支，因而其量度通常并不确切。按照传统会计观点，市场价格或预期价格发生变化而引起的价值变动不包括在内部资产转移之列。当发生交易时，旧资产的价格通常转移到新资产中，这便是计量收益的交易法。交易法自然而然地会推导出在销售或交易时确定收益这一程序以及会计中成本转移惯例。

（2）会计收益是建立在会计分期的假设之上的，它指的是某一特定期间企业的生产经营成果。早期的会计收益是根据现金收付制来计算的，而现代的会计收益则是按权责发生制划分当期收入和费用，在进行了恰当的配比后计算出来的。不过，以现金制确定的收益更易于被使用者所接受。

（3）计算会计收益的成本是以历史成本计列的。由于现行会计实务中企业的资产是按历史成本计价的，以交易法推导的已消耗成本自然就是历史成本的转移，因而作为确定收益一项重要因素之一的成本也是历史成本。

（4）会计收益的确定要遵循收益确认的原则。现行会计实务和法律对收益的意见仍然是：只有在与资产价值增加相关条件得到满足以后，才能产生收益。收益和增值必须能够客观计量，而且是确定或不可改变的，还必须通过一些经济业务或会计事项来加以证实。也就是说，会计收益的确定要依据以下两项原则：收益确定的实现原则和收益确定的稳健原则。根据收益确认的实现原则，企业收益应划分为营业收益和持产损益。营业收益的确定必须在商品或劳务销售等关键性事项发生以后，而持产损益是指持有资产的已实现损益，因物价变动引起的未实现损益则不予以确认。根据收益确定的稳健原则，当企业某项经济业务有多种会计方法可资选择时，应选择最不会高估收益的方法，它包括不应高估收入和不应低估费用两个方面。

（5）会计收益有赖于期间收入和费用的合理配比。与当期不相关的成本，应作为资产结转为以后期间的费用。

（6）会计收益受谨慎原则约束。根据谨慎原则，与企业某项经济业务有多种会计方法可供选择时，应选择既不高估也不贬低收益的方法。企业操纵盈利，以追求利润均匀化，大多采用高估收益的方法，并主观选择安排增值的期间。

第五节 资本成本和现金流量

一、资本成本

资本成本是指投资资本的机会成本。这种成本不是实际支付的成本，而是一种失去的收益，是将资本用于本项目投资所放弃的其他投资机会的收益，因此被称为机会成本。例如，投资人投资一个公司的目的是取得回报，他是否愿意投资于特定企业要看该公司能否提供更多的报酬。为此，他需要比较该公司的期望报酬率与其他等风险投资机会的期望报酬率。如果该公司的期望报酬率高于所有的其他投资机会，他就会投资于该公司。他放弃的其他投资机会的收益就是投资于本公司的成本。因此，资本成本也称为投资项目的取舍率、最低可接受的报酬率。

（一）资本成本

1. 分类

借入长期资金即债务资本，要求企业定期付息，到期还本，投资者风险较少，企业对债务资本只负担较低的成本。但因为要定期还本付息，企业的财务风险较大。自有资本不用还本，收益不定，投资者风险较大，因而要求获得较高的报酬，企业要支付较高的成本。但因为不用还本和付息，企业的财务风险较小。所以，资本成本也就由自有资本成本和借入长期资金成本两部分构成。

2. 组成

资本成本指企业筹集和使用资本而付出的代价，通常包括筹资费用和用资费用。

筹资费用指企业在筹集资本过程中为取得资金而发生的各项费用，如银行借款的手续费，发行股票、债券等证券的印刷费、评估费、公证费、宣传费及承销费等。

用资费用指在使用所筹资本的过程中向出资者支付的有关报酬，如银行借款和债券的利息、股票的股利等。

资本成本是选择筹资方式、进行资本结构决策和选择追加筹资方案的依据，是评价投资方案、进行投资决策的重要标准，也是评价企业经营业绩的重要依据。

3. 表示

资本成本（cost of capital）既可以用绝对数表示，也可以用相对数表示。用绝对数表示的，如借入长期资金即指资金占用费和资金筹集费；用相对数表示的，如借入长期资金即为资金占用费与实际取得资金之间的比率，但是它不简单地等同于利息率，两者之间在含义和数值上是有区别的。在财务管理中，一般用相对数表示。

4. 运用形式

资本成本有多种运用形式：

一是在比较各种筹资方式时，使用的是个别资本成本，如借款资本成本率、债券资本成本率、普通股资本成本率、优先股资本成本率、留存收益资本成本率。

二是进行企业资本结构决策时，则使用综合资本成本率。

三是进行追加筹资结构决策时，则使用边际资本成本率。

（二）特点意义

1. 特点

资本成本与生产经营成本相比具有以下四个特点：

（1）生产经营成本全部从营业收入中抵补，而资本成本有的是从营业收入中抵补，如向银行借款支付的利息和发行债券支付的利息；有的是从税后利润中支付，如发行普通股支付的股利；有的则没有实际成本的支出，而只是一种潜在和未来的收益损失的机会成本，如留存收益。

（2）生产经营成本是实际耗费的计算值，而资本成本是一种建立在假设基础上的不很精确的估算值。如按固定增长模型计算普通股成本率，就以假定其股利每年平均增长作为基础。

（3）生产经营成本主要是为核算利润服务的，其着眼点是已经发生的生产经营过程中的耗费。资本成本主要是为企业筹资、投资决策服务的，其着眼点在于将来资金筹措和使用的代价。

（4）生产经营成本都是税前的成本，而资本成本是一种税后的成本。

2. 含义

资本成本是指企业为筹集和使用资本而付出的代价，包括筹资费用和占用费用。

（1）筹资费。

筹资费是指企业在资本筹措过程中为获取资本而付出的代价，如向银行支付的借款手续费，因发行股票、公司债券而支付的发行费等。筹资费用通常在资本筹集时一次性发生，在资本使用过程中不再发生，因此，视为筹资数额的一项扣除。

（2）占用费。

占用费是指企业在资本使用过程中因占用资本而付出的代价，如向银行等债权人支付的利息，向股东支付的股利等。占用费用是因为占用了他人资金而必须支付的，是资本成本的主要内容。

3. 作用

资本成本在企业筹资、投资和经营活动过程中具有以下三个方面的作用：

（1）资本成本是企业筹资决策的重要依据。

企业的资本可以从各种渠道，如银行信贷资金、民间资金、企业资金等来源取得，其筹资的方式也多种多样，如吸收直接投资、发行股票、银行借款等。但不管选择何种渠道，采用哪种方式，主要考虑的因素还是资本成本。

通过不同渠道和方式所筹措的资本，将会形成不同的资本结构，由此产生不同的财务风险和资本成本。所以，资本成本也就成了确定最佳资本结构的主要因素之一。

随着筹资数量的增加，资本成本将随之变化。当筹资数量增加到增资的成本大于增资的收入时，企业便不能再追加资本。因此，资本成本是限制企业筹资数额的一个重要因素。

（2）资本成本是评价和选择投资项目的重要标准。

资本成本实际上是投资者应当取得的最低报酬水平。只有当投资项目的收益高于资本成本的情况下，才值得为之筹措资本；反之，就应该放弃该投资机会。

（3）资本成本是衡量企业资金效益的临界基准。

如果一定时期的综合资本成本率高于总资产报酬率，就说明企业资本的运用效益差，经营业绩不佳；反之，则相反。

（三）主要内容

1. 资金筹集费

资金筹集费指在资金筹集过程中支付的各项费用，如发行股票、债券支付的印刷费、发行手续费、律师费、资信评估费、公证费、担保费、广告费等。

2. 资金占用费

资金占用费指占用资金支付的费用，如股票的股息、银行借款和债券利息等。相比之下，资金占用费是筹资企业经常发生的，而资金筹集费通常在筹集资金时一次性发生，因此在计算资本成本时可作为筹资金额的一项扣除。

（四）根本区别

1. 资本成本的计量形式

资本成本可有多种计量形式。在比较各种筹资方式中，使用个别资本成本，包括普通股成本、留存收益成本、长期借款成本、债券成本；在进行资本结构决策时，使用加权平均资本成本；在进行追加筹资决策时，则使用边际资本成本。

2. 决定因素

（1）资本成本高低的决定因素。

在市场经济环境中，多方面因素的综合作用决定着企业资本成本的高低，其中主要的有：总体经济环境、证券市场条件、企业内部的经营和融资状况、项目融资规模。

总体经济环境决定了整个经济中资本的供给和需求，以及预期通货膨胀的水平。总体经济环境变化的影响，反映在无风险报酬率上。显然，如果整个社会经济中的资金需求和供给发生变动，或者通货膨胀水平发生变化，投资者也会相应改变其所要求的收益率。具体说，如果货币需求增加，而供给没有相应增加，投资人便会提高其投资收益率，企业的资本成本就会上升；反之，则会降低其要求的投资收益率，使资本成本下降。如果预期通货膨胀水平上升，货币购买力下降，投资者也会提出更高的收益率来补偿预期的投资损失，导致企业资本成本上升。

证券市场条件影响证券投资的风险。证券市场条件包括证券的市场流动难易程度和价格波动程度。如果某种证券的市场流动性不好，投资者想买进或卖出证券相对困难，变现风险加大，要求的收益率就会提高；或者虽然存在对某证券的需求，但其价格波动较大，投资的风险大，要求的收益率也会提高。

企业内部的经营和融资状况，指经营风险和财务风险的大小。经营风险是企业投资决策的结果，表现在资产收益率的变动上；财务风险是企业筹资决策的结果，表现在普通股收益率的变动上。如果企业的经营风险和财务风险大，投资者便会有较高的收益率要求。

融资规模是影响企业资本成本的另一个因素。企业的融资规模大，资本成本较高。比如，企业发行的证券金额很大，资金筹集费和资金占用费都会上升，而且证券发行规模的增大还会降低其发行价格，由此也会增加企业的资本成本。

（2）资金成本与资本成本的根本区别。

从定义上看，资本成本与资金成本都是企业发行融资工具的代价，也即决定企业融资决策的价格指标。这一共同点启发我们应该到定价理论中去探讨它们的根本区别。

（3）是否应考虑风险因素。

在金融理论的发展过程中，定价理论一直作为贯彻其中的轴心，推动着整个金融理论的发展。回顾历史我们可以看到，定价理论的轨迹正是沿着商品价格 - 资金价格（利率）- 货币资产价格 - 资本资产价格这样的路线向前发展。与普通商品相比，金融资产最大的特点是收益具有不确定性，而且资本资产的风险性远远大于货币资产。因此对金融资产定价时，其风险就成为人们不得不考虑的因素。其中，货币资产由于期限很短，可以忽略其风险，直接以筹集费和占用费来定价。但资本资产的定价就必须考虑其风险的大小。西方公司企业在融资决策中就主要使用风险定价的资本成本概念。相反地，我国理论界过去一直都忽视资本定价中的风险因素，在我国理论界缺乏风险意识的背景下，企业融资时侧重使用建立在筹集费和占用费基础上的资金成本概念也就在情理之中了。

（4）是否体现出完善的现代公司治理机制。

委托代理理论认为，在公司企业中，公司管理者的利益与股东的利益是不一致的。公司管理者需要的是他们个人收益的最大化，而这种个人收益最大化却可能与股东利益最大化发展冲突。因此，必须设计相应的公司治理机制以保护股东的利益。

在完善的公司治理机制下，投资者就能够保护自己的投资利益，对公司管理者形成硬约束。一旦公司大肆进行股权融资，而其实际支付的资金成本（筹集费与占用费）达不到具有同等经营风险公司的资本成本时，就会出现原股东回报率下降的情况，后者就可以利用公司治理中的约束机制制约管理者的行为：或者"用手投票"，在股东大会上否决该再融资提案或撤换管理层，或者"用脚投票"，撤资转向其他的投资项目造成该公司的股票市值下跌，从而使公司容易遭到敌意收购，以此形成投资者对公司管理者的硬约束。这就要求公司管理者在制定融资决策时必须支付一个最低的风险报酬率。这时股权资金成本将被迫等于股权资本成本。在这种情况下，资本成本与资金成本就会趋于一致。

但是，如果缺乏完善的公司治理机制，投资者就无法约束公司管理者的融资决策。在这种软约束机制下，公司股权融资的实际资金成本（筹集费与占用费）就会小于其股权资本成本（投资者要求获得的必要收益率），甚至可以为零，从而严重侵害投资者的利益。这时资金成本与资本成本就会成为完全脱节的两个概念。

资本：一般为统称，包括资金和实际动产与不动产，资金：一般指所说的流动资本或可以快速变现的资产。

（五）理财误区

资本成本的理财误区

1. 企业希望创造的价值总额越大越好

如果考虑资本成本,这种传统的利润计算观将有所改变。

2. 误认为利润越高企业增值越快

在市场经济体制下,企业从各种资金渠道筹集资金,都必须付出一定代价,而不能无偿使用。我们通常把企业取得和使用资金所支付的各种成本费用叫资本成本。企业创造的价值应是税后利润减去资本成本的运营回报,其绝对数用公式表示为:创造的价值 = 未扣除利息的税后利润 - 资本成本。资本投入额是企业经营实际所占用的资本额,具体的计算包括对资产负债表的资产类项目和负债类项目重新调整合并而得:资本投入额 = 股权资本投入额 + 债权资本投入额。资本成本率的计算,最常用的方法是使用资本资产定价模型:加权资本成本率 = 股权资本比例 × 股权资本成本率 + 债权资本比例 × 债权资本成本率。

创造的价值公式揭示了企业价值的来源,创造的价值为正,企业就增值,创造的价值越大,增值越多;创造的价值为负,企业就减值。利润不具备这种明确性,利润为正,企业不一定增值。从直观上看,企业创造的价值似乎由企业的利润构成,事实却并非如此:利润的计算没有考虑股本机会成本(放弃其他投资机会而失去的收益)。只有剔除了股权资本成本的利润才是企业创造的价值部分,因为利润中扣除了股本机会成本才能真实看到企业价值是否增长,即:只有创造的价值才是企业价值的来源,利润不过是表象而已。资本成本率也常被看成是最低收益率。因为一个投资项目必须争取到最低收益率,才能补偿企业经营这个项目所使用的资金成本,否则这个投资就是不合理的或者得不偿失。当然资本成本也是一种机会成本,例如某笔资本有两个投资项目 A 和 B,预测项目 A 的投资利润率为 10%,项目 B 为 14%,若选择了 B,必须放弃获利 10% 机会项目 A。这里的 10% 就是选择项目 B 的资本的机会成本。

3. 把股权融资当作是"免费的午餐"

我国企业普遍存在认识上的误区,把股权融资当作是"免费的午餐"。由于债务资本的利率水平和还本付息明确,企业普遍能感受到债务资本成本的存在,但感受不到股权资本成本的压力。于是公司从首次上市募集资金时起,就形成了一种所谓的"免费资本幻觉",即认为股权融资最大的好处是可以使企业获得永久性资本,不存在还本以及必须支付股利的压力。事实上,"天下没有免费的午餐",以任何方式获得的企业资本都是要付出代价的。例如,如果一家占用资产 100 万元的企业在社会平均报酬率为 10% 的情况下只能达到 5% 的资产报酬率,那么这个企业在账面上就应该是亏损 5 万元,而不是盈利 5 万元。

4. 不注重存货资金积压的成本

国内很多企业不注重存货的管理,或者是存货管理不合理。为防止产品的脱销和存货大量积压,或者是因为管理混乱使得存货成本上升,企业虽然能正常运转,却多了一项开支。因为存货是绝大多数制造商、分销商和零售商的最大资产之一,其数量有可能占到制造商全部资产的 30% 以上,超过分销和零售商全部资产的 50%。保持大量存货意味着占用大量的资金,而存货本身也会产生费用。

在这种情况下，企业可采用 ABC 控制法，降低存货库存量，加速资金周转。即根据存货的重要程度，将其分成 ABC 三种。A 类存货品种占全部存货的 10%～15%，资金占存货总额的 80% 左右，实行重点管理；B 类存货为一般存货，品种占全部存货的 20%～30%，资金占全部存货总额的 15% 左右，适当控制，实行日常管理；C 类存货品种占全部存货的 60%～65%，资金占存货总额的 5% 左右，进行一般的管理。平时企业则不需要保存大量的存货，在这方面可以学习日本丰田公司实行的"即时系统"，在日本这被叫作"需求看板"，就像超市里补货架的人看到看板上"** 货空"时，立即补上的情景。"即时系统"的这种拉动模式一方面可以消除不必要的存货，另一方面更是促使各部门之间的移动时间、检验时间大大缩短，从而缩短了制造周期，降低了企业的成本。并且对质量提出了很高的要求。因为一旦出现问题而不能及时解决的话那么将导致整个生产拉动失效，使企业生产全面瘫痪。

5. 企业资金盘活与有效运作不够

库存现金在很大程度上能反映企业的理财水平。最近有资料显示：我国目前的储蓄率高达 46%，居民储蓄存款 14 万亿元，企业存款 10 万亿元，而且企业存款增长势头甚至要超过居民。这从侧面透射出，有些企业富余出来的现金不知道如何支配，大部分都转向了银行，而忽略了再投资。如果持有这些资金不具有成本，那么企业对这部分富余的资金就会没有任何约束，就会造成投资膨胀和社会资源浪费，并且从信息有用性的角度来看，企业的账面成本就会脱离于其社会真实成本，企业的盈利也就没有多少经济价值。

要使企业的资金得到合理而有效的使用，必须从企业业绩考核入手，从制度上提高资本成本意识，并保证资金的有效运用。具体地说，就是企业业绩考核指标中必须考虑资本成本因素，避免造成企业资金"免费使用"的假象，促使企业重视资金的有效使用，真正实现"保值增值"目标。

在现实生活中，人们往往重视财务会计的成本观，即费用是企业在生产经营过程中发生的各项耗费，却没有认识到资金的占用同样要付出代价，而且在某种程度上其所付出的代价远远超过资金耗费的代价。因此，只有正确树立现代企业理财的成本观，尤其要在树立资本成本观念的基础上，充分重视资金的占用所付出的代价，才能做出正确的长、短期投资决策，避免企业资金被长期占用或冻结，加速企业资金的流动，合理有效地使用企业的资金，提高企业的资金使用效益，从而进一步盘活资产和优化企业资产结构。

二、现金流量

现金流量出处是现代理财学，是指投资项目在其整个寿命期内所发生的现金流出和现金流入的全部资金收付数量。

现金流量是评价投资方案经济效益的必备资料。具体内容包括：

（1）现金流出：现金流出是投资项目的全部资金支出。它包括以下几项：①固定资产投资。购入或建造固定资产的各项资金支出。②流动资产投资。投资项目所需的存货、货币资金和应收账款等项目所占用的资金。③营运成本。投资项目在经营过程中所发生的生产成本、管理费用和销售费用等。通常以全部成本费用减去折旧后的余额表示。

（2）现金流入：现金流入是投资项目所发生的全部资金收入。它包括以下几项：①营业收入。经营过程中出售产品的销售收入。②残值收入或变价收入。固定资产使用期满时的残值，或因故未到使用期满时，出售固定资产所形成的现金收入。③收回的流动资产。投资项目寿命期满时所收回的原流动资产投资额。此外，实施某项决策后的成本降低额也作为现金流入。

（一）定义

现金流量（Cash Flow）管理是现代企业理财活动的一项重要职能，建立完善的现金流量管理体系，是确保企业的生存与发展、提高企业市场竞争力的重要保障。

现金流量是现代理财学中的一个重要概念，是指企业在一定会计期间按照现金收付实现制，通过一定经济活动(包括经营活动、投资活动、筹资活动和非经常性项目)而产生的现金流入、现金流出及其总量情况的总称，即企业一定时期的现金和现金等价物的流入和流出的数量。例如：销售商品、提供劳务、出售固定资产、收回投资、借入资金等，形成企业的现金流入；购买商品、接受劳务、购建固定资产、现金投资、偿还债务等，形成企业的现金流出。衡量企业经营状况是否良好，是否有足够的现金偿还债务，资产的变现能力等，现金流量是非常重要的指标。

工程经济中的现金流量是拟建项目在整个项目计算期内各个时点上实际发生的现金流入、流出以及流入和流出的差额（又称净现金流量）。现金流量一般以计息周期（年、季、月等）为时间量的单位，用现金流量图或现金流量表来表示。

（二）现金

现金流量管理中的现金，不是通常所理解的手持现金，而是指企业的库存现金和银行存款，还包括现金等价物，即企业持有的期限短、流动性强、容易转换为已知金额现金、价值变动风险很小的投资等。包括现金、可以随时用于支付的银行存款和其他货币资金。

一项投资被确认为现金等价物必须同时具备四个条件：期限短、流动性强、易于转换为已知金额现金、价值改动风险小。

（三）内容

1. 初始流量

初始现金流量是指开始投资时发生的现金流量，一般包括如下的几个部分：

（1）固定资产上的投资。包括固定资产的购入或建造成本、运输成本和安装成本等。

（2）流动资产上的投资。包括对材料、在产品、产成品和现金等流动资产上的投资。

（3）其他投资费用。指与长期投资有关的职工培训费、谈判费、注册费用等。

（4）原有固定资产的变价收入。这主要是指固定资产更新时原有固定资产的变卖所得的现金收入。

2. 营业流量

营业现金流量是指投资项目投入使用后，在其寿命周期内由于生产经营所带来的现金流入和流出的数量。这种现金流量一般以年为单位进行计算。这里现金流入一般是指营业现金收入。现金流出是指营业现金支出和交纳的税金。如果一个投资项目的每年销售收入等于营业现金收入，付现成本（指不包括折旧等非付现的成本）等于营业现金支出，那么，年营业现金净流量（简记为NCF）可用下列公式计算：每年净现金流量（NCF）= 营业收入－付现成本－所得税或每年净现金流量（NCF）= 净利＋折旧或每年净现金流量（NCF）= 营业收入 ×（1－所得税率）－ 付现成本 ×（1－所得税率）＋折旧 × 所得税率。

3. 终结流量

终结现金流量是指投资项目完结时所发生的现金流量，主要包括：

（1）固定资产的残值收入或变价收入。

（2）原有垫支在各种流动资产上的资金的收回。

（3）停止使用的土地的变价收入等。

（四）分类

在现金流量表中，将现金流量分为三大类：经营活动现金流量、投资活动现金流量和筹资活动现金流量。

经营活动是指直接进行产品生产、商品销售或劳务提供的活动，它们是企业取得净收益的主要交易和事项。

从经营活动的定义可以看出，经营活动的范围很广，它包括了除投资活动和筹资活动以外的所有交易和事项。对于工商企业而言，经营活动主要包括：销售商品、提供劳务、购买商品、接受劳务、支付税费等。

一般来说，经营活动产生的现金流入项目主要有：销售商品、提供劳务收到的现金，收到的税费返还，收到的其他与经营活动有关的现金；经营活动产生的现金流出项目主要有：购买商品、接受劳务支付的现金，支付给职工以及为职工支付的现金，支付的各项税费，支付的其他与经营活动有关的现金。

各类企业由于行业特点不同，对经营活动的认定存在一定差异，在编制现金流量表时，应根据企业的实际情况，对现金流量进行合理的归类。由于金融保险企业比较特殊，本准则对金融保险企业经营活动的认定作了提示。

投资活动，是指长期资产的购建和不包括现金等价物范围内的投资及其处置活动。

其中，长期资产是指固定资产、无形资产、在建工程、其他资产等持有期限在一年或一个营业周期以上的资产。

需要注意的是，这里所讲的投资活动，既包括实物资产投资，也包括金融资产投资，它与《企业会计准则——投资》所讲的"投资"是两个不同的概念。"投资"是指企业为通过分配来增加财富，或为谋求其他利益，而将资产让渡给其他单位所获得的另一项资产。购建固定资产不是"投资"，但属于投资活动。

这里之所以将"包括在现金等价物范围内的投资"排除在外，是因为已经将包括在现金等价物范围内的投资视同现金。

一般来说，投资活动产生的现金流入项目主要有：收回投资所收到的现金，取得投资收益所收到的现金，处置固定资产、无形资产和其他长期资产所收回的现金净额，收到的其他与投资活动有关的现金；投资活动产生的现金流出项目主要有：购建固定资产、无形资产和其他长期资产所支付的现金，投资所支付的现金，支付的其他与投资活动有关的现金。

筹资活动，是指导致企业资本及债务规模和构成发生变化的活动。

这里所说的资本，既包括实收资本（股本），也包括资本溢价（股本溢价）；这里所说的债务，指对外举债，包括向银行借款、发行债券以及偿还债务等。应付账款、应付票据等商业应付款等属于经营活动，不属于筹资活动。

一般来说，筹资活动产生的现金流入项目主要有：吸收投资所收到的现金，取得借款所收到的现金，收到的其他与筹资活动有关的现金；筹资活动产生的现金流出项目主要有：偿还债务所支付的现金，分配股利、利润或偿付利息所支付的现金，支付的其他与筹资活动有关的现金。

现金流量表按照经营活动、投资活动和筹资活动进行分类报告，目的是便于报表使用人了解各类活动对企业财务状况的影响，以及估量未来的现金流量。

在上述划分的基础上，又将每大类活动的现金流量分为现金流入量和现金流出两类，即经营活动现金流入、经营活动现金流出、投资活动现金流入、投资活动现金流出、筹资活动现金流入、筹资活动现金流出。

（五）分析

现金流量分析具有以下作用：

（1）对获取现金的能力做出评价。

（2）对偿债能力做出评价。

（3）对收益的质量做出评价。

（4）对投资活动和筹资活动做出评价。

（六）重要性

现金流量按其来源性质不同分为三类：经营活动产生的现金流量、投资活动产生的现金流量和筹资活动产生的现金流量。现金流量即是指企业在一定会计期间以收付实现制为基础，通过一定经济活动（诸如经营活动、投资活动、筹资活动和非经营性项目）而产生的现金流入、现金流出及其差量情况的总称。

在现代企业的发展过程中，决定企业兴衰存亡的是现金流，最能反映企业本质的是现金流，在众多价值评价指标中基于现金流的评价是最具权威性的。

现金流量比传统的利润指标更能说明企业的盈利质量。首先，针对利用增加投资收益等非营业活动操纵利润的缺陷，现金流量只计算营业利润而将非经常性收益剔除在外。其次，会计利润是按照权责发生制确定的，可以通过虚假销售、提前确认销售、扩大赊销范围或者关联交易调节利润，而现金流量是根据收付实现制确定的，上述调节利润的方法无法取得现金因而不能增加现金流量。可见，现金流量指标可以弥补利润指标在反映公司真实盈利能力上的缺陷。美国安然（Enron）公司破产以及新加坡上市的亚洲金光纸业（APP）沦为垃圾公司的一个重要原因就是现金流量恶化，只有那些能迅速转化为现金的收益才是货真价实的利润。对高收益低现金流的公司，特别要注意的是有些公司的收益可能是通过一次性的方式取得的，而且只是通过会计科目的调整实现的，并没有收到现金，这样的公司很可能存在未来业绩急剧下滑的风险。

（七）影响因素

现金流量是指企业某一期间内的现金流入和流出的数量。例如：销售商品、提供劳务、出售固定资产、收回投资、借入资金等，形成企业的现金流入；购买商品、接受劳务、购建固定资产、现金投资、偿还债务等，形成企业的现金流出。衡量企业经营状况是否良好，是否有足够的现金偿还债务，资产的变现能力等，现金流量是非常重要的指标。企业日常经营业务是影响现金流量的重要因素，但并不是所有的经营业务都影响现金流量。影响或不影响现金流量的因素主要包括：

（1）现金各项目之间的增减变动，不会影响现金流量净额的变动。例如，从银行提取现金、将现金存入银行、用现金购买两个月到期的债券等，均属于现金各项目之间内部资金转换，不会使现金流量增加或减少。

（2）非现金各项目之间的增减变动，也不会影响现金流量净额的变动。例如，用固定资产清偿债务、用原材料对外投资、用存货清偿债务、用固定资产对外投资等，均属于非现金各项目之间的增减变动，不涉及现金的收支，不会使现金流量增加或减少。

（3）现金各项目与非现金各项目之间的增减变动，会影响现金流量净额的变动。例如，用现金支付购买的原材料、用现金对外投资、收回长期债券等，均涉及现金各项目与非现金各项目之间的增减变动，这些变动会引起现金流入或现金支出。

（八）影响

1. 筹资影响

企业筹集资金额根据实际生产经营需要，通过现金流量表，可以确定企业筹资总额。一般来说，企业财务状况越好，现金净流量越多，所需资金越少，反之，财务状况越差，现金净流量越少，所需资金越多。

2. 投资影响

现金流量是企业评价项目可行性的主要指标，投资项目可行性评价方法有动态法和静态法，动态法以资金成本为折现率，进行现金流量折现，若现金净流量大于 0 或现值指数大于 1，则说明该投资项目可以接受，反之该投资项目不可行。静态法投资项目的回收期即原始投资额除以每年现金净流量，若小于预计的回收期，则投资方案可行。否则，投资方案不可行。

3. 资信影响

企业现金流量正常、充足、稳定，能支付到期的所有债务，公司资金运作有序，不确定性越少，企业风险小，企业资信越高；反之，企业资信差，风险大，银行信誉差，很难争取到银行支持。因此，现金流量决定企业资信。

4. 盈利影响

现金是一项极为特殊的资产，具体表现为：

（1）流动性最强，可以衡量企业短期偿债能力和应变能力。

（2）现金本身获利能力低下，只能产生少量利息收入，相反由于过高的现金存量会造成企业损失机会成本的可能，因此合理的现金流量是既能满足需求，又不过多囤积资金，这需要理财人员对资金流动性和收益性之间做出权衡，寻求不同时期的最佳资金平衡点，有效组织现金流量及流速以满足偶然发生资金需要及投资机会的能力。

5. 价值影响

在有效资本市场中，企业价值的大小在很大程度上取决于投资者对企业资产如股票等的估价，在估价方法中，现金流量是决定性因素。也就是说，估价高低取决于企业在未来年度的现金流量及其投资者的预期投资报酬率。现金流入越充足，企业投资风险越小，投资者要求的报酬率越低，企业的价值越大。企业价值最大化正是理财人员追求的目标，企业理财行为都是为实现这一目标而进行的。

6. 破产影响

中国现行破产法明确规定企业因经营管理不善造成严重亏损，不能清偿到期债务的，可依法宣告破产，即达到破产界限，这与以往的"资不抵债"是两个不同概念，通过现金流量分析，若企业不能以财产、信用或能力等任何方式清偿到期债务，或在可预见的相当长期间内持续不能偿还，而不是因资金周转困难等暂时延期支付，即使该公司尚有盈利，也预示企业已濒临破产的边缘，难以摆脱破产的命运。因此理财人员对现金流量要有足够的重视，未雨绸缪，透过现象看本质，将信息及时反馈到公司管理层重视，当好公司的理财参谋。

（九）背景

在工作中，您是否遇到过以下情形：现金流量管理水平往往是企业存亡的决定要素；很多企业的营运危机也是源于现金流量管理不善；世界知名投资集团的投资评审也首先考虑的是投资对象的现金流量；当经济危机来袭，资金周转危机往往是企业破产的直接导火索；企业的价值就在于它产生现金流量的能力。

（十）对象

现金经理、现金经理助理、财务总监、财务经理及其他相关财务管理人员。

（十一）收益

了解现金流量为企业命脉的原因；掌握量化现金流量的基本方法；提升预测未来现金流量的能力；学会建立自己公司的现金流量管理机制；了解在不同的经济环境下，企业现金管理的侧重点。

（十二）要点

现金流量在企业财务管理中的重要性、现金流量管理与营运资本分析、企业现金流入管理、企业现金流出管理、现金流量的量化计算、准确预测未来现金流量。

（十三）重要地位

虽然中国从1998年起就要求上市公司在年报中对现金流量信息进行披露，但目前国内大部分企业对现金流量的管理还仅局限于通过现金流量表的有关信息进行比率分析与趋势预测上，远远不能达到市场环境对企业的客观要求。本书就试图站在企业整个运营流程的角度上，通过对现金流量管理的内涵、作用和内容进行较为全面的剖析和探讨，并结合中国企业的经营现状提出相应的提高现金流量管理的对策和建议。

1.现金流量管理在企业中的地位

（1）加强现金流量管理是企业生存的基本要求。每个企业都有其各自的不同发展阶段，其现金流量的特征也都有所不同。因此根据其在不同阶段经营情况的特征，采取相对应有效现金流量管理的措施，才能够保证企业的生存和正常的运营。否则就会对企业的生存带来致命的影响。如1975年，美国最大的商业企业之一W. T. Grant宣告破产，而在其破产前一年，其营业净利润近1000万美元，经营活动提供营运资金2000多万元，银行贷款达6亿美元，1973年公司股票价格仍按其收益20倍的价格出售。该企业破产的原因就在于公司早在破产前五年的现金流量净额已经出现了负数，虽然有高额的利润，公司的现金不能支付巨额的生产性支出与债务费用，最后导致"成长性破产"。

（2）加强现金流量管理，可以保证企业健康、稳定的发展。以往对企业的发展能力进行评价的指标如利润、收入，但由于利润的计量方法可以被人为地操纵，再加上有些企业为了增加利润，会相应减少产品开发研究费用，这些费用的削减只会影响企业的长远利益。而现金流量则弥补了这些不足。自由现金流量则可反映企业总体支付能力，股权现金流量可以真实反映企业实际支付能力。两个指标综合反映了企业自身的支付能力及给予企业利益相关者的回报能力，是企业发展潜力的综合体现。因此，中国联通在其2003年计划工作会议上，就明确将企业自由现金流量作为对分公司发展进行考核的重要指标。

（3）加强现金流量管理可以有效地提高企业的竞争力。随着市场竞争的日趋激烈，这就要求企业在生产与管理中不断求新、求快，及时调整产品的生产工艺，以满足消费者千变万化的要求。在这种竞争背景下，现金的流动性就是决定企业运行速度的最重要的因素。而通过现金流量的管理，就可以使企业保持良好的现金流动性，提高现金的使用效率，从而将企业的资金及时地转化为生产力，提高企业的竞争力。

2. 整体把握现金流量管理的运作过程

众所周知，现代企业作为一个资源转化增值的价值链，从企业产品的市场调研、研发设计、采购生产、库存销售至售后服务等整个工作流程中，所有环节都涉及资金的流入与流出。因此，现代财务管理的目标已不仅仅只是反映在事后的账务处理、报表分析上，而是更多地反映在企业事前全面的资金预算、决策支持，事中的监督与控制，事后的总结与调整上。因此，伴随企业整个工作流程的现金流量控制和管理就成为企业财务管理的核心任务。

（1）生产经营中的现金流量管理。

企业进行生产过程中，现金流量管理的主要作用在于保证生产经营资金的安全，缩短现金循环周期，提高资金使用效率。主要表现在以下几个方面：

1）存货周转期的管理：生产经营活动中，对存货周转期的管理通常采用适时制管理，可以降低库存，减少对产品的检查、残次品的返工、不必要的原材料积压。

2）现金回收期的管理：企业从取得订单到收到货款的每一个程序都要指定专人定期检查。鼓励客户提前付款，对逾期的货款，应有专人负责追踪。加速现金的回收，缩短现金的回收期。

3）付款周期的管理：企业向外支付款项周期，并不是越长越好，如果支付过迟，会使企业丧失信用度，损害与供应商的关系，可能导致企业失去潜在的折扣优惠。

（2）企业筹资活动中的现金流量管理。

在企业的筹资活动中，现金流量管理主要集中在以下几个方面：

1）预测现金流量，制定筹资计划。企业可以通过以现金流量表为基础的预测是现金预测中最常见的一种方法，能对企业短期的现金流量进行预测，有助于日常的现金的管理，根据预测结果制定短期的管理计划。以资产负债表、损益表为基础的预测，是对企业长期发展的现金流量进行预测，测算出企业若干年后的资金的盈余或短缺，有助于企业长期战略计划的制定。这样企业能制定出较全面的筹资计划。

2）掌握财务状况，判别偿付能力。企业在制定筹资计划时，要充分考虑到自身的短期与长期偿债能力，避免在筹资活动中，现金的流动性出现问题，影响企业正常的生产经营活动。企业通常可以采用比率分析的方法，通过计算现金到期债务比、现金流动负债比、现金债务总额比等指标对自身的短期与长期的资金偿付能力进行测算。

3）企业投资活动中的现金流量管理。企业投资活动所形成的现金主要包括收回投资、分得股利、债券利息等所得现金，以及购建固定资产、权益性投资、债权性投资等所支付的现金。在做出投资决策时，企业必须明确在可预见的风险下预期的未来收益是否大于当前的支出。

（3）估算投资风险，保证资金安全。在企业做出投资决策时，首先对自身所需的维持日常营运的资金及对未来不确定性的支出有一个估算，在此基础上形成的现金盈余企业才会进行投资。对所选择的投资对象，通过对投资对象提出的财务资料的分析，尤其是企业自由现金流量的大小，可以了解被投资企业的财务政策、获利能力、持续发展能力、风险及资金的现值，可以让投资企业在判断投资对象的回报能力上有一定的了解。在客观上提高了资金的安全性。

（4）通过投资评估，保证资金效益。在做出投资决策时必须考虑到未来得到的收益是否大于投资支出，即货币的时间价值问题。企业可以使用很多方法来评估投资决策，但各种方法基本上都是建立在现金流量的基础上，如贴现现金流量法、净现值法等。一般来说如果一个项目的净现值大于零，对这个项目进行投资就是可行的。

3. 对于中国企业现金流量管理的对策建议

综上所述，在当前激烈的市场竞争环境中，企业要求生存和发展，必须强化和依赖于有效的现金流量管理。但中国企业的现金流量管理还处于极低的水平。绝大多数企业实行的还是根据国家规定的现金开支范围和银行结算制度办理往来收付结算，以经验和内部牵制制度为主体的管理办法。可以采取以下措施来提高中国企业的现金流量管理水平。

（1）培养管理层的现金流量管理意识。公司的领导层具备良好的现金流量管理意识是现金流量管理的基本前提，这个意识来自于现代企业制度的管理创新，代表着最新的企业财务管理理念，是现代跨国公司发展的必然趋势。企业的决策者必须具备足够的现金流量管理意识，从企业战略的高度来审视企业的现金流量管理活动，为保证企业现金流量管理水平的提高提供组织基础。

（2）建立现金流入流出管理制度，建立现金流量管理的系统控制框架。企业在开展现金流量管理时，必须制定有效的现金流量的集中管理制度，建立现金管理的框架体系。这样企业就可以通过制定定期的管理报告、预算与预算控制报告来对现金管理进行及时的反馈，做出相应的调整。使得企业的每一项工作流程所带来的财务变化都能准确及时地反映到现金流量上来，从而为企业的管理决策做出评价。其次，企业在围绕"现金流量管理"这一核心展开的时候，势必牵涉到对整个企业工作流程的重新整合和统一，这样无疑可以高屋建瓴地对企业的内外信息做出及时、准确地判断和控制，这对提高中国企业的现代管理意识和水平有着极大的帮助。

（3）建立相应组织机构，加强现金流量的监督与管理。由于某些人为因素，如：判断失误、粗心大意、合谋、串通舞弊等现象会使管理体系不能发挥有效的作用。针对这些情况，企业要在管理人员定期进行监督的情况下，将现金管理落实到每一个部门，每一名员工，保证现金管理的每一部分都应有人负责，不应存在无人愿意负责的不确定领域。同时，建立相应的奖惩机制，来调动职工的积极性。只有建立在企业框架体系上的现金流量管理才是全面的现金流量管理。

（4）建立以现金流量管理为核心的管理信息系统。企业管理信息化是当今世界跨国公司应对全球一体化、信息化世界所必须采取的手段。据统计，世界500强中80%的企业都采用了企业资源规划（ERP）的管理信息系统，以企业财务信息化系统平台的建立为入手点，以此来整合企业的生产管理流程，将企业的信息流、物流、资金流、工作流等集成在一起，使得管理者可以及时、准确地获得企业内外运营的各种财务、管理信息。将企业的财务管理从传统的记账、算账、制作报表为主转向财务控制、项目预算、资金运作、业务开拓、决策支持等主动运营上来，真正预测和把握企业现金流量的流入流出，以"现金流量管理"作为财务管理的创新核心，将工作流程与财务管理有机地整合在一起，抓住信息网络化这一机遇，实现企业管理跨越式的发展，才能真正提高企业的核心竞争力。

（十四）区别

企业实现的净利润与现金流量，都是企业的经营成果，都是分析企业财务状况的主要指标。从这个意义上说，二者是相同的。但它们又有不一致的地方，具体表现为：

（1）二者的计量基础不同。企业的财务利润是以权责发生制为基础计算出来的，即收入与支出均要考虑其受益期，不同期间受益就将收入或支出归属于不同的时期，进而得出该期间的利润。而现金流量却不同，它是以收付实现制为基础计算出来的，即不论该笔收入与支出属于哪个会计期间，只要在此期间实际收到或支出的现金，就作为此期间的现金流量。

（2）二者包含的内容不同。中国企业会计准则及会计制度规定：企业的净利润一般包括营业利润、投资净收益、补贴收入和营业此外收支等部分。而现金流量的内容虽然主要是利润，但它还包含了其他组成部分。除包括购买和销售商品、投资或收回投资外，还包括提供或接受劳务、购建或出售固定资产、向银行借款或偿还债务等。

（3）二者说明的经济含义不同。财务利润，其数额大小在很大程度上反映企业生产经营过程中所取得的经济效益，表明企业在每一会计期间的最终经营成果。而现金流量的多少能清楚表明企业经营周转是否顺畅、资金是否紧缺、支付偿债能力大小，以及是否过度扩大经营规模，对外投资是否恰当，资本经营是否有效等，从而为投资者、债权人、企业管理者提供非常有用的信息。

（十五）价值影响

现金流量决定企业的价值创造能力，企业只有拥有足够的现金才能从市场上获取各种生产要素，为价值创造提供必要的前提，而衡量企业的价值创造能力正是进行价值投资的基础。研究发现现金流量决定企业的价值创造，反映企业的盈利质量，决定企业的市场价值，决定企业的生存能力。

1. 现金流量决定价值创造

首先，现金流是企业生产经营活动的第一要素。企业只有持有足够的现金，才能从市场上取得生产资料和劳动力，为价值创造提供必要条件。市场经济中，企业一旦创立并开始经营，就必须拥有足够的现金购买原材料、辅助材料、机器设备，支付劳动力工资及其他费用,"全部预付资本价值,即资本的一切由商品构成的部分——劳动力、劳动资料和生产资料,都必须用货币购买"。

因此获得充足的现金,是企业组织生产经营活动的基本前提。

其次,只有通过销售收回现金才能实现价值的创造。虽然价值创造的过程发生在生产过程中,但生产过程中创造的价值能否实现还要看生产的产品能否满足社会的需要,是否得到社会的承认、实现销售并收回现金。

2. 反映企业的盈利质量

现金流比利润更能说明企业的收益质量。在现实生活中经常会遇到"有利润却无钱"的企业,不少企业因此而出现了"借钱缴纳所得税"的情况。根据权责发生制确定的利润指标在反映企业的收益方面确实容易导致一定的"水分",而现金流指标,恰恰弥补了权责发生制在这方面的不足,关注现金流指标,甩干利润指标的"水分",剔除了企业可能发生坏账的因素,使投资者、债权人等更能充分地、全面地认识企业的财务状况。所以考察企业经营活动现金流的情况可以较好地评判企业的盈利质量,确定企业真实的价值创造。

3. 现金流状况决定企业的生存能力

企业生存乃价值创造之基础。据国外文献记载,破产倒闭的企业中有85%是盈利情况非常好的企业,现实中的案例以及上个世纪末令世人难忘的金融危机使人对"现金为王"的道理有了更深的感悟。传统反映偿债能力的指标通常有资产负债率、流动比率、速动比率等,而这些指标都是以总资产、流动资产或者速动资产为基础来衡量其与应偿还债务的匹配情况,这些指标或多或少会掩盖企业经营中的一些问题。其实,企业的偿债能力取决于它的现金流,比如,经营活动的净现金流量与全部债务的比率,就比资产负债率更能反映企业偿付全部债务的能力,现金性流动资产与筹资性流动负债的比率,就比流动比率更能反映企业短期偿债能力。

(十六)管理假设

1. 定义

现金流量管理假设是人们在进行现金流量管理理论研究和现金流量管理活动时,面对未经确切认识或无法正面论证的经济事物或现象,根据已有知识,经过思考后提出的,具有一定事实依据的假定或设想,是进一步研究现金流量管理理论和进行现金流量管理活动的基础之一。

2. 性质

现金流量管理假设应具有以下几类性质:

(1)现金流量管理假设是进行现金流量管理理论研究和现金流量管理实践不可或缺的。

(2)现金流量管理假设是不能直接自我检验的。

(3)现金流量管理假设的确立并非是一成不变的,它会面临更新的挑战。

可见,现金流量管理假设是研究现金流量管理理论和进行现金流量管理活动的基础,它不可缺少，但不能自身直接加以证明，同时应随着事物的发展而发展。

3. 内容

（1）现金流量管理主体假设。

指现金流量管理活动应该限制在经济利益相对独立、并且具有一定现金流量管理自主权的主体之内，这一假设也可以简称为主体假设。主体假设明确了现金流量管理活动的空间范围，将一个主体的管理行为区别于另一主体的管理行为。

（2）持续经营假设。

指在可以预见的将来，除非有相反的证据，现金流量管理主体可以持续经营下去。相反的证据是指可以证明管理主体的经营活动即将终止的证据，如按合同规定企业即将解散，或已经不能清偿到期债务，即将破产等。

（3）管理分期假设。

（4）时间价值假设。

指现金流量管理主体在管理现金流量时，假定资金应该按照时间的推移不断增加价值，也就是说假定不同时点的现金流量有着不同的价值。

（5）理性管理假设。

指现金流量管理主体在进行现金流量管理时的管理行为是理性的，是为了实现管理主体的管理目标进行管理的。

（6）信息不对称假设。

指现金流量管理主体与外界拥有不同的信息。

（7）管理有效性假设。

指现金流量管理主体的管理行为会对管理主体的现金流量产生重大影响（虽然并不一定完全可以控制），进而给管理主体带来一定的利益。

（8）现金资源稀缺假设。

指现金流量管理主体所管理的现金资源是稀缺的，并非取之不尽，用之不竭。

（9）不确定性假设。

指现金流量管理主体面临的内部和外部环境并非完全肯定，总有一些管理主体无法预知或无法肯定的事情。

（十七）银行信贷风险的现金流量分析

1. 企业现金流量分析的必要性

以权责发生制为基础计量出的利润在反映企业偿债能力方面有其局限性，现金流量更能准确反映企业偿债能力。

从长期来看，利润是企业偿还债务的来源，但是企业现实的偿债能力却取决于其拥有的现金。由于利润的计量基础是权责发生制，以收入和费用是否应当归属本期作为确认标准，而不是以现金是否收付确认收入和费用，导致利润与净现金流量难以保持同步性，利润多不一定现金多，利润少不一定现金少。因此时常会遇到这样的情况：一家盈利的企业可能因不能偿还到期债务而面临清算；而一家亏损企业却能偿还债务并继续维持经营。

因此，分析企业生命周期需结合企业现金流量结构进行。企业处在不同的生命周期其现金流量结构也有不同的特征。通过分析企业现金流量结构，有利于判断企业所处的生命周期，从而做出相应的信贷决策，防范信贷风险。

（1）当经营活动现金净流量为负数、投资活动现金净流量为负数、筹资活动现金净流量为正数时，表明该企业处于产品初创期。在这个阶段企业需要投入大量资金，形成生产能力，开拓市场，其资金来源只有靠举债、融资等筹资活动。

（2）当经营活动现金净流量为正数、投资活动现金净流量为负数、筹资活动现金净流量为正数时，可以判断企业处于高速发展期。这时产品迅速占领市场，销售呈现快速上升趋势，表现为经营活动中大量货币资金回笼，同时为了扩大市场份额，企业仍需要大量追加投资，而仅靠经营活动现金流量净额可能无法满足所需投资，必须筹集必要的外部资金作为补充。

（3）当经营活动现金净流量为正数、投资活动现金净流量为正数、筹资活动现金净流量为负数时，表明企业进入产品成熟期。在这个阶段产品销售市场稳定，已进入投资回收期，但很多外部资金需要偿还，以保持企业良好的资信程度。

（4）当经营活动现金净流量为负数、投资活动现金净流量为正数、筹资活动现金净流量为负数时，可以认为企业处于衰退期。这个时期的特征是：市场萎缩，产品销售的市场占有率下降，经营活动现金流入小于流出，同时企业为了应付债务不得不大规模收回投资以弥补现金的不足。

综上，现金流量分析有助于揭示企业财务状况的变动及其原因，分析企业获现能力，预测企业发展趋势。现金流量分析将利润表中项目和资产负债表中相关项目逐一对应调整为以现金为基础的项目，说明企业现金的来源和去向，揭示资产、负债和权益变动原因，便于分析经营活动、投资活动、筹资活动的获现能力，有助于预测企业发展趋势。

2. 银行信贷业务中如何进行现金流量分析

在对企业生产经营活动全面了解的基础上，银行应当借助分析企业现金流量来判断企业生产经营情况及财务状况，帮助进行信贷决策，有效防范信贷风险。

（1）结构分析。

现金流量的结构分析，包括流入结构、流出结构和现金净流量结构分析。

其中，流入结构是现金流入各组成项目占现金流入总量的比重，反映企业的现金来源及增加现金的可能途径；流出结构是现金流出各组成项目占现金流出总量的比重，反映企业现金的投向和用途；现金净流量结构是经营活动、投资活动、筹资活动现金净流量占现金净流量总额的比重，反映企业现金余额的分布情况。

通过结构分析，可以了解企业当期财务状况的形成过程及变动原因，把握企业或产品所处生命周期，预测企业财务状况的变化趋势，有针对性地选择信贷进入或退出等。

（2）偿债能力分析指标。

1）现金比率：现金/流动负债。这一指标反映流动负债所能得到的现金保障程度。这一指标能最直接、最现实地反映企业短期偿债能力。与流动比率和速动比率相比，它更好地反映了企业短期偿债能力，因为流动资产中存货转化为现金的能力有很大的不确定性，应收账款有可能不能收回，待摊费用更是虚拟资产。

现金比率越高，说明企业偿付流动负债的能力越强，如这一指标太低，意味着企业可能出现支付危机，但该指标过高，企业又可能没有很好利用现金资源。

2）负债现金率：经营活动现金净流量/负债总额。这一指标反映企业负债所得到的经营活动现金净流入的保障程度。在企业创建以后，经营活动是企业运营活动的中心，其现金流量应是整个现金流量的主要部分。该指标值越大，表明企业主营业务运行越好，偿债能力越强。

3）流动负债现金率：经营活动现金净流量/流动负债。这一指标反映企业流动负债所得到的经营活动现金净流入的保障程度。该指标越高，表明企业短期偿债能力越强。

4）到期债务偿付率：经营活动现金净流量/期末到期应付的长短期借款本息。这一指标反映企业即期偿债能力。

（3）利润质量分析指标。

1）净利现金率：现金净流量/净利润。这一指标反映现金净流量与净利润的差异程度，即当期实现的净利润中有多少现金作为保证。这一指标有利于分析企业是否有操纵利润的行为。企业操纵账面利润，一般是没有相应的现金流量的。当净利润为正数时，该指标过低，就有虚盈实亏的可能性，应进一步分析关联交易、会计政策、会计估计和会计差错变更的影响等。

2）营业利润现金率：经营活动现金净流量/营业利润。该指标反映了经营活动的现金净流量与营业利润的差异程度，即当期经营活动实现的利润中有多少现金作为保证。该指标的具体分析见上表。

（4）发展能力分析指标。

1）营业收入现金率：经营活动现金净流量/营业收入。这一指标反映企业每实现1元营业收入能获得多少现金净流量。该指标若大于营业收入净利率，则表明企业经营状况较好，有良好的发展前景。

2）净现金流量适当比率：经营活动现金净流量/(资本支出+存货增加额+现金股利)。这一指标反映企业从事经营活动所产生的现金能否用于支付各项资本支出、存货净投资及发放现金股利的程度。该指标大于等于1表明企业从经营活动中得到的资金足以应付各项资本性支出、存货净投资、现金股利等，不用再对外融资；小于1则表明企业来自经营活动的资金不足以供应营运规模和支付股利的需要。此外，该指标还可以反映出通货膨胀对企业现金需要的影响。

3）总资产现金率：经营现金净流量/资产总额。

这一指标是企业经营所得现金占资产总额的比重，实质是以现金流量为基础的资产报酬率，反映企业总资产的运营效率。该指标越高，说明企业的资产运营效率越高。该指标应该与总资产报酬率指标相结合运用，对于总资产报酬率较高的企业，如果该指标较低，说明企业销售收入中的现金流量的成分较低，企业的收益质量不高。

在进行以上四大类指标分析时，应通过不同时期及同业（含先进水平和平均水平）相应指标的比较，来判断企业发展趋势及所处行业水平。

当然，现金流量分析只是银行信贷风险分析中的一种手段和一个重要方面，并不能替代对资产负债表分析、利润表分析、担保分析和非财务信息分析等。只有采取多种手段有效结合和合理运用，才能进行全面分析，做出正确判断，以有效防范银行信贷风险。

第六节 财务预测

一、财务预测概述

财务预测是根据财务活动的历史资料，考虑现实的要求和条件，对未来的财务活动和财务成果做出科学的预计和测算。财务预测的目的是，测算企业投资、筹资各项方案的经济效益，为财务决策提供依据，预计财务收支（现金流量）为编制财的发展变化情况，为编制财务计划服务。

财务预测按预测对象分为投资预测和筹资预测；按预测时期可分为长期预测和短期预测；按预测值多寡分为单项预测和多项预测。财务预测的常用方法主要有时间。序列预测法、相关因素预测法、概率分析预测法。

财务预测（Financial Forecast）是根据财务活动的历史资料，考虑现实的要求和条件，对企业未来的财务活动和财务成果做出科学可预计和测算。它是财务管理的环节之一，其主要任务在于：测算各项生产经营方案的经济效益，为决策提供可靠的依据，预计财务收支的发展变化情况，以确定经营目标，测定各项定额和标准，为编制计划，分解计划指标服务。财务预测环节主要包括明确预测目标，搜集相关资料，建立预测模型，确定财务预测结果等步骤。

（一）预测概念

预测是进行科学决策的前提，它是根据所研究现象的过去信息，结合该现象的一些影响因素，运用科学的方法，预测现象将来的发展趋势，是人们认识世界的重要途径，所谓财务预测，就是财务工作者根据企业过去一段时期财务活动的资料，结合企业当前面临和即将面临的各种变化因素，运用数理统计方法，以及结合主观判断，来预测企业未来财务状况。

（二）预测目的

进行预测的目的，是为了体现财务管理的事先性，即帮助财务人员认识和控制未来的不确定性，使对未来的无知降到最低限度，使财务计划的预期目标同可能变化的周围环境和经济条件保持一致，并对财务计划的实施效果做到心中有数。

（三）分类

财务预测可以不同标志进行多种分类：

（1）按预测对象，分为筹资预测、投资预测、成本预测、收入预测和利润预测。
（2）按性质分为定性预测和定量预测。
（3）按预测跨度时间分为长期预测、中期预测和短期预算。
（4）按预测值多寡分为单项预测和多项预测。
（5）按预测态势分为表态预测和动态预测。

（四）预测程序

财务预测一般按以下程序进行：

1. 明确预测对象和目标

财务预测首先要明确预测对象和目标，然后才能根据预测的目标、内容和要求确定预测的范围和时间。

2. 制订预测计划

预测计划包括预测工作的组织领导、人事安排、工作进度、经费预算等。

3. 收集整理资料

资料收集是预测的基础。公司应根据预测的对象和目的，明确收集资料的内容、方式和途径，然后进行收集。对收集到的资料要检查其可靠性、完整性和典型性，分析其可用程度及偶然事件的影响，做到去伪存真、去粗取精，并根据需要对资料进行归类和汇总。

4. 确定预测方法

财务预测工作必须通过一定的科学方法才能完成。公司应根据预测的目的以及取得信息资料的特点，选择适当的预测方法。使用定量方法时，应建立数理统计模型；使用定性方法时，要按照一定的逻辑思维，制订预算的提纲。

5. 进行实际预测

运用所选择的科学预测方法进行财务预算，并得出初步的预算结果。预测结果可用文字、表格或图等形式表示。

6. 评价与修正预测结果

预测毕竟是对未来财务活动的设想和推断，难免会出现预测误差。因而，对于预测结果，要经过经济分析评价之后，才能予以采用。分析评价的重点是影响未来发展的内外因素的新变化。若误差较大，就应进行修正或重新预测，以确定最佳预测值。

（五）预测方法

财务预测有定性预测和定量预测两类方法。定性预测是通过判断事物所具有的各种因素、属性进行预测的方法，它是建立在经验判断、逻辑思维和逻辑推理基础之上的，主要特点是利用直观的材料，依靠个人的经验的综合分析，对事物未来状况进行预测。经常采用的定性预测方法有专家会议法、菲尔调查、访问、现场观察、座谈等方法。定量预测是通过分析事物各项因素、属性的数量关系进行预测的方法。它的主要特点是根据历史数据找出其内在规律、运用连贯性原则和类推性原则，通过数学运算对事物未来状况进行数量预测。定量预测的方法很多，应用比较广泛的有时间序列预测法（包括算术平均法、加权平均法、移动平均法、指数平滑法、最小二乘法等）、相关因素预测法（包括一元线性回归法、多元线性回归法等）、要概率分析预测法（主要指马尔柯夫预测法），等等。上述两类方法并不是相互孤立的，在进行财务预测时，经常要综合运用。

（六）预测作用

财务预测对于提高公司经营管理水平和经济效益有着十分重要的作用。具体表现在以下几个方面：

1. 财务预测是进行经营决策的重要依据

管理的关键在决策，决策的关键是预测。通过预测为决策的各种方案提供依据，以供决策者权衡利弊，进行正确选择。例如，公司进行经营决策时，必然要涉及成本费用、收益以及资金需要量等问题，而这些大多需要通过财务预测进行估算。凡事预则立，不预则废。因此，财务预测直接影响到经营决策的质量。

2. 财务预测帮助公司合理安排收支，提高资金使用效益

公司做好资金的筹集和使用工作，不仅需要熟知公司过去的财务收支规律，还要善于预测公司未来的资金流量，即公司在计划期内有哪些资金流入和流出，收支是否平衡，要做到瞻前顾后，长远规划，使财务管理工作处于主动地位。

3. 财务预测是提高公司管理水平的重要手段

财务预测不仅为科学的财务决策和财务计划提供支持，也有利于培养财务管理人员的超前性、预见性思维，使之居安思危，未雨绸缪。同时，财务预测中涉及大量的科学方法以及现代化的管理手段，这无疑对提高财务管理人员的素质大有裨益。

需要指出的是，财务预测的作用大小受到其准确性的影响。准确性越高，作用越大；反之，则越小。影响财务预测准确性的因素可以分为主观因素和客观因素。主观因素主要是指预测者的素质，如数理统计分析能力和预测经验等。客观因素主要是指企业所处内外环境的急剧变化，因此财务预测工作者要不断提高自己的预测能力，在实践中积累经验，提高预测的准确性。

（七）预测原则

1. 连续性原则

财务预测必须具有连续性，即预测必须以过去和现在的财务资料为依据来推断未来的财务状况。

2. 关键因素原则

进行财务预测时，应首先集中精力于主要项目，而不必拘泥于面面俱到，以节约时间和费用。

3. 客观性原则

财务预测只有建立在客观性的基础上，才有可能得出正确的结论。

4. 科学性原则

进行财务预测时，一方面要使用科学方法（数理统计方法）；另一方面要善于发现预测变量之间的相关性和相似性等规律，进行正确预测。

5. 经济性原则

财务预测中讲究经济性，是因为财务预测要涉及成本和收益问题。所以要尽力做到使用最低的预测成本达到较为满意的预测质量。

（八）关系

与战略计划的关系

在战略咨询过程中，我们制订的战略计划需要对未来的财务进行预测。这一点在许多战略计划书或商业计划书中有详细的要求。

——在进行战略计划制订过程中，我们需要对未来财务发展趋势进行详细分析及预测；

——财务预测的合理性需要进行严格的关注，而不是我们主观的臆测；财务的预测的假设前提是基于公司战略计划的有效分析之上，在进行财务预测之前的假设的建立能够有效地支撑战略计划的执行；

——在进行全面预算管理及控制之前需要的对战略、业务计划和长短期的财务状况进行预测；

——财务预测过程将是对未来的展望和规划的过程，也是增强公司在执行战略计划的信息的有效途径。因为在战略计划说服和传递过程中，良好的战略财务远景能够给予员工信心和激励；

——对于进行创业者而言，在商业计划书中进行有效和能够让人信服的财务预测，展现未来三年或的更长期间的财务预测及财务结果能够很好地给予战略投资者或的风险投资者对于你的信心。

二、资金需要量预测

资金需要量预测是指企业根据生产经营的需求，对未来所需资金的估计和推测。企业筹集资金，首先要对资金需要量进行预测，即对企业未来组织生产经营活动的资金需要量进行估计、分析和判断，它是企业制定融资计划的基础。

（一）步骤

资金需要量预测的步骤：

资金需要量预测一般按以下几个步骤进行：

1. 销售预测

销售预测是企业财务预测的起点。销售预测本身不是财务管理的职能，但它是财务预测的基础，销售预测完成后才能开始财务预测。因此，企业资金需要量的预测也应当以销售预测为基础。

2. 估计需要的资产

资产通常是销售量的函数，根据历史数据可以分析出该函数关系。根据预计销售量和资产销售函数，可以预测所需资产的总量。某些流动负债也是销售的函数，相应的也可以预测负债的自发增长率，这种增长可以减少企业外部融资的数额。

3. 估计收入、费用和留存收益

收入和费用与销售额之间也存在一定的函数关系，因此，可以根据销售额估计收入和费用，并确定净利润。净利润和股利支付率，共同决定了留存收益所能提供的资金数额。

4. 估计所需要的追加资金需要量，确定外部融资数额

根据预计资产总量，减去已有的资金来源、负债的自发增长和内部提供的留存收益，得出应追加的资金需要量，以此为基础进一步确定所需的外部融资数额。

（二）方法

企业资金需要量的预测方法主要有定性预测法和定量预测法两种。

1. 定性预测法

定性预测法是根据调查研究所掌握的情况和数据资料，凭借预测人员的知识和经验，对资金需要量所做的判断。这种方法一般不能提供有关事件确切的定量概念，而主要是定性的估计某一事件的发展趋势、优劣程度和发生的概率。定性预测是否正确，完全取决于预测者的知识和经验。在进行定性预测时，虽然要汇总各方面人士的意见和综合地说明财务问题，但也需将定性的财务资料进行量化，这并不改变这种方法的性质。定性预测主要是根据经济理论和实际情况进行理性地、逻辑地分析和论证，以定量方法作为辅助；一般在缺乏完整、准确的历史资料时采用。

（1）特尔菲法。

前面销售预测时，其主要是通过向财务管理专家进行调查，利用专家的经验和知识，对过去发生的财务活动、财务关系和有关资料进行分析综合，从财务方面对未来经济的发展作出判断。预测一般分两步进行：首先，由熟悉企业经营情况和财务情况的专家，根据其经验对未来情况进行分析判断，提出资金需要量的初步意见；然后，通过各种形式（如

信函调查、开座谈会等），在与本地区一些同类企业的情况进行对比的基础上，对预测的初步意见加以修订，最终得出的预测结果。

（2）市场调查法。

市场的主体是在市场上从事交易活动的组织和个人，客体是各种商品和服务，商品的品种、数量和质量、交货期、金融工具和价格则是市场的配置资源。在我国，既有消费品和生产资料等商品市场，又有资本市场、劳动力市场、技术市场、信息市场及房地产市场等要素市场。市场调查的主要内容是对各种与财务活动有关的市场主体、市场客体和市场要素的调查。

市场调查以统计抽样原理为基础，包括简单随机抽样、分层抽样、分群抽样、规律性抽样和非随机抽样等技术，主要采用询问法、观测法和实验法等，以使定性预测准确、及时。

（3）相互影响预测方法。

专家调查法和市场调查法所获得的资料只能说明某一事件的现状发生的概率和发展的趋势，而不能说明有关事件之间的相互关系。相互影响预测方法就是通过分析各个事件由于相互作用和联系引起概率发生变化的情况，研究各个事件在未来发生可能性的一种预测方法。

2. 定量预测法

定量预测法是指以资金需要量与有关因素的关系为依据，在掌握大量历史资料的基础上选用一定的数学方法加以计算，并将计算结果作为预测的一种方法。定量预测方法很多，如趋势分析法、相关分析法、线性规划法等等，下面主要介绍两种预测方法。

（1）销售百分比法。

销售百分比法是一种在分析报告年度资产负债表有关项目与销售额关系的基础上，根据市场调查和销售预测取得的资料，确定资产、负债和所有者权益的有关项目占销售额的百分比，然后依据计划期销售额及假定不变的百分比关系预测计划期资金需要量的一种方法。

（2）资金习性法。

所谓资金习性，是指资金占用量与产品产销量之间的依存关系。按照这种关系，可将占用资金区分为不变资金、变动资金和半变动资金。不变资金是指在一定的产销规模内不随产量（或销量）变动的资金，主要包括为维持经营活动展开而占用的最低数额的现金、原材料的保险储备、必要的成品储备和厂房、机器设备等固定资产占用的资金。变动资金是指随产销量变动而同比例变动的资金，一般包括在最低储备以外的现金、存货、应收账款等所占用资金。半变动资金是指虽受产销量变动的影响，但不成同比例变动的资金，如一些辅助材料上占用的资金等等，半变动资金可采用一定的方法划分为不变资金和变动资金两部分。

（三）意义

资金需要量预测的意义：企业持续的生产经营活动，不断地产生对资金的需求，同时，企业进行对外投资和调整资本结构，也需要筹措资金。企业所需要的这些资金，一部分来自企业内部，另一部分通过外部融资取得。由于对外融资时，企业不但需要寻找资金提供者，而且还需要做出还本付息的承诺或提供企业盈利前景，使资金提供者确信其投资是安全的并可获利，这个过程往往需要花费较长的时间。因此，企业需要预先知道自身的财务需求，确定资金的需要量，提前安排融资计划，以免影响资金周转。

三、销售预测

销售预测是指根据以往的销售情况以及使用系统内部内置或用户自定义的销售预测模型获得的对未来销售情况的预测。销售预测可以直接生成同类型的销售计划。销售计划的中心任务之一就是销售预测，无论企业的规模大小、销售人员的多少，销售预测影响到包括计划、预算和销售额确定在内的销售管理的各方面工作。

（一）定义

销售预测是指对未来特定时间内，全部产品或特定产品的销售数量与销售金额的估计。销售预测是在充分考虑未来各种影响因素的基础上，结合本企业的销售实绩，通过一定的分析方法提出切实可行的销售目标。

（二）影响因素

1. 简介

尽管销售预测十分重要，但进行高质量的销售预测却并非易事。在进行预测和选择最合适的预测方法之前，了解对销售预测产生影响的各种因素是非常重要的。

一般来讲，在进行销售预测时考虑两大类因素。

2. 外界因素

（1）需求动向。

需求是外界因素之中最重要的一项。如流行趋势、爱好变化、生活形态变化、人口流动等，均可成为产品（或服务）需求的质与量方面的影响因素，因此，必须加以分析与预测。企业应尽量收集有关对象的市场资料、市场调查机构资料、购买动机调查等统计资料以掌握市场的需求动向。

（2）经济变动。

销售收入深受经济变动的影响，经济因素是影响商品销售的重要因素，为了提高销售预测的准确性，应特别关注商品市场中的供应和需求情况。尤其近几年来科技、信息快速发展，更带来无法预测的影响因素，导致企业销售收入波动。因此，为了正确预测，需特别注意资源问题的未来发展、政府及财经界对经济政策的见解以及基础工业、加工业生产、经济增长率等指标变动情况。尤其要关注突发事件对经济的影响。

（3）同业竞争动向。

销售额的高低深受同业竞争者的影响，古人云"知己知彼．百战不殆"。为了生存，必须掌握对手在市场的所有活动。例如，竞争对手的目标市场在哪里，产品价格高低，促销与服务措施等等。

（4）政府、消费者团体的动向。

考虑政府的各种经济政策、方案措施以及消费者团体所提出的各种要求等。

3. 内部因素

（1）营销策略。

市场定位、产品政策、价格政策、渠道政策、广告及促销政策等变更对销售额所产生的影响。

（2）销售政策。

考虑变更管理内容、交易条件或付款条件、销售方法等对销售额所产生的影响。

（3）销售人员。

销售活动是一种以人为核心的活动，所以人为因素对于销售额的实现具有相当深远的影响力，这是我们不能忽略的。

（4）生产状况。

货源是否充足，能否保证销售需要等。

4. 作用

（1）通过销售预测，可以调动销售人员的积极性，促使产品尽早实现销售，以完成使用价值向价值的转变。

（2）企业可以以销定产，根据销售预测资料，安排生产，避免产品积压。

（3）能合理有效管理产品库存，经过预测可对产品设立库存预警，对生产进度的安排具有指导意义。

（4）经过销售预测后，可对产品的补货安排进行提供参考数据。

5. 程序

（1）简介。

销售预测可以看作是一个系统，是由有关信息资料的输入、处理和预测结果的输出所组成的信息资料转换过程。对于复杂的预测对象，有时要把它进行分解，对分解后的子系统进行预测，在此基础上再对总的预测目标进行预测。

销售预测是一项很复杂的工作，要使这一复杂工作有条不紊地进行，就必须遵循一定的程序。

销售预测的基本程序如下：

销售预测是以产品的销售为中心的，产品的销售本身就是一个复杂的系统．有关的系统变量很多，如，市场需求潜量、市场占有率、产品的售价等等。而对于这些变量进行长期预测还是短期预测，这些变量对预测资料的要求，预测方法的选择都有所不同。所以预测目标的确定是销售预测的主要问题。

（2）收集分析。

在预测目标确定以后，为满足预测工作的要求，必须收集与预测目标有关的资料，所收集到的资料的充足与可靠程度对预测结果的准确度具有重要的影响。所以，对收集的资料必须进行分析，并满足这些条件：

1）资料的针对性：即所收集的资料必须与预期目标的要求相一致。

2）资料的真实性：即所收集的资料必须是从实际中得来的，并加以核实的资料。

3）资料的完整性：资料的完整性直接影响到销售预测工作的进行。所以，必须采取各种方法，以保证得到完整的资料。

4）资料的可比性：对于同一种资料，来源不同，统计口径不同，也可能差别很大。所以在收集资料时，对所得到的资料必须进行分析，如剔除一些随机事件造成的资料不真实性，对不具备可比性的资料通过分析进行调整等，以避免资料本身原因对预测结果带来误差。

（三）方法

1. 定性预测

一般来说，在销售预测中常用的定性预测方法有四种：高级经理意见法、销售人员意见法、购买者期望法和德尔菲法。

（1）高级经理意见法。

高级经理意见法是依据销售经理（经营者与销售管理者为中心）或其他高级经理的经验与直觉，通过一个人或所有参与者的平均意见求出销售预测值的方法。

（2）销售人员意见法。

销售人员意见法是利用销售人员对未来销售进行预测。有时是由每个销售人员单独做出这些预测，有时则与销售经理共同讨论而做出这些预测。预测结果以地区或行政区划汇总，一级一级汇总，最后得出企业的销售预测结果。

（3）购买者期望法。

许多企业经常关注新顾客、老顾客和潜在顾客未来的购买意向情况，如果存在少数重要的顾客占据企业大部分销售量这种情况，那么购买者期望法是很实用的。

这种预测方法是通过征询顾客或客户的潜在需求或未来购买商品计划的情况，了解顾客购买商品的活动、变化及特征等。然后在收集消费者意见的基础上分析市场变化，预测未来市场需求。

（4）德尔菲法。

德尔菲法又称专家意见法，是指以不记名方式根据专家意见做出销售预测的方法。至于谁是专家，则由企业来确定，如果对专家有一致的认同则是最好不过的。德尔菲法通常包括召开一组专家参加的会议。第一阶段得到的结果总结出来可作为第二阶段预测的基础。通过组中所有专家的判断、观察和期望来进行评价，最后得到共享具有更少偏差的预测结果。

德尔菲法的最大优点是充分民主地收集专家意见，把握市场的特征。但是，德尔菲法一般只能得到企业或行业的预测结果，用此方法所求得的地区、顾客、产品分类等预测结果就没有那么精确了。

2. 定量预测

用来进行销售预测的定量预测方法可以按照不同类型分成两大类：时间序列分析法、回归和相关分析法。

（1）时间序列分析法。

时间序列分析法是利用变量与时间存在的相关关系，通过对以前数据的分析来预测将来的数据。在分析销售收入时，大家都懂得将销售收入按照年或月的次序排列下来，以观察其变化趋势。时间序列分析法现已成为销售预测中具有代表性的方法。

（2）回归分析法。

各种事物彼此之间都存在直接或间接的因果关系，同样的，销售量亦会随着某种变量的变化而变化。当销售与时间之外的其他事物存在相关性时，就可运用回归和相关分析法进行销售预测。

（四）挖掘应用

随着市场经济的发展和经济的全球化，企业面临着越来越残酷的市场竞争。企业要想赢得竞争、赢得客户，就必须在最短的时间内，以最低的成本将产品提供给客户，这使得进行正确及时的产品销售预测及由此产生的可靠的决策，成为现代企业成功的关键要素。由此，一些销售预测系统也应运而生。可是，随着计算机技术、网络技术、通信技术和Internet 技术的发展和各个业务操作流程的自动化，企业产生了数以几十或上百 GB 的销售历史数据，面对这些海量数据，传统的预测系统越来越不适应新的预测要求，主要表现在：大量的历史数据处于脱机状态，变成了"数据坟墓"。预测涉及海量数据的处理，传统的方法无法满足运行效率、计算性能、准确率及存储空间的要求。预测所需的数据含有大量不完整（缺少属性值或仅包含聚集数据）、含噪声（错误或存在偏离期望的孤立点值）、不一致的内容（来源于多个数据源或编码存在差异），导致预测陷入混乱。传统的数据库技术在预测知识的表达、综合和推理方面能力比较薄弱，难以满足日益提高的预 al 要求。在这种情况下，一个新的研究领域—数据挖掘 (Data Mining, DM) 的出现引起了学术界和产业界的广泛关注。

（五）挖掘准备

数据挖掘一般包括数据准备、数据挖掘和结果的解释与评价三个阶段。数据挖掘结果的质量与被挖掘数据质量息息相关。数据准备就是对被挖掘数据进行定义、处理和表示，使它适应于特定的数据挖掘方法。数据准备是数据挖掘过程中的第一个重要步骤,在整个数据挖掘过程中起着举足轻重的作用。它包括以下几个步骤:

数据清洗一般来说,销售历史数据来源于异质操作数据库。这些异质操作数据库中的数据并不都是正确的,常常不可避免地存在着不完整、不一致、不精确和重复的数据,这些数据统称为"脏数据"。脏数据能使挖掘过程陷入混乱,导致不可靠的输出。数据清洗通过填写空缺的值,平滑噪声,识别、删除点,解决不一致来"清洗"数据。它可以在数据装入数据仓库之前进行,也可以在装入之后进行。

数据清洗技术一般可分为基于规则的方法、可视化方法和统计学法方法。基于规则的方法根据字段定义域的元知识、约束和与其他字段的关系对该字段的每一数据项进行评估;可视化方法以图形方式显示数据集的有效轮廓,从而很容易辨别脏数据;统计学法方法通过统计技术填补丢失的数据和更正错误的数据。

数据集成与数据变换在进行销售预测数据挖掘时常常需要将多个数据存储合并,并转换成适合挖掘的形式。在销售历史数据中,我们常常会发现代表同一概念的属性在不同的数据库含有不同的名字,这将会导致不一致和冗余,而含有大量不一致和冗余数据会降低数据挖掘过程的性能或使之陷入混乱。将数据集成与变换将减少或避免这种情况,提高数据挖掘的精度与速度。

数据集成要考虑实体识别问题、相关性分析问题、数值冲突检测与处理问题等。实体识别问题即如何将来自多个信息源的实体匹配相关分析问题即通过相关性分析来检测数据冗余数值冲突检测与处理问题即通过对元组级冗余检测,消除数据语义上的异种性。而数据变换涉及平滑、聚集、数据概化、规范化、属性构造等,通过这些处理将数据转换成适合于挖掘的形式。

数据归约当选择用于数据分析的数据集过大,在海量数据上进行复杂的数据分析和挖掘将需要很长时间,使得这种数据挖掘不现实、不可行。而数据归约技术可以"压缩"数据集,得到其"归约"表示,它小得多,但仍接近于保持原数据的完整性,使得在归约后的数据集上进行挖掘更有效。其策略包含数据立方体聚集、维归约、数据压缩、数值压缩、离散化和概念分层等,这些涉及了多特征方、压缩搜索空间的启发式算法、小波变换、主要成分分析PCA、线性回归模型分析和对数线性模型、多维索引树、离散化技术等。目前这个领域仍然是一个非常活跃的研究领域。

(六)挖掘工具

目前可用于销售预测的数据挖掘工具主要是一些统计分析方法,如时间序列分析、线性回归模型分析、非线性回归模型分析、灰色系统模型分析、马尔可夫分析法等,它是目前最成熟的数据挖掘技术。然而,一方面由于产品的需求往往是由许多因素综合决定的,传统的统计分析方法往往只是考虑了其中的一部分,而且影响需求的各种因素之间往往存在着各种错综复杂的相互作用,依传统方法建立的简单模型无法表达这种相互作用;另一方面，由于庞大的销售数据集的性质往往非常复杂，且非线性、持续性及噪音普遍存在，因此需要一种不同于传统的新的理论和方法去解决数据挖掘中的问题。而神经网络作为一种非线性自适应动力学系统，具有通过自学习提取信息的内部特征的优点，非常适合解决销售数据中的数据挖掘问题。自从 1987 年 Lapedes 和 Farber 首先应用神经网络进行预测以来，神经网络已成为一种非常有前途的预测方法，近年来已成为经济预测、管理决策、数据挖掘领域研究的热点。

神经网络可很好地胜任数据挖掘技术，它通过模拟人脑反复学习技术来工作的。对给出的样本数据，神经网络通过类似人类记忆过程的方式学习数据中的统计规律，归纳出能描述样本特征的数据模型，然后用已学会的数据模型分类新给出的数据。用神经网络挖掘知识时，分析者首先找出一组变量，这些变量中需要有导致实例结果的因素。神经网络通过反复学习，找出变量与结果的函数关系，再用这一函数对新数据分类、预测、评价等处理。目前已有一些神经网络模型已很好地运用于销售预测，分析、预测销售的未来波动等，表现出良好的运用前景。

（七）挖掘结构

为克服传统预测系统的缺陷，将数据挖掘技术应用到销售预测中来。我们设计的基于数据挖掘的销售预测支持系统由人机交互系统、知识库、数据库(或数据仓库)、数据挖掘工具、模拟管理系统、知识库管理系统和分析解释系统等部分组成。其中，数据挖掘工具通过数据库 APT 访问数据库或数据仓库，并执行销售预测的各种挖掘任务。

（八）挖掘过程

在利用数据挖掘技术进行销售预测时，现有的数据挖掘工具能自动完成许多工作，但挖掘过程中每一步应特别小心，否则会推导出错误的结论。数据挖掘并不一定遵循特定的过程，但一般的步骤包含以下几个方面

在进行数据挖掘工作前，要清楚地知道数据挖掘的目标。事先明确挖掘的业务目标，确定达到目标的评价方法，这将大大减少挖掘工作的难度和工作量。

选择数据。这些数据可能是数据仓库或数据集市，也可能是各个联机事务处理系统中的数据。

数据预处理。这个过程可以改进销售数据质量，从而有助于提高其后的挖掘过程的精度和性能。高质量的销售决策必然依赖于高质量的数据，检测数据异常、尽快调整数据，并归约待分析的数据，将在决策过程得到高回报。

在开始挖掘工作前，需要具体每一个细节，确定哪些想法需要验证，哪些方面需要用工具从数据中得出假设。

构造数据挖掘模型。通常，先用随机数作种子把数据分为两部分：训练集和测试集，用于构造和评估模型。用数据挖掘工具去测试数据质量，比较各种工具输出的结果，从而精确地构造出模型。

验证结论。确定结论是否正确和符合业务要求，如果挖掘的结果有错误就要寻找错误的原因，并对数据重新挖掘，重新构造模型。

信息处理技术的飞速发展，加上人们孜孜不倦地对销售预测效果的追求，使得数据挖掘技术在销售预测中应用成为一个非常自然的选择。数据挖掘作为一种新的技术，它可以对销售数据进行深层次的分析，采掘到隐含在数据中的有用信息，发现和把握新的市场机会，为企业的管理决策提供科学的依据。数据挖掘技术对销售预测技术带来的挑战，无疑将推动销售预测的发展。

四、成本预测

成本预测是指运用一定的预测技术，综合考虑各种因素，来推断和估计某一成本对象（一个项目、一件产品或一种劳务）未来的成本目标和水平。

成本预测是指运用一定的科学方法，对未来成本水平及其变化趋势做出科学的估计。通过成本预测，掌握未来的成本水平及其变动趋势，有助于减少决策的盲目性，使经营管理者易于选择最优方案，做出正确决策。

（一）含义

随着生产日益社会化和现代化，企业规模不断扩大，工艺过程愈加复杂，生产过程中某一环节或者是某一短暂时期内的生产耗费一旦失去控制，都有可能给企业造成无可挽回的经济损失。鉴于此，为了防止成本费用管理的失控现象，首先必须科学地预见生产耗费的趋势和程度，以便在此基础上采取有效措施，从而搞好成本管理工作。

在现代成本管理中，成本预测采用了一系列科学缜密的程序与方法，基本上能够把握成本变化的规律性。因此，成本预测的结果是比较可靠的。但是，由于是根据历史资料来推测未来，成本预测就具有不可避免的局限性，这种局限性主要体现在不准确即近似这一点上。可靠性与近似性的对立统一是成本预测的显著特点。

（二）分类

1. 按预测的期限分，成本预测可以分为长期预测和短期预测

长期预测指对一年以上期间进行的预测如三年或五年；短期预测指一年以下的预测，如按月，按季或按年。

2. 按预测内容分为两类

（1）制订计划或方案阶段的成本预测。

（2）在计划实施过程中的成本预测。

（三）作用

（1）成本预测是组织成本决策和编制成本计划的前提。通过成本预测，掌握未来的成本水平及其变动趋势，有助于把未知因素转化为已知因素，帮助管理者提高自觉性，减少

盲目性；做出生产经营活动中所可能出现的有利与不利情况的全面和系统分析，还可避免成本决策的片面性和局限性。有了科学的成本决策，就可以编制出正确的成本计划；而且，成本预测的过程，同时也是为成本计划提供系统的客观资引的过程，这一点足可以使成本计划建立在客观实际的基础之上。如果将成本预测与成本决策和成本计划联系起来看的话，其关系是：预测是决策与计划的基础和前提条件。决策和计划则是预测的产物。

（2）成本预测是加强企业全面成本管理的首要环节。伴随社会主义市场经济的进一步发展，企业的成本管理工作也不断有所提高。单靠事后的计算分析已经远远不能适应客观的需要。成本工作的重点必须相应地转到事前控制上。这一观念的形成将对促进企业合理地降低成本、提高经济效益具有非常重要的作用。

成本预测为降低产品成本指明方向和奋斗目标。企业在做好市场预测、利润预测之后，能否提高经济效益以及提高多少，完全取决于成本降低多少。为了降低成本，必须根据企业实际情况组织全面预测，寻找方向和途径，并由此力求实现预期的奋斗目标，降低产品成本。

（四）成本预测的程序

（1）根据企业总体目标提出初步成本目标。

（2）初步预测在目前情况下成本可能达到的水平，找出达到成本目标的差距。其中初步预测，就是不考虑任何特殊的降低成本措施，按目前主客观条件的变化情况，预计未来时期成本可能达到的水平。

（3）考虑各种降低成本方案，预计实施各种方案后成本可能达到的水平。

（4）选取最优成本方案，预计实施后的成本水平，正式确定成本目标。

以上成本预测程序表示的只是单个成本预测过程，而要达到最终确定的正式成本目标，这种过程必须反复多次。也就是说，只有经过多次的预测、比较以及对初步成本目标的不断修改、完善，才能最终确定正式成本目标，并依据本目标组织实施成本管理。

（五）特点

（1）预测过程的科学性。

（2）预测结论的可靠性。

（3）预测结论的可修正性。

（六）要求

（1）坚持正确的经营方向，微观效益与宏观效益并举。成本预测是成本管理的重要一环，也是企业全面生产经营管理的重要组成部分。离开了这个前提，成本预测是没有什么意义的。进行成本预测固然要努力挖掘降低成本的潜力，但是也不能孤立地、片面地单纯只顾降低成本，而不顾及周围和全社会的利益。对企业来说，在进行成本预测时必须本着提高微观经济效益与宏观经济效益相结合的原则。

（2）坚持从实际情况出发，进行认真、细致的预测。成本预测需要运用一系列的科学方法、占有大量的材料。为此，预测前要充分研究和考察本企业的实际情况，选取适宜的方法；在此基础之上，针对方法的需要，广泛搜集材料。进行科学的预测。初步预测之后，还应将预测结果尽可能提交广大职工群众征询、了解，对初步测算结果进行必要的调整。经过如此几次的反复，一个切合实际的可靠的预测方案即可形成。

（七）方法

1. 定量预测法

定量预测法：是指根据历史资料以及成本与影响因素之间的数量关系，通过建立数学模型来预计推断未来成本的各种预测方法的统称。

2. 趋势预测法

趋势预测法：是按时间顺序排列有关的历史成本资料，运用一定的数学模型和方法进行加工计算并预测的各类方法。

趋势预测法包括简单平均法、平均法和指数平滑法等。

3. 因果预测法

因果预测法：是根据成本与其相关之间的内在联系，建立数学模型并进行分析预测的各种方法。

因果预测法包括本量利分析法、投入产出分析法、回归分析法等。

4. 定性预测法

定性预测法：是预测者根据掌握的专业知识和丰富的实际经验，运用逻辑思维方法对未来成本进行预计推断的方法的统称。

5. 成本预测的高低点法

成本预测的高低点法是指根据企业一定期间产品成本的历史资料，按照成本习性原理和 $y=a+bx$ 直线方程式，选用最高业务量和最低业务量的总成本之差（$\triangle y$），同两种业务量之差（$\triangle x$-）进行对比，先求 b 的值，然后再代入原直线方程，求出 a 的值，从而估计推测成本发展趋势。

（八）意义

（1）成本预测是进行成本决策和编制成本计划的依据。

（2）成本预测是降低产品成本的重要措施。

（3）成本预测是增强企业竞争力和提高企业经济效益的主要手段。

五、利润预测

利润预测是指企业在营业收入预测的基础上，通过对销售量商品或服务成本营业费用以及其他对利润发生影响的因素进行分析与研究进而对企业在未来某一时期内可以实现的利润预期数进行预计和测算。在计算机科学中，利润预测是指利用公司的有关数据来建立相应的数学模型，用计算机程序来实现对未来某一时期可实现的利润的预计和测算。利润预测是现代企业自动化系统重要组成成分之一。

(一) 概念

利润预测是对公司未来某一时期可实现的利润的预计和测算。它是按影响公司利润变动的各种因素，预测公司将来所能达到的利润水平，或按实现目标利润的要求，预测需要达到的销售量或销售额。

目标利润就是指公司计划期内要求达到的利润水平。它既是公司生产经营的一项重要目标，又是确定公司计划期销售收入和目标成本的主要依据。正确的目标利润预测，可促使公司为实现目标利润而有效地进行生产经营活动，并根据目标利润对公司经营效果进行考核。

公司的利润包括营业利润、投资净收益、营业外收支净额三部分，所以利润的预测也包括营业利润的预测、投资净收益的预测和营业外收支净额的预测。在利润总额中，通常营业利润占的比重最大，是利润预测的重点，其余两部分可以较为简便的方法进行预测。

在计算机科学中，利润预测是指利用公司的有关数据来建立相应的数学模型，用计算机程序来实现对未来某一时期可实现的利润的预计和测算。利润预测是现代企业自动化系统重要组成成分之一。

总成本分解法(高低点法、变动成本率分解法)

变动成本率=(高点总成本-低点总成本)/(高点销售收入-低点销售收入)

变动成本=销售收入×变动成本率

固定成本=总成本-变动成本

边际贡献=销售收入-变动成本

(二) 方法

利润预测的方法主要有：本量利分析法、相关比率法和因素测算法。

1.本量利分析法全称为"成本—业务量（生产量或销售量）—利润分析法"，也称损益平衡分析法，主要根据成本、业务量和利润三者之间的变化关系，分析某一因素的变化对其他因素的影响。可用于利润预测、成本和业务量预测。本量利分析法是以成本性态研究为基础的。成本性态是指成本总额对业务量的依存关系。成本按其成本性态可分为变动成本、固定成本、混合成本。

变动成本是指随业务量增长而成正比例增长的成本。

固定成本是指在一定的业务量范围内，不受业务量影响的成本。

混合成本介于变动成本和固定成本之间，是指随业务量的增长而增长，但不成正比例增长的成本，可将其分解成变动成本和固定成本两部分。

本量利数学模型有三种：

损益方程式。

利润=销售收入-总成本=销售收入-变动成本-固定成本

息税前利润 =（单价 - 单位变动成本）× 销售量 - 固定成本

边际贡献方程式：边际贡献是指销售收入与相应变动成本之间的差额，也称贡献边际、贡献毛益、创立额。

边际贡献 = 销售收入 - 变动成本

单位边际贡献是单位产品的销售价格减去产品的单位变动成本的差额。

边际贡献率是边际贡献在销售收入中所占的比率，反映了每 1 元销售收入所提供的边际贡献。

变动成本率是指变动成本在销售收入中所占的百分比。

边际贡献率 + 变动成本率 =1

利润 = 边际贡献 - 固定成本

保本点是指企业利润为零，即不盈不亏情况下的业务量。保本点可以用保本销售量和保本销售额来表示。

目标销售量是指实现目标利润的产品销售数量。

2. 相关比率法

根据利润与有关指标之间的内在关系，对计划期间的利润进行预测的一种方法。常用的相关比率主要有销售收入利润率、资金利润率等。

利润 = 预计销售收入 × 销售收入利润率

利润 = 预计平均资金占用额 × 资金利润率

第七节　财务决策

一、财务决策概述

财务决策是对财务方案进行比较选择，并做出决定。财务决策的目的在于确定合理可行的财务方案。在现实中，财务方案有投资方案、筹资方案，还有包含投资和筹资的综合方案。财务决策需要有财务决策的基础与前提，是对财务预测结果的分析与选择，财务决策是一种多标准的综合决策和复杂过程，可能既有货币化、可计量的经济标准，又有非货币化、不可计量的非经济标准，因此决策方案往往是多种因素综合平衡的结果。

财务决策是对财务方案、财务政策进行选择和决定的过程，又称为短期财务决策。财务决策的目的在于确定最为令人满意的财务方案。只有确定了效果好并切实可行的方案，财务活动才能取得好的效益，完成企业价值最大化的财务管理目标。

因此财务决策是整个财务管理的核心。财务决策需要有财务决策的基础与前提，财务决策则是对财务预测结果的分析与选择，财务决策是一种多标准的综合决策。决定方案取舍的、既有货币化、可计量的经济标准。又有非货币化、不可计量的非经济标准，因此决策方案往往是多种因素综合平衡的结果。

（一）决策分类

财务决策按照能否程序化，可以分为程序化财务决策和非程序化财务决策。前者指对不断重复出现的例行财务活动所做的决策，后者指对不重复出现、具有独特性的非例行财务活动所做的决策。按照决策所涉及的时间长短，可分为长期财务决策和短期财务决策。前者指所涉及时间超过一年的财务决策，后者指所涉及时间不超过一年的财务决策。

财务决策又可以按照决策所处的条件，分为确定型财务决策、风险型财务决策和非确定型财务决策，前者指对未来情况完全掌握、每种方案只有一种结果的事件的决策；次者指对未来情况不完全掌握、每种方案会出现几种结果，但可按概率确定的条件的决策；后者指对未来情况完全不掌握，每种方案会出现几种结果，且其结果不能确定的事件的决策。按照决策所涉及的内容，财务决策还可以分为投资决策、筹资决策和股利分配决策。

前者指资金对外投出和内部配置使用的决策，次者指有关资金筹措的决策，后者指有关利润分配的决策。财务决策还可以分为生产决策、市场营销决策等。生产决策是指在生产领域中，对生产什么、生产多少以及如何生产等几个方面的问题做出的决策，具体包括剩余生产能力如何运用、亏损产品如何处理、联产品是否进一步加工和生产批量的确定等。

（二）涉及问题

一是销售价格的确定，即定价决策。

它可以针对标准产品，需要从较长时期角度考虑成本补偿和目标利润实现问题，往往要根据完全成本法的单位产品成本来确定；可以是针对新产品的定价决策，这往往涉及企业的竞争策略，而管理会计提供的决策支持信息也主要是新产品的生产成本；短期财务决策中的定价决策涉及的主要是剩余生产能力情况下的特殊订货，需要通过成本、业务量和利润之间关系的分析来确定最低可以接受的价格。

二是如何在销售价格和销售量之间取得平衡，以谋求利润最大。

它要利用经济学中关于供需变化规律的研究成果，通过对成本、业务量和利润之间的依存关系分析来确定最优的价格水平，为市场竞争中的价格竞争提供决策依据。

三是如何充分利用有限的资源，以谋求利润最大。

它涉及单一约束条件下的品种规划和多因素约束条件下的品种规划两方面的决策。

（三）决策步骤

进行财务决策需经如下步骤：

（1）确定决策目标。指确定决策所要解决的问题和达到的目的。

（2）进行财务预测。即通过财务预测，取得财务决策所需的业经科学处理的预测结果。

（3）方案评价与选优。指依据预测结果建立若干备选方案，并运用决策方法和根据决策标准对各方案进行分析论证，做出综合评价，选取其中最为满意的方案。

（4）决策过程的结束，还需进行具体的计划安排，组织实施，并对计划执行过程进行控制和搜集执行结果的信息反馈，以便判断决策的正误，及时修正方案，确保决策目标的实现。

（四）决策方法

财务决策的方法分为定性决策方法和定量决策方法两类。

定性财务决策是通过判断事物所特有的各种因素、属性进行决策的方法，它建立在经验判断、逻辑思维和逻辑推理之上，主要特点是依靠个人经验和综合分析对比进行决策。定性决策的方法有专家会议法、德尔菲法等等。定量决策是通过分析事物各项因、属性的数量关系进行决策的方法，主要特点是在决策的变量与目标之间建立数学模型，根据决策条件，通过诸处出决策结果。

定量财务决策的方法主要有：适用于确定型决策的本量利分析法、线性规划法、差量分析决策法、效用曲线法、培欣决策法、马尔可夫法等；适用于非确定型决策的小中取大法、大中取大法、大中取小法、后悔值法等。

（五）决策依据

管理人员在做出决策前必须权衡比较各个备选方案。列出各个备选方案的正反效果（包括定量和定性因素），确定各个备选方案的净效益，然后比较各个备选方案的净效益，选择一个效益最好的方案实施，这就是决策。在决策过程中，"成本效益分析"贯穿始终，成本效益分析的结果就成为选择决策方案的依据。效益最大或成本最低的备选方案就是管理人员应采取的方案。成本效益分析需要两方面的信息：

1. 财务信息

所谓财务信息是指与特定决策相关的能够用货币计量的因素。如在零部件是自制还是外购的决策中，自制的成本和外购的价格因其能用货币进行计量，就属于财务信息。管理会计关注的主要是定量化因素或能用货币计量之因素的成本效益分析。其基本规则是，在其他因素相同的情况下，用货币计量的效益最大或成本最低的方案就是最佳方案。在管理会计中，成本效益分析比日常生活中的决策更为系统化。系统化研究的好处之一，就是能够保证在成本效益分析时与决策有关的所有成本和效益因素都不会被遗漏。如被遗漏，就可能导致错误的决策。在成本效益分析时，最困难的是在所有的信息中识别出与被选方案有关的成本（即相关成本）和效益因素。在成本效益分析中，成本效益分析的方法是简单的，首先，考察所取得的全部信息，并识别备选方案中与决策有关的成本和效益。然后用表式列出所有的成本及相关的效益。最后将效益减成本，两者之差就是某个或某系列备选方案的净效益或净成本。如何列示成本和效益因素没有固定的形式，但是，在陈述相关信息时，必须保证这些信息容易理解，所有备选方案的最终比较结果是在一个相似的基础上得出的。这样有利于最佳方案的选择。

2.非财务信息

尽管管理会计主要关注的是决策方案的财务信息，但非财务信息（或称定性因素）对成本效益分析以及决策，其重要性绝不亚于定量因素或可用货币计量的因素。大多数备选方案中都隐含着非财务性因素。这些非财务性因素中包括决策中的人际因素如雇员士气、公共关系、质素以及不能用货币确切计量的长远影响等等。管理人员在做出具体决策前，必须充分考虑这些定性因素。

（六）决策目的

专家认为所有决策的目的都是如何使企业目标最优化。例如，盈利企业就是利润最大化，非营利慈善组织就是令某种非定量化目标最大化。对于财务决策来说，由于决策的影响是短期的，对于战略的因素考虑较少，而主要注重收益最大化，或在收入不变的情况下寻求成本最低。

财务决策的第一步就是确认最优化的目标：收益最大或成本最小。

第二步就是在目标的制约下，根据资源和机会，设计备选方案。

第三步，运用各种定性和定量的方法分析各方案的影响及其能够达到的目标。最后，比较各备选方案，选择其中最优的方案。这一最优的方案就是使目标最优化的方案。

决策是面向未来的，而未来含有许多不确定性因素，因此良好的预测是决策的基础，是决策科学化的前提。没有准确科学的预测，就不可能做出符合客观实际的科学决策。同时，决策是规划的基础，没有具体的决策结论，就无法做出相应的计划和预算，也无法进行相应的控制和考核。

二、筹资决策

筹资决策是指企业对各种筹资方式的资金代价进行比较分析，使企业资金达到最优结构的过程。其核心是在多渠道、多种筹资方式条件下，力求筹集到最经济、资金成本最低的资金来源。

（一）决策定义

筹资决策是指为满足企业融资的需要，对筹资的途径、筹资的数量、筹资的时间、筹资的成本、筹资风险和筹资方案进行评价和选择，从而确定一个最优资金结构的分析判断过程。筹资决策的核心，就是在多种渠道、多种方式的筹资条件下，如何利用不同的筹资方式力求筹集到最经济、资金成本最低的资金来源，其基本思想是实现资金来源的最佳结构，即使公司平均资金成本率达到最低限度时的资金来源结构。筹资决策是企业财务管理相对于投资决策的另一重要决策。

企业要谋生存求发展，就必须拓宽思路、更新观念、加强管理、提升企业的国际竞争力。企业的财务管理工作，特别是筹资决策，起着连接金融市场和实业投资市场的桥梁作用。投资决策与筹资决策密不可分。投资决策一旦做出，理财人员必须进行筹资决策，为企业投资筹措所需要的资金。企业的筹资决策主要解决这样几个问题：利用权益资本还是债务资本？通过什么渠道筹措哪种权益资本或债务资本？以及权益资本与债务资本之间的比例是多少？利用长期资金还是短期资金？它们之间的比例又是多少？而企业营运资金管理的重点，则在于保证企业生产经营过程中资金的正常周转，避免支付困境的出现。筹资决策所影响和改变的是企业的财务结构或资本结构。筹资的目的是投资，筹资策略必须以投资策略为依据，充分反映企业投资的要求。

筹资决策所影响和改变的是企业的财务结构或资本结构。一般而言，企业的资金来源不外三条途径，即短期负债筹资、长期负债筹资与股权资本筹资。其中具有长期影响的、战略意义的筹资决策通常是指长期负债筹资决策与股权资本筹资决策，又被称为资本结构决策。企业所采取的股利政策决定了企业自留资金的多少，在很大程度上也决定了企业筹资决策的制度。

企业因借入资金而产生的丧失偿债能力的可能性和企业利润的可变性。企业在筹资、投资和生产经营活动各环节中无不承担一定程度的风险。这就是我们常说的筹资风险。

（二）决策内容

筹资决策通常包括：

（1）确定筹资的数量。

（2）确定筹资的方式：债务筹资或股权筹资？

（3）确定债务或股权的种类。

（4）确定债务或股权的价值。

（三）方法

1. 筹资决策的基本方法

（1）比较筹资代价法，包括比较筹资成本代价、比较筹资条件代价、比较筹资时间代价等。

（2）比较筹资机会法，包括比较筹资的实施机会，比较筹资的风险程度。

（3）比较筹资的收益与代价法，如果筹资项目预期经济效益大于筹资成本，则该方案可行。

其中方法（3）是判断筹资方案是否可行和选择最佳筹资方案的主要依据。

2. 筹资方式

包括权益类、负债类、混合类和其他筹资方式。

（1）权益类包括普通股、留存盈。

（2）负债类包括长期借款、债券。

（3）混合类包括优先股、可转换公司债券和认股权证。

（4）其他筹资方式有融资租赁、私募股权融资、项目融资、资产证券化、售后回购等方式。

（四）程序管理

现实企业运行中之所以会发生债务危机，甚至由这种债务危机而导致企业破产，就是筹资决策失误所致。筹资决策失误又主要是因为没有严格筹资决策的程序管理，如：

（1）没有对筹资渠道进行组合。

（2）没有对负债结构进行优化。

（3）对企业未来现金收入流量判断估算有误。

（4）决策随意化。

目标：

（1）获得企业运行和发展的所需资金的来源。即可行的筹资渠道。募股得有人掏钱，负债得有人借钱，企业自筹得有企业经营收入和利润。

（2）筹资成本尽可能低。不仅要保证能筹到资金，而且所花费的筹资成本还要尽可能低。

（3）筹资风险尽可能低。即还债期限要尽可能分散，不会因为还债期限过于集中而导致企业债务危机。

（五）程序要求

筹资决策的程序要求，主要有如下几点：

（1）明确投资需要，制订筹资计划。

（2）分析寻找筹资渠道，明确可筹资金的来源。

（3）计算各个筹资渠道的筹资成本费用，即计算筹资费用率——每一万元资金所需筹资成本。银行贷款的筹资成本主要是利息和贷款交际费用；股票筹资主要是股票发行费用；供货商和经销商信贷（供货款占用和预付款占用）主要是谈判费用，这种信贷一般是无息的；企业利润反耕融资主要是投资机会成本。

（4）分析企业现有负债结构，明确还债风险时期。

（5）分析企业未来现金收入流量，明确未来不同时期的还债能力。

（6）对照计算还债风险时期，在优化负债机构的基础上，选择安排新负债。

（7）权衡还债风险和筹资成本，拟定筹资方案。

（8）选择筹资方案，在还债风险可承担的限度内，尽可能选择筹资成本低的筹资渠道以取得资金。

（六）定性分析

1. 企业财务目标的影响分析

（1）利润最大化目标的影响分析。

在以利润最大化作为企业财务目标的情况下，企业应当在资本结构决策中，在财务风险适当的情况下合理地安排债权资本比例，尽可能地降低资本成本，以提高企业的净利润水平。

（2）每股盈余最大化目标的影响分析。

应把企业的利润和股东投入的资本联系起来考察，用每股利润来概括企业的财务目标，以避免利润最大化目标的缺陷。

（3）公司价值最大化目标的影响分析。

公司在资本结构决策中以公司价值最大化为目标，应当在适度财务风险条件下合理确定债权资本比例，尽可能地提高公司的总价值。

2. 投资者动机的影响分析

（1）债权投资者对企业投资的动机主要是在按期收回投资本金的条件下获取一定的利息收益。

（2）股权投资者的基本动机是在保证投资本金的基础上获得一定的股利收益并使投资价值不断增值。

3. 债权人态度的影响分析

如果企业过高地安排债务融资，贷款银行未必会接受大额贷款的要求，或者只有在担保抵押或较高利率的前提下才同意增加贷款。

4. 经营者行为的影响分析

如果企业的经营者不愿让企业的控制权旁落他人，则可能尽量采用债务融资的方式来增加资本，而不发行新股增资。

5. 企业财务状况和发展能力的影响分析

在其他因素相同的条件下：

（1）企业的财务状况和发展能力较差，则可以主要通过留存收益来补充资本。

（2）企业的财务状况和发展能力越强，越会更多地进行外部融资，倾向于使用更多的债权资本。

6. 税收政策的影响分析

通常企业所得税税率越高，借款举债的好处越大。

7. 资本结构的行业差别分析

三、投资决策

投资决策是指投资主体在调查、分析、论证的基础上，对投资活动所做出的最后决断。按层次不同，可分为：①宏观投资决策。从国民经济综合平衡角度出发，对影响经济发展全局的投资规模、投资使用方向、基本建设布局以及重点建设项目、投资体制、投资调控手段和投资政策、投资环境的改善等内容做出抉择的过程。宏观投资决策直接影响到经济持续、稳定、协调、高效地发展，在整个宏观经济决策中具有举足轻重的地位。它的失误往往是国民经济大起伏、大调整的最直接的原因。②微观投资决策。亦称"项目投资决策"，指在调查、分析、论证的基础上，对拟建工程项目进行最后决断。项目投资决策涉及建时间、地点、规模、技术上是否可行、经济上是否合理等问题的分析论证和抉择，是投资成败的首要环节和关键因素。微观投资决策是宏观投资决策的基础，宏观投资决策对微观投资决策具有指导作用。

（一）简介

是企业所有决策中最为关键、最为重要的决策，因此我们常说：投资决策失误是企业最大的失误，一个重要的投资决策失误往往会使一个企业陷入困境，甚至破产。因此，财务管理的一项极为重要的职能就是为企业当好参谋把好投资决策关。

简单而言，就是企业对某一项目（包括有型、无形资产、技术、经营权等）投资前进行的分析、研究和方案选择。投资决策分为宏观投资决策、中观投资决策和微观投资决策三部分。下面所讲的房地产投资决策主要是指房地产投资经营决策，属于微观投资决策的范畴。

（二）特点

（1）投资决策具有针对性。投资决策要有明确的目标，如果没有明确的投资目标就无所谓投资决策，而达不到投资目标的决策就是失策。

（2）投资决策具有现实性。投资决策是投资行动的基础，投资决策是现代化投资经营管理的核心。投资经营管理过程就是"决策—执行—再决策—再执行"反复循环的过程。因此可以说企业的投资经营活动是在投资决策的基础上进行的，没有正确的投资决策，也就没有合理的投资行动。

（3）投资决策具有择优性。投资决策与优选概念是并存的，投资决策中必须提供实现投资目标的几个可行方案，因为投资决策过程就是对诸投资方案进行评判选择的过程。合理的选择就是优选。优选方案不一定是最优方案，但它应是诸多可行投资方案中最满意的投资方案。

（4）投资决策具有风险性。风险就是未来可能发生的危险，投资决策应顾及实践中将出现的各种可预测或不可预测的变化。因为投资环境是瞬息万变的，风险的发生具有偶然性和客观性，是无法避免的，但人们可没法去认识风险的规性，依据以往的历史资料并通过概率统计的方法，对风险做出估计，从而控制并降低风险。

（三）意义

一个企业是否具有高成长性主要取决于以下因素，即该企业的文化创新性、战略创新性、技术创新性、营销创新性、管理创新性、体制创新性等。这就是说，要判断一个企业是否具有高成长性，第一要对这个企业进行全面分析，第二要看其能否在各个方面有所创新。这个企业如果整体表现很好并且呈现不断创新趋势，所处的行业和地区发展势头又比较大，那么未来几年高成长就是确定无疑的了。

企业的各级决策者经常要面临与资本投资相关的重大决策。在面临投资决策时，必须在不同方案之间做出某些选择。确切地说，投资决策的意义在于：

（1）资本投资一般要占用企业大量资金。

（2）资本投资通常将对企业未来的现金流量产生重大影响，尤其是那些要在企业承受好几年现金流出之后才可能产生现金流入的投资。

（3）很多投资的回收在投资发生时是不能确知的，因此，投资决策存在着风险和不确定性。

（4）一旦做出某个投资决策，一般不可能收回该决策，至少这么做代价很大。

（5）投资决策对企业实现自身目标的能力产生直接影响。

综上所述，投资决策决定着企业的未来，正确的投资决策能够使企业降低风险、取得收益，糟糕的投资决策能置企业于死地，所以，我们理应经过深思熟虑并在正确原理的指导下做出正确的投资决策。

（四）一般方法

投资方案评价时使用的指标分为贴现指标和非贴现指标。贴现指标是指考虑了时间价值因素的指标，主要包括净现值、现值指数、内含报酬率等。非贴现指标是指没有考虑时间价值因素的指标，主要包括回收期、会计收益期等。相应地将投资决策方法分为贴现的方法和非贴现的方法。

（五）评价指标

（1）评价指标常用投资评价指标的计算示例。

（2）净现值曲线——净现值与贴现率的关系。

（3）独立项目——独立项目之间的比较分析。

（4）互斥项目——互斥项目之间的比较分析。

（5）多重 IRR——多重内部收益率的示例分析。

（6）MIRR 函数——修正内部收益率的计算。

（7）经济年限——不同经济年限项目之间的比较。

（8）新建项目的评价——新建项目的现金流量测算和评价。

（9）更新项目的评价——更新项目的现金流量测算和评价。

（六）决策程序

企业投资决策的程序

1. 确定投资目标

确定企业投资目标是投资决策的前提。正确确定投资目标必须要做到：

（1）有正确的指导思想。

要在指导思想上明确为什么投资，最需要投资的环节、自身的条件与资源状况、市场环境的状况等。

（2）有全局观念。

要考虑把眼前利益与长远利益结合起来，避免"短期与近视"可能带来的影响到企业全局和长远发展的不利情况。

（3）有科学的态度。

科学的投资决策是保证投资有效性的前提。要实事求是，注重对数据资料的分析和运用，不能靠拍脑袋来决定事关重大的投资决策方案。

2. 选择投资方向

在明确投资目标后，就可以进一步拟定具体的投资方向。这一步也很重要，事关企业今后在哪里发展的问题。

3. 制订投资方案

在决定投资方向之后，就要着手制定具体的投资方案，并对方案进行可行性论证。一般情况下，可行性决策方案是要求在两个以上，因为这样可以对不同的方案进行比较分析，对方案的选择是有利的。

4. 评价投资方案

这一步主要是对投资风险与回报进行评价分析，由此来断定投资决策方案的可靠性如何。企业一定要把风险控制在它能够承受的范围之内，不能有过于投机或侥幸的心理，一旦企业所面临的风险超过其承受的能力，将会铸成大错，导致企业的灭亡。

5. 投资项目选择

狭义的投资决策就是指决定投资项目这个环节。选择的投资项目必须是由相应一级的人来承担责任。把责任落实到具体的人，这样便于投资项目的进行。

6. 反馈调整决策方案和投资后的评价

投资方案确定之后，还必须要根据环境和需要的不断变化，对原先的决策进行适时地调整，从而使投资决策更科学合理。

（七）影响因素

投资决策的影响因素：

一般而言，项目投资决策主要考虑以下因素：

1. 需求因素

2. 时期和时间价值因素

（1）时期因素是由项目计算期的构成情况决定的。项目计算期是指投资项目从投资建设开始到最终清理结束整个过程的全部时间，包括建设期和运营期。其中建设期是指项目资金正式投入开始到项目建成投产为止所需要的时间，建设期第一年的年初称为建设起点，建设期最后一年的年末称为投产日。

项目计算期最后一年的年末称为终结点，假定项目最终报废或清理均发生在终结点(但更新改造除外)。从投产日到终结点之间的时间间隔称为运营期，又包括试产期和达产期(完全达到设计生产能力期)两个阶段。运营期一般就根据项目主要设备的经济使用寿命期确定。(折旧年限)

项目计算期(n)=建设期(s)+运营期(p)

（2）考虑时间价值因素，从而计算出相关的动态项目评价指标。

3. 成本因素

成本因素包括投入和产出两个阶段的广义成本费用。

（1）投入阶段的成本。它是由建设期和运营期初期所发生的原始投资所决定的。原始投资（又称初始投资）等于企业为使该项目完全达到设计生产能力、开展正常经营而投入的全部现实资金，包括建设投资和流动资金投资两项内容。

原始投资与建设投资资本化利息之和为项目总投资，这是一个反映项目投资总体规模的指标。

（2）产出阶段的成本。它是由运营期发生的经营成本、营业税金及附加和企业所得税三个因素所决定的。经营成本又称付现的营运成本（或简称付现成本），是指在运营期内为满足正常生产经营而动用货币资金支付的成本费用。

（八）注意事项

投资决策是企业所有决策中最为关键、最为重要的决策，投资决策的失误也是企业最大的失误，一个重要的投资决策失误可能会使一个企业陷入困境，甚至破产。避免非科学的决策，主要是做好以下两点：

首先必须明确投资是一项经济行为，在进行投资决策时克服"政治""人际关系"等因素的影响；其次，在进行投资决策时，还应搞好投资的概预算，充分考虑到投资项目所面临的风险，做好投资项目现金流量预测。只有充分考虑了货币时间价值和投资风险价值的投资决策，才是较科学的投资决策，才能取得良好的效益。

四、营运资金管理

营运资金管理是对企业流动资产及流动负债的管理。一个企业要维持正常的运转就必须要拥有适量的营运资金，因此，营运资金管理是企业财务管理的重要组成部分。

（一）定义

营运资金，从会计的角度看，是指流动资产与流动负债的净额。如果流动资产等于流动负债，则占用在流动资产上的资金是由流动负债融资；如果流动资产大于流动负债，则与此相对应的"净流动资产"要以长期负债或所有者权益的一定份额为其资金来源。会计上不强调流动资产与流动负债的关系，而只是用它们的差额来反映一个企业的偿债能力。在这种情况下，不利于财务人员对营运资金的管理和认识；从财务角度看营运资金应该是流动资产与流动负债关系的总和，在这里"总和"不是数额的加总，而是关系的反映，这有利于财务人员意识到，对营运资金的管理要注意流动资产与流动负债这两个方面的问题。

流动资产是指可以在一年以内或者超过一年的一个营业周期内实现变现或运用的资产，流动资产具有占用时间短、周转快、易变现等特点。企业拥有较多的流动资产，可在一定程度上降低财务风险。流动资产在资产负债表上主要包括以下项目：货币资金、短期投资、应收票据、应收账款和存货。

流动负债是指需要在一年或者超过一年的一个营业周期内偿还的债务。流动负债又称短期融资，具有成本低、偿还期短的特点，必须认真进行管理，否则，将使企业承受较大的风险。流动负债主要包括以下项目：短期借款、应付票据、应付账款、应付工资、应付税金及未交利润等。

（二）资金特点

为了有效地管理企业的营运资金，必须研究营运资金的特点，以便有针对性地进行管理。营运资金一般具有以下特点：

（1）周转时间短。根据这一特点，说明营运资金可以通过短期筹资方式加以解决。

（2）非现金形态的营运资金如存货、应收账款、短期有价证券容易变现，这一点对企业应付临时性的资金需求有重要意义。

（3）数量具有波动性。流动资产或流动负债容易受内外条件的影响，数量的波动往往很大。

（4）来源具有多样性。营运资金的需求问题既可通过长期筹资方式解决，也可通过短期筹资方式解决。仅短期筹资就有：银行短期借款、短期融资、商业信用、票据贴现等多种方式。

（三）机遇挑战

老板对现金流预测报告的理解就和自动售货机一样，按下按钮就可以自动打印报告。所以经常突然要求财务当天下班前给他出报告。这样做出来的报告管理层和业务部门也不信任，开口闭口就是数据是错误的。

现金流量预测已经成为中国企业财务经理人面临的重大挑战。铂略咨询曾经将多家公司的现金流预测准确度从偏差100%减小到5%。他提到财务部经常和业务部门"打官司"，业务部说财务部的预测数据是错误的，财务部说业务部给的数据源头就是拍脑袋的，就是偏差的。有没有想过这样循环的辩论是没有意义的？财务部应当承担起主要的责任来，数据源一定要分清哪些事是我们财务部可控的，哪些事是财务部不可控的。对于可控项目，如存款、工资、贷款、利息、投资、付款、固定费用等，需要去检查是否真的可控。收取承兑汇票过期未托收，支付支票托收时间不确定等会带来额外的偏差，这就是财务的本职工作没做好，连原本可控的也失控了。对于不可控项目，需要依赖于业务部门的数据。对于如何与业务部沟通，他也有自己独到的洞见，他说："关键是我们是否已经足够了解业务的数据是如何产生的。例如，从历史会计资料可以查询客户是否拖延付款，原材料采购的规模。财务的工作是将不确定的数字尽可能变为确定的数字，这些数据应当用来与业务部门探讨。利用80/20原则，对大客户，销售额大的区域，需要找到负责的销售、区域的信用经理等约谈、核实。"

（四）管理问题

营运资金管理是对企业流动资产及流动负债的管理。一个企业要维持正常的运转就必须要拥有适量的营运资金，因此，营运资金管理是企业财务管理的重要组成部分。据调查，公司财务经理有60%的时间都用于营运资金管理。要搞好营运资金管理，必须解决好流动资产和流动负债两个方面的问题，换句话说，就是下面两个问题：

第一，企业应该投资多少在流动资产上，即资金运用的管理。主要包括现金管理、应收账款管理和存货管理。

第二，企业应该怎样来进行流动资产的融资，即资金筹措的管理。包括银行短期借款的管理和商业信用的管理。

可见，营运资金管理的核心内容就是对资金运用和资金筹措的管理。

（五）管理方法

1. 提高营运资金管理效率的方法

加强营运资金管理就是加强对流动资产和流动负债的管理；就是加快现金、存货和应收账款的周转速度，尽量减少资金的过分占用，降低资金占用成本；就是利用商业信用，解决资金短期周转困难，同时在适当的时候向银行借款，利用财务杠杆，提高权益资本报酬率。

2. 规避风险

许多企业为了实现利润、销售更多产品，经常采用赊销形式。片面追求销售业绩，可能会忽视对应收账款的管理造成管理效率低下。例如对赊销的现金流动情况及信用状况缺乏控制，未能及时催收货款，容易出现货款被拖欠从而造成的账面利润高于实际资金的现象。对此，财务部门应加强对赊销和预购业务的控制，制定相应的应收账款、预付货款控制制度，加强对应收账款的管理，及时收回应收账款，减少风险，从而提高企业资金使用效率。

3. 增加价值

会计利润是当期收入和费用成本配比的结果。在任何收入水平下，企业都要做好对内部成本、费用的控制，并做好预算，加强管理力度，减少不必要的支出，这样才能够提高利润，增加企业价值，提高企业效率。

4. 提高效率

财务管理应站在企业全局的角度，构建科学的预测体系，进行科学预算。预算包括销售预算、采购预算、投资预算、人工预算、费用预算等等，这些预算使企业能预测风险，及时得到资金的各种信息，及时采取措施，防范风险，提高效益。同时，这些预算可以协调企业各部门的工作，提高内部协作的效率，而且，销售部门在销售、费用等预算指导下，还可事先对市场有一定了解，把握市场变化，减少存货的市场风险。

5. 完善制度

明确内部管理责任制很多企业认为催收货款是财务部门的事，与销售部门无关，其实这是一种错误的观点。事实上，销售人员应对催收应收账款负主要责任。如果销售人员在提供赊销商品时，还要承担收回应收账款的责任，那么，他就会谨慎对待每一项应收账款。

建立客户信用档案企业应在财务部门中设置风险控制员，通过风险控制员对供应商、客户的信用情况进行深入调查和建档，并进行信用等级设置，对处于不同等级的客户实行不同的信用政策，减少购货和赊销风险。风险管理员对客户可从以下方面进行信用等级评定：考察企业的注册资本；偿还账款的信用情况；有没拖欠税款而被罚款的记录；有没有拖欠供货企业货款的情况；其他企业的综合评价。风险管理员根据考察结果向总经理汇报情况，再由风险管理员、财务部门经理、销售部门经理、总经理讨论后确定给予各供应商及客户的货款信用数量。如果提供超过核定的信用数量时，销售人员必须取得财务经理、风险管理员及总经理的特别批准。如果无法取得批准，销售人员只能降低信用规模或者放弃此项业务，这样就能控制销售中出现的大量坏账现象，减少风险。

严格控制信用期应规定应收账款的收款时间，并将这些信用条款写进合同，以合同形式约束对方。如果对方未能在规定时间内收回应收账款，企业可依据合同，对拖欠货款企业采取法律措施，以及时收回货款。

通过信用折扣鼓励欠款企业在规定时间内偿还账款很多企业之所以不能及时归还欠款是因为他们及时归还得不到什么好处，拖欠也不会有什么影响。这种状况导致企业应收账款回收效率低下。为了改善这种局面，企业可以采取相应的鼓励措施，对积极回款的企业给予一定的信用折扣。

实施审批制度对不同信用规模、信用对象实施不同的审批级别。一般可设置三级审批制度。由销售经理、财务经理和风险管理员、总经理三级审核。销售部门如采用赊销方式时，应先由财务部门根据赊销带来的经济利益与产生的成本风险进行衡量，可行时再交总经理审核。这样可以提高决策的效率，降低企业经营的风险。

加强补救措施一旦发生货款拖欠现象，财务部门应要求销售人员加紧催收货款，同时风险管理员要降低该企业的信用等级；拖欠严重的，销售部门应责令销售人员与该企业取消购销业务。

建立企业内部控制制度主要包括存货、应收账款、现金、固定资产、管理费用等一系列的控制制度。对违反控制制度的，要给予相关责任人以惩罚。

严格控制开支，对各种开支采用计划成本核算对各种容易产生浪费的开支要采取严格的控制措施。例如，很多企业业务招待费在管理费用中占据很大比例，导致部分招待费在计征所得税时无法全额税前扣除。对此，企业应该要求销售人员控制招待费支出，并由财务部门按月销售收入核定适当的招待费标准。

总之，营运资金管理在企业销售及采购业务中处于重要地位，对企业利润目标的实现会产生重大影响。营运资金管理应是对销售工作的控制而不是限制，它的宗旨是促进销售部门减少销售风险，提高利润水平。所以，企业领导人应重视企业的资金营运管理工作。

（六）投资战略

1. 流动资产的投资战略

紧缩的流动资产投资战略（低流动性）：维持低水平的流动资产与销售收入比率。可能伴随着更高运营风险。

宽松的流动资产投资战略（高流动性）：维持高水平的流动资产与销售收入比率，企业的运营风险较小。

如何选择流动资产投资战略：取决于该企业对风险和收益的权衡，以及影响企业决策的决策者。

2. 流动资产的融资战略

通过波动性流动资产与短期资金来源关系判定融资战略

（1）期限匹配融资战略。

特点：永久性流动资产和固定资产以长期融资方式来融通解决，波动性流动资产用短期来源资金融通解决（风险与收益适中）。

在期限匹配融资战略中，永久性流动资产和固定资产以长期融资方式（负债或权益）来融资，短期融资被用来为波动性流动资产融资。

波动性流动资产＝短期资金（来源）

永久性流动资产＋固定资产＝长期资金（来源）

（2）保守融资战略

特点：长期融资支持固定资产、永久性流动资产和部分波动性流动资产。公司通常以长期融资来源为波动性流动资产的平均水平融资，短期融资仅用于融通剩余的波动性流动资产（风险与收益较低）。

短期资金＜波动性流动资产

长期资金＞永久性流动资产＋固定资产

（3）激进融资战略。

特点：长期负债和权益为所有的固定资产融资，还对部分永久性流动资产使用长期融资方式融资。短期融资方式支持剩下的永久性流动资产和所有的临时性流动资产（风险与收益较高）。

（七）中国现况

在改革开放以来，我国企业不断吸收国外的先进管理经验，企业管理水平有了显著提高。但由于长期以来实行的计划经济，企业经营管理比较粗放，并且受到企业管理者的知识、思想和经验的限制，使得国内企业在营运资金管理方面的方法和手段与发达国家的企业相比依然存在着明显的差距。主要表现在：

1. 流动资金不足

当前，我国企业普遍存在流动资金短缺的情况，面临着营运资金风险。作为社会资源的一种体现，资金包括流动资金的紧缺是在所难免的。但是，这种流动资金的紧缺状况已经超出了理性的极限，诸多不合理因素的存在严重干扰了各企业个体和全社会总体资金的运转。

2. 流动资金周转缓慢，流动资产质量差，不良资产比重较大

应收账款数量普遍增高，且相互拖欠情况比较严重，平均拖欠时间增长，应收账款中有很大一部分发生坏账的可能性较大。在计划经济市场经济转轨过程中，由于许多企业对市场认识不足，盲目进行生产，导致产品结构不合理，竞争力差，原材料、产成品、半产品等存货不断积压，占用了企业大量资金。

3. 负债结构不合理，还本付息压力大

流动负债的比重高，高风险型的负债结构，必然导致还本付息压力日益增大，陷入借新债还旧债的恶性循环。国有企业的高负债率是在我国特定的历史条件下逐渐形成的。在计划经济体制下，国家对企业建设所需的资金实行财政直接拨款。之后又改为凡是有国家预算安排的基本建设投资全部由财政拨款改为银行贷款，实行"拨改贷"。这样原有企业更新改造、新建项目以及新设立的国有企业全部变为负债经营，这便直接造成了企业负债率的过高。

4. 营运资金管理弱化

企业的营运资金管理混乱，缺乏行之有效的管理措施和策略，也是当前企业存在重要问题之一，其表现如下：

第一，现金管理混乱。流动性最强、获利能力最低是现金资产的特点，现金过多或不足均不利于企业的发展。部分企业，财务管理机构不健全、财务人员短缺，没有制定合理可行的最佳现金持有量，现金管理有很大的随意性，经常出现没有足够的现金支付货款和各种费用或现金过剩现象。这种对现金的粗放型管理模式是不能适应市场竞争趋势的。

第二，应收账款控制不严，资金回收困难。很多企业业务收入的连年增长并没有带来利润的持续增长，主要原因就是同期应收账款数额增长的比例更大，而且账龄结构越来越趋于恶化，经营净现金流量持续为负。

第三，存货过多。大多数企业凭经验进行管理，缺少科学合理的存货管理方法，没有可行存货计划和有效的定期监督检查，而且又无相应的责任部门，致使存货资金占用过多，造成资金停滞，资金成本高、周转迟缓。

第四，短期借款管理存在内忧外患。银行短期借款的资金成本往往高于短期融资债券和商业信用，而占多数比例的中小企业的财务部门没有对短期借款的使用情况和数额进行核查和管理。资金取得困难加上资金缺乏妥当的管理，构成了短期借款的内忧外患，很容易造成中小企业资金周转困难，甚至财务危机。

五、股利分配决策

股利分配决策（Dividend distribution decision）是企业对有关股利分配事项的决策。企业取得的利润按照国家规定作相应的调整，依法交纳所得税后，才能对税后净利润进行分配。也称作利润分配决策(profit distribution decision-making)。

（一）分配原则

（1）必须遵守国家财经法规，除应按税法规定确定应纳税所得额外，净股利分配的项目、顺序及比例都应按规定进行。

（2）必须兼顾企业所有者、经营者和职工的利益，合理确定提取盈余公积金、公益金和分配给投资者利润的数额。

（3）要有利于增强企业的发展能力，股利分配要贯彻积累优先的原则，先提取公积金后再分配给投资者利润，当年无利润或以前年度亏损未弥补之前，不得分配利润。

（二）分配顺序

（1）用于抵补被没收的财物损失，支付违反税法规定的各项滞纳金和罚款。

（2）弥补超过用所得税前利润弥补期限，按规定须用净利润弥补的亏损。

（3）提取法定盈余公积金。

（4）提取公益金。

（5）向投资者分配利润。

对股份有限公司提取公益金后，向投资者分配利润应先支付优先股股利，然后提取任意盈余公积金，再支付普通股股利。

（三）决策程序

（1）计算可供分配的利润。

（2）计提法定盈余公积金。

（3）计提公益金。

（4）计提任意盈余公积金。

（5）向股东（投资者）支付股利（分配利润）。

（四）决策种类和方法

1. 剩余股利分配方案

根据企业投资所需的权益资本先从盈余中留用，然后将剩余盈余作为股利分配。

原因：保持理想资本结构，使资本成本最低。

2. 固定或持续增长股利分配方案

原因：树立形象；投资者稳定收入；其他因素。

缺点：股利与盈余脱节。

3. 固定股利支付率分配方案

原因：使股利与盈余紧密结合，但易引起波动。

4. 低正常股利加额外股利分配方案

原因：有较大灵活性，有稳定股价。

股利分配决策中的弹性化管理。

（五）弹性化管理

股利分配决策是对分配政策的选择和分配数量的确定，股利分配决策中的弹性化管理主要体现以下两个方面：

一是分配数量上的弹性。按照企业财务制度规定，企业对当年实现的利润，不能"吃光用光"，应该做到"以丰补歉"，除按规定提取盈余公积外，适当地保留一部分未分配利润。

二是分配政策上的弹性。在股利分配政策上通常有固定股利政策、固定股利支付率股利政策、低正常股利加额外股利政策、剩余股利政策等，一般来说，企业应尽量选择低正常股利加额外股利政策。这种分配政策该政策的灵活性较大，对那些利润水平在各年之间浮动较大的企业来说，是一种较为理想的股利分配政策。

第八节 财务预算

一、财务预算概述

财务预算是集中反映未来一定期间（预算年度）现金收支、经营成果和财务状况的预算。企业经营预算的重要组成部分。财务预算的内容一般包括"现金预算""预计损益表"和"预计资金平衡表（预计资产负债表）"。其中，现金预算反映企业在预算期内，由于生产经营和投资活动所引起的现金收入，现金支出和现金余缺情况，预计损益表反映企业在预算期内的经营业绩，即销售收入、变动成本、固定成本和税后净收益等构成情况；预计资金平衡表反映企业在预算期末的财务状况，即资金来源和资金占用以及它们各自的构成情况。

（一）组成

1. 预计利润表

（1）预计利润表是综合反映预算期内企业经营活动成果的一种财务预算。

（2）它是根据销售、产品成本、费用等预算的有关资料编制的。

2. 预计利润分配表

利润分配表是反映企业一定期间对实现净利润的分配或亏损弥补的会计报表，是利润表的附表，说明利润表上反映的净利润的分配去向。利润分配表包括在年度会计报表中，是利润表的附表。通过利润分配表，可以了解企业实现净利润的分配情况或亏损的弥补情况，了解利润分配的构成，以及年末未分配利润的数据。

公司向股东分派股利，应按一定的顺序进行。按照我国公司法的有关规定，利润分配应按下列顺序进行：

第一步，计算可供分配的利润。将净利润（或亏损）与未分配利润（或亏损）合并，计算出可供分配的利润。如果可供分配的利润为负数（即亏损），则不能进行后续分配；如果可供分配的利润为正数（即累计盈利），则进行后续分配。

第二步，计提法定盈余公积金。按抵减年初累计亏损后的净利润计提法定盈余公积金。提取盈余公积金的基数，不是可供分配的利润，也不一定是得税后利润。只有不存在年初累计亏损时，才能按税后利润计算应提取数。这种"补亏"是按账面数字进行的，与所得税法的亏损后转无关，关键在于不能用资本发放股利，也不能在没有累计盈余的情况下提取盈余公积金。

第三步，计提公益金。即按上述步骤以同样的基数计提公益金。

第四步，计提任意盈余公积金。

第五步，向股东（投资者）支付股利（分配利润）。

公司股东大会或董事会违反上述利润分配顺序，在抵补亏损和提取法定盈余公积金、公益金之前向股东分配利润的，必须将违反规定发放的利润退还公司。

3. 分配表

利润分配表一般有表首、正表两部分。其中，表首说明报表名称、编制单位、编制日期、报表编号、货币名称、计量单位等；正表是利润分配表的主体具体说明利润分配表的各项内容，每项内容通常还区分为"本年实际"和"上年实际"两栏分别填列。

在我国，利润分配表的"实际"栏，根据"本年利润"及"利润分配"科目及其所属明细科目的记录分析填列："上年实际"栏根据上年"利润分配表填列"。如果上年度利润分配表与本年度利润分配表的项目名称和内容不一致，则按编报当年的口径对上年度报表项目的名称和数字进行调整。

（二）财务预算

财务预算是一系列专门反映企业未来一定期限内预计财务状况和经营成果，以及现金收支等价值指标的各种预算的总称。

（三）作用

财务预算是企业全面预算体系中的组成部分，它在全面预算体系中有以下重要作用：

1. 财务预算使决策目标具体化、系统化和定量化

在现代企业财务管理中，财务预算到全面、综合地协调、规划企业内部各部门、各层次的经济关系与职能，使之统一服从于未来经营总体目标的要求；同时，财务预算又能使决策目标具体化。系统化和定量化，能够明确规定企业有关生产经营人员各自职责及相应

的奋斗目标，做到人人事先心中有数。

财务预算作为全面预算体系中的最后环节，可以从价值方面总括地反映经营期特种决策预算与业务预算的结果，使预算执行情况一目了然。

2. 财务预算有助于财务目标的顺利实现

通过财务预算，可以建立评价企业财务状况的标准。将实际数与预算数对比，可及时发现问题和调整偏差，使企业的经济活动按预定的目标进行，从而实现企业的财务目标。

3. 财务预算是总预算

财务预算是总预算，又是作为全面预算体系中的最后环节的预算，它可以从价值方面总括的反应经营期特种决策预算与业务预算的结果，使预算执行一目了然。其余预算均是账务预算的辅助预算。

（四）地位

全面预算是根据企业目标所编制的经营、资本、财务等年度收支总体计划，包括销售预算、资本支出预算与财务预算三大类内容。销售预算是整个预算管理体系的前提，财务预算的综合性最强，是预算的核心内容。

二、财务预算的编制程序

财务预算是一系列专门反映企业未来一定预算期内预计财务状况和经营成果，以及现金收支等价值指标的各种预算的总称，具体包括现金预算、预计利润表、预计资产负债表和预计现金流量表等内容。企业应当按照国家有关规定，组织做好财务预算编制工作，配备相关的工作人员，在明确职责权限的基础上，加强内部协调，完善财务预算的编制程序和方法，进而体现出财务预算对企业生存和发展的重要作用。

（一）企业财务预算的种类及各种财务预算之间的关系

具体来说：反映企业财务活动总体情况的综合预算；反映企业现金收支活动的现金预算；反映成本、费用支出的生产费用预算；反映销售收入的销售预算；反映资本支出活动的资本预算等；反映预算期内企业财务状况的预计资产负债表；反映企业一定期间现金流入与现金流出情况的预计现金流量表主要用于揭示企业一定期间经营活动、投资活动和筹资活动所产生的现金流量；综合反映预算期内企业经营活动成果的预计利润表。

上述各种财务预算间的关系如下：销售预算是各种预算的编制起点，它构成生产费用预算、期间费用预算、现金预算和资本预算的编制基础；现金预算是销售预算、生产费用预算、期间费用预算和资本预算中有关现金收支的汇总；预算损益表要根据销售预算、生产费用预算、期间费用预算、现金预算编制，预计资产负债表要根据期初资产负债表和销售、生产费用、资本等预算编制，预计财务状况表则主要根据预计资产负债表和预计损益表编制。

(二) 企业财务预算的编制程序

第一，单位要成立预算小组。该小组负责开展如下工作：制定单位的预算编订原则；审批预算方案；处理编订过程中遇到的问题；结合预算的具体落实情况进行考核。

第二，明确单位的各个机构以及子单位在预算工作中的权责。预算执行机构必须在管理机构的综合指引之下，协调相关方积极地开展编订工作，认真的落实预算方案。其具体的职责有如下的一些：开展本企业的预算编订工作；将本企业的预算指标细化，并且加以落实；结合预算的具体执行情况，分析存在的差异并加以处理；做好考核工作；协调预算管控机构开展好其他的相关活动。

第三，单位应建立预算编订制度。单位的各个相关机构要彼此协调，辅助开展好预算编订活动。单位在开展预算编订工作的时候，必须按照如下的步骤开展：预算组织以及相关管理机构应该在 9 月底之前提出下年的预算目标；企业所属各级预算执行单位根据企业预算总体目标，并结合本单位实际于每年 10 月底以前上报本单位下一年度预算目标；企业财务预算委员会及财务预算管理机构对各级预算执行单位的预算目标进行审核汇总并提出调整意见，经董事会会议或总经理办公会议审议后下达各级预算执行单位；企业所属各级预算执行单位应当按照下达的财务预算目标，于每年年底以前上报本单位财务预算；企业在对所属各级预算执行单位预算方案审核的基础上编制企业总体财务预算。

(三) 企业财务预算的编制依据

第一，预算的编订应该将战略规划当成是指引方向，正确的分析市场发展趋势。第二，预算的编订应该把单位的所有机构和相关子单位等的经营工作放到编订范围之中，综合预测。第三，企业编制财务预算应当以资产、负债、收入、成本、费用、利润、资金为核心指标，合理设计基础指标体系。第四，企业应当根据不同的预算项目，合理选择方法正确的开展财务预算的编订工作。第五，企业编制财务预算应当按照国家相关规定，加强对外投资、收购兼并等投资业务的风险评估和预算控制；加强非主业投资和无效投资的清理，严格控制非主业投资预算。那些负债多，偿还能力低的单位，要合理的控制投资。没有能力开展高风险活动的单位，不应该设置高风险投资预算。第六，企业编制财务预算应当正确预测预算年度现金收支、结余与缺口，合理规划现金收支与配置，加强应收应付款项的预算控制。第七，企业编制财务预算应当规范制定成本费用开支标准，严格控制成本费用开支范围和规模，加强投入产出水平的预算控制。第八，企业编制财务预算应当注重防范财务风险，严格控制担保、抵押和金融负债等规模。第九，企业编制财务预算应当将逾期担保、逾期债务、不良负债、不良债权等问题的清理和处置作为重要内容，积极消化潜亏挂账，合理预计资产减值准备。第十，企业应当依据财务管理关系，层层组织做好各级子企业财务预算编制工作。

(四) 企业财务预算的编制方法

单位要切实的按照有关规定，成立专门的组织负责开展预算工作。对于那些有董事会的单位,其预算工作应该由董事中具有良好的财务水平的董事开展。在实际的编订中要按照如下的方法进行。

1. 固定预算与弹性预算

所谓固定预算,是将单位预算阶段之内的所有的工作量固定在一个设定好的水平上,进而以其为前提来明确别的项目的预算数值的一种方法。而弹性预算与之是相对的,它是将全部的成本结合它的性质分成变动的以及固定的两种成本。它们的关键差异是,前者是以某个固定的业务量为基础的。而后者是以那些潜在的业务量为基础的。

2. 增量预算和零基预算

所谓增量预算指的是在基期成本资金的前提下,融合预算期内的相关措施,对相关的成本费用加以调节而生成的一种预算活动。所谓的零基预算,指的是在编订预算的时候,将预算的全部支出都按零计,不论述其他情况。以实际的需要为前提,分析相关的支出是不是正确的,进而明确预算费用。两者的差异是前者的基础是基期成本,后者是以零开始的。

3. 定期预算和滚动预算

所谓定期预算,指的是以年为单位的一种预算工作。滚动预算与其有很大的差别,它的特点是不把预算时间和会计的年度联系到一起,它是以月为单位的,当一个月过完之后,就要结合新的情形做出一定的调整,同时还要在之前的预算前提下补充下月的预算,以后滚动发展,以预算的方式来规划工作。它们的主要差别是,前者将年当成单位,后者将月当成单位。

三、财务预算的编制与管理

财务预算是一系列专门反映企业未来一定预算期内预计财务状况和经营成本以及现金收支等价值指标的各种预算的总称。财务预算管理是企业管理的重要手段,是在预测和决策的基础上,围绕企业战略目标,对一定时期内资金的取得和投放、各项收入和支出、经营成果及其分配等资金运作所做的具体安排。财务预算具有规划、沟通和协调、资源分配、营运控制和绩效评估的功能。

(一)财务预算管理的必要性

1. 财务预算管理是企业管理的需要

企业是市场经济的主体,为了求得生存、盈利和发展,必须将企业视为一个整体,在战略目标及战略计划的指导下,注重企业内部综合协调与管理,强化企业管理的计划、组织、控制和协调职能,让所有职能部门和所属单位的子目标与企业整体目标统一,使投资者的战略决策与经营者的管理行为相一致。这无疑需要通过财务预算管理作为一条管理主线,将企业各职能部门的管理工作和所属单位的生产经营活动连贯起来,从而提高企业整体的管理效率和经济效益。

2. 财务预算管理是满足资本利润最大化的要求

在市场经济条件下，企业财务管理的目标是使投资者得到最大限度的财富，即满足资本利润最大化的要求。要使资本真正能够实现利润最大化的功能，就必须建立和完善资本经营机制，通过财务预算对一定时期内企业资金的筹集、使用、分配等财务活动进行有效的计划与规划，使生产经营活动按照预定的计划与规划进行流转和运动，保证实现企业理财目标。

3. 财务预算管理是企业经营者的必然选择

企业的产权结构逐渐多元化，使企业所有权与经营权产生了两权分离。投资者不仅关注企业当前的经营成果，而且关注企业未来的发展前景；不仅关注企业当前实现的利润，而且关注企业未来的盈利能力和发展能力；不仅关注利润的总额，而且关注利润的质量。为了适应投资者的需要，经营者必然选择推行财务预算管理，对企业的控制和规划，实现从经营利润预算扩大到经营过程业务预算和资金预算，并进而延伸到体现经营质量的资产负债预算和现金流量预算，为提高经济效益创造广阔的空间和时间。

4. 财务预算管理是现代财务管理的要求

随着市场经济的发展，企业经营活动必须按照市场经济规律运行，企业财务管理活动已成为连接市场和企业的桥梁和纽带，资金筹措、投资决策、诚信纳税、理财创效等随着企业财务活动性质的转变，对企业财务活动的管理提出了更高的要求。现代企业要求强化以财务管理为核心的管理理念和管理模式，通过实施财务预算管理，对不同的投资方案进行比较和选择，为企业的生产经营活动筹措资金，对资金的日常运用与理财效益进行管理，有效地预算和筹集所需资金，将其配置在适当的地方等，促进企业健康长远发展。

5. 财务预算管理是提高经济效益的有效途径

实施以市场为导向，以销售为龙头，以销定产的财务预算管理，把市场需求与企业内部资源有机地结合起来，坚持以成本费用控制为重点，将经济效益目标落到实处，通过自上而下、自下而上的"讨价还价"过程，将预算指标层层分解，落实到各责任单位。强化财务预算管理可以合理配置企业内部资源，以保证最大限度满足市场需求，长期在市场上获得最大收益，为提高企业经济效益提供可靠的保证。

（二）企业财务预算管理原则

1. 统一组织、分级管理的原则

企业的行政部门需要组织和规划财务预算管理工作，同时，在企业内部需要建立完善财务预算管理体系，还需要完善责任制度，将责任落实到个人。按照企业的部门结构进行相应财务预算管理工作责任、权利划分，并且对预算的标准进一步细化，将细化后的预算指标经过企业各个领导层面的责任中心落实到企业生产经营实际中去，要求企业无论是领导人员还是基层的工作人员都要参与到财务预算管理工作中去，对于每一个环节都要严格把关，最终确保预算指标的实现。

2. 企业财务预算管理需要遵循全面、系统的原则

财务预算管理并不是具有盲目性的，而是需要与企业现阶段战略计划相符合，要进行全面的预算，对于企业经营管理中任何有资金消耗的内容都要涉及。企业财政预算管理工作需要对企业生产经营中的活动进行一定的预测，并且对活动进行全方面、系统的规划，在活动的开展中要加强控制，在活动结束后需要进行相关信息资料的统计，并且对整个活动开展财政预算管理工作的成效进行评价，保证财政预算管理工作深入企业的各个层次，三百六十度无死角的对企业落实企业财务预算管理工作。

3. 科学合理、稳步前进的原则

财务预算编制是财务预算工作开展的基础，财务预算编制需要具有科学性、适用性。因为财务预算过高很有可能导致企业资金的流失，财务预算过低则会导致很多工作因运转资金不足难以开展。企业财务预算需要考虑到公司的实际情况以及公司的财务增长情况，根据财政的收入确定财务的支出，避免支出大于收入导致企业处于负增长状态，将企业面临的财务风险控制在最小范围内，避免企业运行资金链断裂，保证企业在经济市场中稳步前进。

（三）财务预算的编制

1. 财务预算的内容与编制原则

根据企业的经营目标，科学合理地规划、预计及测算未来经营成果、现金流量增减变动和财务状况，并以财务会计报告的形式将有关数据系统地加以反映的工作流程，称为财务预算编制。财务预算主要包括现金预算、收入预算、成本预算、费用预算、投资预算、纳税预算、预计损益表、预计现金流量表和预计资产负债表等内容。企业财务预算一般按年度编制，业务预算、资本预算、筹资预算分季度、月份落实。财务预算应当围绕企业的战略要求和发展规划，以业务预算、资本预算为基础，以经营利润为目标，以现金流为核心进行编制，并主要以财务报表形式予以充分反映。企业编制财务预算应当按照内部经济活动的责任权限进行，并遵循坚持效益优先、权责对等、切实可行的原则，实行总量平衡，并作为制定、落实内部经济责任制的依据。财务预算的期间一般为一年，并与企业的会计年度保持一致，以便于实际的经营过程中，对财务预算执行情况进行监督、检查、分析。

2. 编制财务预算的程序

确定财务预算的目标。财务预算要以企业经营目标为前提。企业经营目标包括：利润目标以及为实现这一目标的相关目标，如销售收入目标、成本控制目标、费用控制目标等。对相关的经营目标及财务预算指标，要进行综合分析及平衡。

资料的搜集。在编制财务预算以前，要充分搜集企业内部及外部的历史资料，掌握目前的经营及财务状况以及未来发展趋势等相关资料，并对资料采用时间数列分析及比率分析的方法，研究分析企业对各项资产运作的程度及运转效率，判断有关经济指标及数据的增减变动趋势及相互间的依存关系，测算出可能实现的预算值。

汇总企业业务方面的预算。企业各部门编制的各项业务预算、销售预算、生产预算、成本费用预算、材料采购预算、直接人工预算等，是编制财务预算的重要依据。在编制财务预算前，应将汇总的各项业务预算的数据及经济指标，加以整理、分析，经相互钩稽确认后，作为财务预算各表的有关预算数。

财务预算的编制程序。编制财务预算，首先以销售预算的销售收入为起点，以现金流量的平衡为条件，最终通过预算损益表及资产负债表综合反映企业的经营成果及财务状况。财务预算的一系列报表及数据，环环紧扣、相互关联、互相补充，形成了一个完整的体系。

3. 财务预算的编制步骤

财务部门将当年预算计划及实际执行情况，下年度预算表式、企业战略规划相关内容，及编制要求下达到各部门。

各部门根据销售预测，结合下达的预算表式要求和本部门的需求填报本部门的下年度各项预算数。财务部门根据各部门上报资料进行汇总。对于需要修改的数据与该部门进行协调。将最终的预算结果上报总经理批准，并将批准结果分解下达。

（四）企业财务预算管理中存在的问题

企业实行财务预算管理，需在对预算的范围、编制依据、预算审批与调整、预算监督与考核等内容进行规范。但从执行情况看，在财务预算的编制、审批、执行、分析、考核等方面仍存在不尽完善之处，难以辅助、支持企业财务决策。

一是财务预算指标的确定缺乏科学、合理的依据，没有以科学求实的态度认真编制，而是流于形式。对预算的编制多采用"经验论"，以简单的百分比增长模式确定预算，不能有效协调企业本部与各基层单位的目标。由于缺乏一套科学、合理的预算指标定额标准，各基层单位在预算编制中尽量多列成本，少列收入，使预算的执行结果难以保证。

二是财务预算的编制宽余，使预算可以轻松地实现，从而使预算失去它应有的激励作用。预算的执行者利用信息不对称或参与权力，蓄意将预算的标准放松。造成预算松弛，预算成了"数字游戏"。预算的宽余使员工的积极性受到压抑，由于较少的努力便可获得较多的收入，也直接损害了公司的利益，员工的积极性得不到发挥，进而影响企业的长期发展、业绩评价和公司内部的资源的有效配置，使得考核缺乏客观性和公正性。

三是财务预算的执行过程中缺少监督，费用预算超支时有发生，使预算的严肃性受到损害。领导人缺乏一种带头执行的意识，没有树立向预算要效益，通过预算加强企业管理的意识。企业在预算的执行过程中，公司各部门之间缺少协调，大部分人都认为预算只是财务部门的事情，缺乏一种主人翁的思想。有的部门还可能在年底预算宽裕的情况下，突击花钱，使预算失去它控制费用的作用。

四是财务预算的反馈不及时，很多企业只是按期报送预算的执行分析。由于企业在编制预算时不可能预测到所有可能发生的事情，当市场状况发生重大变化或其他原因使得预算不能实现时还不及时做出调整，就会使预算脱离实际，变成空洞的数据游戏，而且预算编制得越细越全面，实际执行中要求调整的地方就越多。

五是财务预算不和考核挂钩，或者预算的考核流于形式。对预算执行结果的考核缺乏应有的措施，如考核指标不具体，考核标准不公示，奖惩措施不落实，使得预算成为软约束，失去了权威性和严肃性，影响了预算管理的激励机制作用的发挥。

六是财务预算分析方法有待改进。对预算执行情况多采用手工编制各项预算分析报表，而且多使用传统的简单数据统计分析方法，以经验定论，没有充分引入相应的数学方法、数学模型，使财务决策、分析定量化，使预算分析结论不能客观准确地反映生产经营实际状况。原因是企业虽然实现了会计电算化，但仅实现以机代账，没有建立以预算管理为中心运转的企业现代化管理财务管理信息系统，没有开发、建立一套与财务、生产、业务流程相对接的预算管理软件，增加了统计分析的工作量，降低了工作效率和准确性。

（五）加强企业财务预算管理的措施

1. 提高企业对财务预算管理重要性的认识

企业实行财务预算管理的意义重大，公司领导应当高度重视财务预算管理工作，积极营造一个有利于开展预算管理的环境，将财务预算作为制定、落实内部经济责任的依据。在编制财务预算过程中，由财务部门牵头，通过积极协调、控制、配合各部门做好财务预算的编制、审查、汇总、上报、反馈、分析等具体工作，保证企业财务预算的实现。企业领导应带头遵守预算管理制度，在对预算外项目审批时要严格履行预算审批程序，不能因预算具有不确定性而随意增减预算外开支项目，给预算指标的完成制造障碍。

2. 确定客观、合理的财务预算指标

企业财务管理部门及各预算执行单位应当充分收集有关财务、业务、市场、技术、政策、法律等方面的有关信息资料，根据不同情况分别采用比率分析、比较分析、因素分析、平衡分析等方法，从定量与定性两个层面充分反映预算执行单位的现状、发展趋势及其存在的潜力，进行尽可能准确的测算，制定切实合理的财务预算指标。

3. 及时反馈预算执行信息

财务部门应及时向预算执行部门反馈预算执行信息，以便各部门领导及时了解本部门的财务开支状况，发现问题，分析原因，及时解决，从而确保其经济活动不偏离本部门的财务预算目标。企业财务部门可以按期编制财务分析报告，由公司财务总监定期召开财务预算执行分析会议，由财务及相关职能部门主要领导对财务分析报告进行讨论，进一步分析单位内部存在的矛盾和问题，制定应对策略，加强内部管理措施，以保证生产经营高效平稳地运行。对完成较差的主要财务预算指标、矛盾突出的重点单位，列为跟踪监控的重点对象，深入调研，组织力量专项帮促，分析费用增减变动的主客观原因，提出整改、补救措施加以控制。

4. 经批准的财务预算不能随意调整、修改

随意调整、修改预算便失去了预算的意义和初衷。只有各部门严格执行财务预算，财

务部门依据预算指标严格履行经费开支审批手续,对各类业务事项切实做到全过程控制,尽量杜绝预算外开支,使企业的各项经济活动向预算目标靠近,最终才能达到财务预算对本单位全部经济活动进行控制的作用。预算并非决算,并非不能修改,但不能随意修改,只有在编制预算时所考虑的市场、业务、内部资源、外部环境等因素发生重大变动时,才可根据实际调整或修改财务预算。调整和修改预算指标,必须按规定程序申请、审议、审批。否则,财务预算不得调整。

5. 建立财务预算激励和约束机制

预算作为一种价值化的目标体系,在期末终了,对其执行和完成情况,也应通过合理的程序进行考评,奖优罚劣,体现客观公正,发挥预算的激励和约束作用,为此,建立合理的预算考评体系是十分必要的。财务预算工作的生命线是考核与奖惩,要通过科学的方法进行考核,不断创新科学的激励政策,发挥员工的积极性和创造性。

建立健全内部规章制度和严格的考核机制,确保预算管理体系真正发挥效益。企业应结合自身特点制定好《预算管理办法》与《实施细则》等内部规章制度,严格预算的约束机制,规范完善企业预算管理工作。定期召开各项预算执行分析考核会议,结合年度内部经济责任制考核,与预算执行单位负责人的奖惩挂钩,并作为企业内部人力资源管理的参考。将预算管理与激励机制相结合,对完成指标的给予奖励,没有完成指标的给予惩罚。

6. 建立财务预算管理信息化体系,有效利用网络资源加强预算监控

企业应当开发包括管理软件在内的广阔的网络资源,提高预算管理的质量和效率,把预算管理工作提高到一个新的起点。通过财务预算软件与生产用软件互联,实现财务预算系统与销售、供应、生产等系统的信息集成和数据共享,使企业集团生产经营能沿着预算管理轨道科学合理地进行。通过财务预算软件与财务部门软件系统互联,使财务预算可随时汇集财务会计信息,查询子公司资金流向,避免传统手工填制预算表的弊端,保障预算管理信息传递的效率和质量,有效地支持企业集团的决策能力,增强企业竞争力。

企业针对此内容首先要建立良好的招聘机制,利用优越的待遇吸引人才,并且逐步完善企业的激励制度,保证企业可以留住人才。同时还要注重于本企业人才的培养,企业可以委派内部的工作人员到外界进行培训,吸取丰富的经验,学习先进的财务预算管理模式。

第九节 财务控制

一、财务控制概述

财务控制是指对企业的资金投入及收益过程和结果进行衡量与校正,目的是确保企业目标以及为达到此目标所制定的财务计划得以实现。现代财务理论认为企业理财的目标以

及它所反映的企业目标是股东财富最大化（在一定条件下也就是企业价值最大化）。财务控制总体目标是在确保法律法规和规章制度贯彻执行的基础上，优化企业整体资源综合配置效益，厘定资本保值和增值的委托责任目标与其他各项绩效考核标准来制定财务控制目标，是企业理财活动的关键环节，也是确保实现理财目标的根本保证，所以财务控制将服务于企业的理财目标。

（一）特征

它是指按照一定的程序与方法，确保企业及其内部机构和人员全面落实和实现财务预算的过程。

特征有：以价值形式为控制手段；以不同岗位、部门和层次的不同经济业务为综合控制对象；以控制日常现金流量为主要内容。

它是内部控制的一个重要组成部分，是内部控制的核心，是内部控制在资金和价值方面的体现。从工业化国家发展的经验来看，企业的控制存在着宏观和微观两种不同模式。其中财务的宏观控制主要借助于金融、证券或资本市场对被投资企业直接实施影响来完成，或者通过委托注册会计师对企业实施审计来进行，前者主要反映公司治理制度、资本结构以及市场竞争等对企业的影响，后者实际是外部审计控制。

必须以确保单位经营的效率性和效果性、资产的安全性、经济信息和财务报告的可靠性目的。它的作用主要有以下三方面，一是有助于实现公司经营方针和目标，他既是工作中的实时监控手段，也是评价标准；二是保护单位各项资产的安全和完整，防止资产流失；三是保证业务经营信息和财务会计资料的真实性和完整性。

（二）原则

基本原则包括：①目的性原则；②充分性原则；③及时性原则；④认同性原则；⑤经济性原则；⑥客观性原则；⑦灵活性原则；⑧适应性原则；⑨协调性原则；⑩简明性原则。

（三）种类

（1）按照内容，可分为一般控制和应用控制两类。

（2）按照功能，可分为预防性控制、侦查性控制、纠正性控制、指导性控制和补偿性控制。

（3）按照时序，可分为事前控制、事中控制和事后控制三类。

（四）局限性

良好的控制虽然能够达到上述目标，但无论控制的设计和运行多么完善，它都无法消除其本身固有的局限，为此必须对这些局限性加以研究和预防。局限性主要有三方面：一是受成本效益原则的局限；二是财务控制人员由于判断错误、忽略控制程序或人为作假等原因，导致它失灵；三是管理人员的行政干预，致使建立的控制制度形同虚设。由于财务管理存在于企业的经济活动的方方面面，因此其对企业生产经营的影响非常大。它有一套完整的体系，它由环境、会计系统和控制程序三部分组成。它环境指建立或实施控制的各种因素。主要因素为管理单位和相关人员对它的态度、认识和行为。

具体包括：单位组织结构、管理者的经营思想和经营作风、管理者的职能和对这些职能的制约、确定职权和责任的方法、管理者监控和检查工作时所采用的控制措施、人事工作方针及其实施、影响单位业务的各种外部关系等。会计系统指单位建立的会计核算和会计监督的方法和程序。有效的会计系统应当做到：确认并记录所有真实的经济业务，及时并充分详细地描述经济业务，在财务会计报告中对经济业务做出适当的分类；计量经济业务的价值，在财务会计报告中记录其适当的货币价值；确定经济业务发生的时间，将经济业务记录在适当的会计期间；在财务会计报告中反映经济业务、披露会计信息。控制程序指管理者所制定的方法和程序。具体包括：经济业务和经济活动批准权；明确人员的职责分工，有效防止舞弊；凭证和账单的设置和使用，准确通过会计账簿反映经济业务；管好用好财产物资；对已登记的业务及其计价要进行复核等。

二、财务控制的内容

中小企业的财务控制应当从建立严密的财务控制制度、现金流量预算、应收账款、实物资产、成本和财务风险的控制等方面入手。中小企业由于经营规模较小，资本和技术构成较低，发展时间一般不长，受自身体制和外部环境影响大等因素，财务控制方面存在一些薄弱环节：如财务控制制度不健全、现金管理不当、实物资产控制薄弱、粗放的成本管理、会计人员素质不高。中小企业财务控制中存在的问题是由宏观经济环境和自身因素造成的，针对这些问题，必须结合中小企业的特点，从多方面入手搞好财务控制。

建立严密的财务控制制度中小企业要搞好财务控制，必须建立严密的财务控制制度，具体包括以下几个方面：

（1）不相容职务分离制度。不相容职务相互分离控制要求中小企业按照不相容职务相分离的原则，合理设置财务会计及相关工作岗位，明确职责权限，形成相互制衡机制。不相容职务包括：授权批准、业务经办、会计记录、财产保管、稽核检查等职务。如：有权批准采购的人员不能直接从事采购业务，从事采购业务的人员不得从事入库业务。

（2）授权批准控制制度。授权批准控制要求中小企业明确规定涉及财务会计及相关工作的授权批准的范围、权限、程序、责任等内容，单位内部的各级管理层必须在授权范围内行使职权和承担责任，经办人员也必须在授权范围内办理业务。如：采购人员必须在授权批准的金额内办理采购业务，超出此金额必须得到主管的审批。

（3）会计系统控制制度。会计系统控制要求中小企业依据《会计法》和国家统一的会计制度，制定适合本单位的会计制度，明确会计工作流程，建立岗位责任制，充分发挥会计的监督职能。会计系统控制制度包括企业的核算规程、会计工作规程、会计人员岗位责任制、财务会计部门职责、会计档案管理制度等。良好的会计系统控制制度是企业财务控制得以顺利进行的有力保障。

三、财务控制的程序

（一）组织规划

根据财务控制的要求，单位在确定和完善组织结构的过程中，应当遵循不相容职务相分离的原则：是指一个人不能兼任同一部门财务活动中的不同职务。单位的经济活动通常划分为五个步骤：授权、签发、核准、执行和记录。如果上述每一步骤由相对独立的人员或部门，实施，就能够保证不相容职务的分离，便于财务控制作用的发挥。

（二）授权批准

授权批准控制指对单位内部部门或职员处理经济业务的权限控制。单位内部某个部门或某个职员在处理经济业务时，必须经过授权批准才能进行，否则就无权审批。授权批准控制可以保证单位既定方针的执行和限制滥用职权。授权批准的基本要求是：首先，要明确一般授权与特定授权的界限和责任；其次，要明确每类经济业务的授权批准程序；再次，要建立必要的检查制度，以保证经授权后所处理的经济业务的工作质量。

（三）预算控制

预算控制是财务控制的一个重要方面。包括筹资、融资、采购、生产、销售、投资、管理等经营活动的全过程。其基本要求是：第一，所编制预算必须体现单位的经营管理目标，并明确责任。第二，预算在执行中，应当允许经过授权批准对预算进行调整，以便预算更加切合实际。第三，应当及时或定期反馈预算的执行情况。

（四）实物资产

实物资产控制主要包括限制接近控制和定期清查控制两种。限制接近控制是控制对实物资产及与实物资产有关的文件的接触，如现金、银行存款、有价证券和存货等，除出纳人员和仓库保管人员外，其他人员则限制接触，以保证资产的安全；定期清查控制是指定期进行实物资产清查，保证实物资产实有数量与账面记载相符，如账实不符，应查明原因，及时处理。

（五）成本控制

成本控制分粗放型成本控制和集约型成本控制。粗放型成本控制是从原材料采购到产品的最终售出进行控制的方法。具体包括原材料采购成本控制、材料使用成本控制和产品销售成本控制三个方面；集约型成本控制一是通过改善生产技术来降低成本，二是通过产品工艺的改善来降低成本。

（六）风险控制

风险控制就是尽可能地防止和避免出现不利于企业经营目标实现的各种风险。在这些风险中经营风险和财务风险显得极为重要。经营风险是指因生产经营方面的原因给企业盈利带来的不确定，而财务风险又称筹资风险，是指由于举债而给企业财务带来的不确定性。由于经营风险和财务风险对企业的发展具有很大的影响，所以企业在进行各种决策时，必须尽力规避这两种风险。如企业举债经营，尽管可以缓解企业运转资金短缺的困难，但由于借入的资金需还本付息，到期一旦企业无力偿还债务，必然使企业陷入财务困境。

（七）审计控制

审计控制主要是指内部审计，它是对会计的控制和再监督。内部审计是在一个组织内部对各种经营活动与控制系统的独立评价，以确定既定政策的程序是否贯彻，建立的标准是否有利于资源的合理利用，以及单位的目标是否达到。内部审计的内容十分广泛，一般包括内部财务审计和内部经营管理审计。内部审计对会计资料的监督、审查，不仅是财务控制的有效手段，也是保证会计资料真实、完整的重要措施。

四、财务控制的方法

（一）财务控制的地位

1. 财务控制与内部控制的关系

内部控制作为企业生产经营活动自我调节和自我制约的内在机制，处于企业管理中枢神经系统的重要位置，尤其对于集团企业来讲，财务控制是内部控制的重要组成部分。在整个企业的生产经营活动中，生产、技术、人事、供应、销售、财务等工作各不相同，应按照不同的工作性质、内容、范围和实现的条件进行控制，而财务控制是一种价值控制，可将不同岗位、不同部门、不同层次的业务活动相结合，进行综合控制，它是内部控制的中心环节。财务控制的综合性最终表现为其控制内容都归结在资产、利润成本这些综合价值指标上。

2. 财务控制在财务管理中的地位

财务管理内容在不同的角度有不同的表达。从资金运动过程分析，财务管理包括资金筹措、资金投放、资金营运、收入分配等；从管理环节分析，财务管理包括财务预测、财务决策、财务控制和财务分析等。在上述各种内容中最核心的部分是什么，理论界也有不同观点：有人认为是筹措、投资与分配；有人认为是财务决策；也有人认为是财务控制。其原因：一是由于企业内部的多层次代理关系使财务管理划分为出资者财务、经营者财务和财务经理财务多个层次。从企业内部的角度分析，财务管理主要属于经营者和财务经理层次，而他们的基本职责是落实董事会的战略决策，实施公司预算，所以称其为执行型，而不是决策型。二是在企业财务活动中，必然会与各方发生各种经济关系，只有解决和协调好企业内部各行为主体之间、企业与外部利益相关集团之间的矛盾，才能保证企业目标的实现。财务控制的任务就是通过调节、沟通和合作使个别、分散的财务行动整合统一起来，追求企业短期或长期的财务目标。所以，财务控制在企业财务管理体系中处于核心地位。在企业集团组织规模扩大和资源有限的情况下，只有科学、合理地进行财务控制，才能确保组织目标的实现。若财务控制不严，资源浪费现象就会发生甚至出现败德行为，使组织目标难以实现，所以认真研究现代企业制度条件下有效的财务控制方法，创建科学合理的财务控制系统是十分必要的。

（二）财务控制的方法

1. 合理配置财务管理权限

公司法人治理结构是公司制的核心，要明确股东会、董事会、监事会、经理层的职责，形成各负其责、协调运转、有效制衡的公司法人治理结构。公司治理结构是一种权力制衡机制，有权力，就应有制衡。它们之间既相互独立，又相互制约。股东会、董事会、经理人和监事会在各自的一定范围内独立行使权力，承担相应责任，享有相应利益；同时又彼此制约，谁都没有无限的权力，从而有效保护各方权益，达到相互协调和制约的作用，保证企业的可持续发展。公司财务管理权可分为财务决策权、财务执行权、财务监督权。财务决策权包括财务战略决策和财务战术决策。财务战略决策必须集中在股东会和董事会，而一般的或日常的财务决策则可授权经理层来做出。经理层在实施董事会的战略决策时必须采用职能专门化的授权实施体制，即日常的财务活动主要由职能化的财务管理部门来负责实施，并以责任中心和责任制的形式细化到具体部门和岗位。财务监督权在公司内部是分散配置的，包括横向财务监督、纵向财务监督、内部审计监督和员工财务监督。其中，横向财务监督是在公司治理结构内部相平行的组织机构之间进行的财务监督和约束行为，包括供、产、销部门之间的相互约束及会计部门的常规监督；纵向财务监督是公司内部上级组织或个人对下级组织或个人的财务监督约束行为；内部审计的监督是审计部门通过内部常规稽核、离任审计、落实举报、监督审查企业的会计报表等手段，对会计及其他部门实施内部控制。员工监督是基层群众对企业财务活动进行的民主监督，是群众理财理念的具体化，有利于强化员工的主人翁意识，但它是一种软性监督，须辅之以激励方式。上述权力是一个有机的整体，必须合理配置和落实，否则就会权责不清，导致企业管理混乱，加大经营风险和财务风险，甚至使企业倒闭。在现代企业中权力的合理配置必须以合理的股权结构为基础，"一股独大"的情况下是很难建立合理的权力制衡机制的。

2. 完善内部财务制度

建立健全内部财务管理制度是企业内部监督的重要环节，要严防有章不循，将已订立的企业内部控制制度"印在纸上、挂在墙上"，遇到具体问题多强调灵活性，使内部控制制度流于形式，失去了应有的刚性和严肃性。制度建设须遵循相对稳定和动态发展相结合的原则。从经济学的观点看，财务制度的制订和选择过程是一个相关利益者根据经济社会环境的变化为自身的经济利益和政治利益进行博弈斗争的过程。通过多次博弈之后，使制度不断得到发展和完善，社会公认程度日益提高，纳什均衡点逐步由低层次向高层次递进，最终趋向于"帕累托"最优状态。

3. 强化内部控制制度的检查和考核

为了保证企业内部控制制度能有效地发挥作用，并使之不断得到完善，企业必须定期对内部控制制度的执行情况进行检查与考核，看企业内部控制制度是否得到有效遵循，执行中还存在什么问题，并采取措施加以纠正。对于严格执行内部控制制度的要给予精神鼓励和物质奖励；对于违规违章的，坚决给予行政处分和经济处罚，并与职务升降挂钩。只有做到压力与动力相结合，才能最终达到内部控制的目的，使制度真正落到实处。

4. 建立良好的信息沟通系统

良好的信息沟通系统可以使权益各方及时掌握企业运营状况，做出正确的决策和业绩评价。长期以来企业会计信息失真现象普遍，难以为管理和监督提供可靠的资料，造成监督失控，经济效率低下，损害了投资人、债权人、员工及国家的利益。因此完善信息系统，确保会计信息的真实有效，是强化财务监督的前提条件。要做到信息的可信和有效，必须严格执行《会计法》和《内部会计控制规范》，杜绝会计信息失真现象的发生；形成完善的内部牵制和监督制约机制，以堵塞漏洞、消除隐患，保护财产安全，防止舞弊行为，促进经济活动健康发展。为此要加快计算机信息网络的建设，在企业内部构筑纵向沟通、横向沟通、内外沟通的信息网络体系，达到信息交换的及时性。

第二章 上市公司财务管理战略

第一节 财务战略理论的演进

随着经济的发展环境及模式的大变革,对企业战略管理的要求也逐渐地升级,每个变革对新的经济战略管理内容及新理念的出现都具有较大推动作用。结合历史背景,在实践的考察背景下,分析企业的财务战略管理的演进及形成,大致总结为五个阶段。

一、财务计划与预算控制阶段

这一阶段的出现主要依附于管理理论的进步,泰勒的提出的通过计划工作,对工人进行挑选、培训和组织,能够增加企业的产量。法约尔指出计划和控制是管理的重要职能。

此阶段,企业的财务管理围绕计划和控制进行开展,将年度预算计划的制定和考核渗透到各个部门。该阶段将财务预算作为企业财务战略管理的主要工具或手段,通过对财务预算的执行,企业各个部门对监测出的细微的变化和偏差都要及时的归并到相关管理层,找出原因,并通过一定的措施来加以修正,进而实现既定的财务预算计划。此管理手段将财务预算的管理和对异常偏差的控制作为工作的重点内容。

二、筹资财务管理阶段

筹资管理阶段又称为"传统的财务管理阶段",此阶段主要是筹划企业的战略管理的资源需要量,分析自身的经济实力的基础上来量定外部的资金需求,同时结合企业所处的经济环境及资源稀缺性来分析获取的实践性。

这一阶段的出现主要是由于帝国主义的出现,企业大量的成立和规模的不断扩充,使得资源的有限性渐渐彰显。为了满足企业的生存和发展需要,越来越多的企业极力冲破资金缺乏的瓶颈,为解决面临的资金问题,管理的新职能筹资成了企业管理的关键。为解决资金缺乏的问题,当时美国和西欧一些国家的主要做法是发行股票和公司债务。而日本企业由于积累率低,收益少,主要靠发行股票筹措企业需要的长期资金。由此,推动了证券业的出现和发展。

但是,传统的公司财务理论不能深刻理解企业的财务管理的系统性,在企业财务管理的内容和范围方面研究得不够全面。企业财务管理关注在对企业资金的筹措上而忽视了企业的日常资金周转和财务管理控制，不能研究出一套必要的财务管理和资金运用控制的办法。因此即使企业筹措到资金，也不能很好的发挥应有的作用，来促使企业的健康持续发展。

三、内部控制财务管理阶段

这一阶段又称为"综合财务管理阶段"。

20 世纪 20 年代末 30 年代初的全球性经济危机以后，特别是随着科学技术的迅速发展，越来越多的企业意识到，筹措的资金需要发挥出效益，在激烈的竞争环境下，仅仅说筹措到资金是不能满足企业健康高效的发展的。企业要实现的不单纯的是将资金筹措到，而更多的是要根据企业自身的发展方向和计划来运用科学的方法对筹措的资金加以控制和管理，进而达到资金的高效益性的目标，否则，企业没必要筹措资金。

企业为实现资金的高效益性，越来越多的企业建立财务管理制度，加强对企业内部财务资源的管理和控制，例如监控固定资金和流动资金的运用，使企业财务资金收支平衡；渗透成本意识，开展财务活动分析和考核投资经济效益等，力图通过实施严格的内部财务管理控制，提高资金使用效果。在这一时期，公司的财务决策成为最重要的工作重点，而资金筹措不再是首要重点。随之，财务管理进入了内部财务管理控制阶段。

随着经济的发展变化，企业渐渐意识到，筹措资金及对资金高效管理都，是重要的，两者的紧密结合成为必然，进而使得财务管理从传统的财务管理升级到综合财务管理阶段。这一阶段注重资金筹措及高效运用的协调性，既重视资金筹措，更重视资金的运用，将企业财务管理的理论向前推进了一步。

四、现代财务管理阶段

这一阶段又称"投资财务管理阶段"，运用科学的管理方法分析和制订投资决策是财务管理的主要职能。

第二次世界大战以后，特别是 20 世纪 70 年代以后，世界经济形势发生了重大变化，资本主义经济危机不断发生，第三世界民族经济迅速发展和壮大，加之严重的通货膨胀和石油危机，使得市场竞争愈加激烈，西方企业经营面临重重困难，企业对资金的运用变得复杂。使得企业的经营管理者意识到采用现代化的手段加强企业的财务管理，单纯地靠资金筹措管理及技术的投入等是不能实现企业的稳步发展的。

面对资金或技术是可以引进的，而在企业发展中无形的资本，管理技术只能靠自己才能提高，这就要求企业的财务管理与时俱进，加快现代化的升级，进而促使财务管理向现代财务管理阶段转化。

这一阶段的显著特点表现为企业更加重视财务管理工作，将财务管理作为企业管理活动的核心；很大程度地提高了企业财务主管的地位，财务管理意识在企业中从上到下得到了加强。例如，美国的大企业普遍设立控制部，把过去的以事后会计核算处理为主发展为事前的财务预测、决策与控制，同时，重视实际财务管理技术方法的运用，力求采用新的管理技术方法以实现财务决策的最优化。价值分析，量、本、利分析，变动成本法，边际分析法，作业管理，

标准成本控制等被广泛地引入企业财务决策和管理，在全面预算控制、制定最优投资方案、提高投资效果、加速资金周转等方面起到了很好的作用。

五、财务战略管理阶段

在近一个世纪里，财务管理得到了高速发展，不过随着企业经营环境的变化及战略管理的发展，企业财务管理面临着新的时代要求和挑战。

面对企业发展环境的多变性，企业财务管理融入战略管理的思想成为必然。企业财务管理的战略化不仅要从理论上跟进，更要将其运用的实践中，否则失去了财务管理的战略意义。

财务管理理论和方法是企业管理重要职能，毫无疑问其也受到一般管理理论及方法的影响。企业经营者在现代高度竞争，复杂多变的经营环境下，仅仅依靠以往的经验是无法面对新的环境和形势的，企业将战略管理作为管理的中心问题成为一种必然。因此，企业的财务管理是不能无视战略管理的要求的。

而企业要实施其战略，必须要拥有将战略转化为实践结果的必要资源，以及实施战略的具体行动。而资金是企业战略实施的关键资源，其投放构成了企业战略实施的重要条件。故企业战略能否成功实现，在很大程度上取决于整个战略期间内，资金支持是否与其协调一致。

由此可见，企业在实行战略管理的过程中必然要求其财务管理反映战略的要求，使财务管理能够支持、促进企业战略的实施，而不能与战略管理相冲撞。换一句话说，财务计划不能反映管理当局和董事会制定的战略决策，那么它就没有价值可言。

六、财务战略与其他职能战略的关系

财务战略与业务层战略的关系。业务层战略又称竞争战略，其包括三种类型，即成本领先战略、差异化战略及集中化战略，为一般战略。业务层战略在企业的任何阶段都是很重要的，它从某种意义上来说是企业资本增值的重要战略。

对财务战略来讲，业务层战略是企业财务战略服务的另一战略。业务战略的实施必须依靠财务战略的支持，财务投入必不可少，而且财务战略在具体的业务层战略的选择实施方面甚为关键。比如成本领先战略，该战略必须对成本有个清晰的认知及清楚的核算数据，而成本的核算依靠财务来衡量，同时成本的管理也是财务战略的一个方面。只有对财务成

本有了具体的把握才能看清成本领先的可能性，才能找出成本降低的空间有多大。类似的差异化与集中化战略，对财务战略的依靠也是必不可少。

竞争战略对企业财务战略来说，可以是企业财务能力提高的基础。企业要想资本增值获取利润就必须具有可以赚得利润的业务，而利润的提高及资本的增值是企业财务能力提高的体现，反过来财务能力提高可供使用的资源就充足，充足的资源可进一步提高企业的业务能力。所以总的来说，财务战略在某种意义上也决定了业务层战略，而业务层战略又促进着财务战略。

作为职能层战略之一的财务战略与其他职能战略的关系。

职能层战略一般包括生产战略、财务战略、营销战略、研究开发战略、人力资源战略等。职能战略具有协调企业资源和能力的作用，同时，提供或开发特有资源或核心能力来为制定企业战略提供条件。从职能战略的基本功能来看，职能战略是企业战略中的基础战略。财务战略与其他职能战略的关系相互促进相互影响。财务战略为其他类职能战略的实施提供资金支持，生产战略需要生产要素的投入，而生产要素的获得需要财务战略的资金支持，产量与销量的增加使得利润的提高，财务能力的增强。在现代竞争激烈的市场中，产量不是利润的最终决定者，销量才是重头。营销战略需要财务战略的扶持，从某种意义上来说营销的成功就是财务的成功。当然，技术高速发展的现代，研发战略举足轻重，不过技术单就依靠购买不能长久支持企业的发展，人力资源也变得尤为重要，人力资源是能动的资源可以为企业带来创新的力量带来前进的动力。不过，所有这些并不是无成本的获得，只有财务投入了才能实现这些战略。而且这些战略实施的成果最终也是要利润的提高及资本的增值来反映。

七、财务战略的要素

财务战略是一复杂的体系，包含有多种要素，而构成财务战略的各种要素之间存在着相互影响及相互制约的关系。每一要素的构建出现异常，都会影响整个财务战略系统的运转，甚至影响整个总体战略体系。与企业适时配套的战略体系是科学合理的，而科学合理要求各个战略要素协调一致。财务战略要素有以下几点。

（一）财务战略思想

财务战略思想是企业制定和实施财务战略的总体指导思想，它由一系列原则、方针和理念构成。财务战略思想是财务战略的灵魂，它贯穿于财务战略管理的全过程，是决定财务战略成败的关键。

（二）财务战略重点

财务战略的重点是在实现财务战略目标的过程中具有决定作用的重大而又薄弱的环节、项目和方面。确定财务战略的重点需要分析主客观条件，集中自己的优势力量，通过"点"的突破，推动企业整体经营活动向最好的方向发展。

确定财务战略的重点必须做好两方面的工作：首先是财务战略目标的明确。明晰财务战略的目标体系，找准方向，明确其任务要求，进而把握正确地财务战略的重点。其次是对高效益性的项目和业务的寻找，进而最大限度地提高资金使用效率。

（三）财务战略的措施

将财务战略的目标作为财务战略重点是因为财务战略的目标体现了财务战略的思想，也是财务战略整体的导向。其导向的正确性关系到整个财务战略体系及整个总体战略。

财务战略目标的制定是根据财务战略思想及企业总体战略的要求，在分析企业内外理财环境基础上制定的，其是企业未来较长时期内财务活动的总体目标。财务战略目标是财务战略思想的具体体现，它规定了企业未来一定时期财务活动的方向和任务。

制定财务战略目标要注意两个问题：①先进性与可行性相统一。财务战略目标只有具有先进性，才能激发职工士气，调动职工积极性和创造性。但财务战略目标又必须建立在可行的基础上，使各部门和职工通过主观努力，有能力实现目标。②要注意长、中、短各期目标的衔接，确保三种目标是连续的和继启的，进而避免目标链脱节现象的发生。

（四）财务战略的考核

企业财务战略完整实现不仅仅是以上要素的组合，财务战略要实现前期的思想构成很重要，它贯穿整个财务战略的实施甚至是考核过程，目标的确定基于思想的指导，目标的实现需要规划重点及合理措施的配合，但在整个财务战略的实施过程中，对财务战略的考核极其重要，它在过程中修正其他要素的不合理之处，对企业财务战略实施的结果进行考查核定，进一步修正企业财务战略，以服务支持企业总体战略。

第二节 国外财务战略的研究现状

在 1976 年美国安索夫首次提出了"企业战略管理"，此后，1990 年 Tom Copeland 等学者指出，公司财务和战略经过 20 多年时间的发展，二者的思维及行为已经逐渐融合到一起。西方在企业战略管理过程方面一致认为，企业战略包含公司战略、经营战略和职能战略，而财务战略是首次在职能战略层次中被提出的。

1985 年，E.F.Harrison 与 C.H.John 等人提出了"财务战略"一词，定义财务战略是"企业为配合其发展与竞争战略的实施而须提供的资本结构与资金的计划"；并认为该计划包括一系列的财务决策，如"合适的负债杠杆、资金来源、资金的计划、资本与费用预算、各利益相关集团的财务利息以及股利政策等"。同年，1985 年，Fred.R.David 从企业战略实施过程中对财务职能的要求进行了分析，主要有 4 个方面：筹集所需的资金、进行资本预算、编制预计财务报表、评估业务价值。

然而，1987 年，Carl M.Sandberg 等提出财务战略的研究核心是融资决策中的财务杠杆使用度，即公司的债务与资本总额的目标比率。此后到 1988 年财务战略得到进一步的研究，J.A.Pearce 和 R.B.Robinson 在其《战略管理学》一书中提出了"财务策略"的概念，并指出企业财务策略包括资金筹集、资金分配（投资）与分红、营运资金管理三大方面。

Ruth Bender 和 Keith Ward 等人在 1993 年就财务战略研究方面提出了一个全新的视角。将产品生命周期的运用到财务战略中，将分析了公司在引入期、成长期、成熟期和衰退期的财务战略特点；并强调经营风险和财务风险的反向搭配战略。

Elgazzar，S.H.Tipi，N.S.Hubbard，N.J.Leach，D.Z. 在 2012 年从企业供应链的角度来分析财务战略管理，提出企业供应链的优化整合可以促进财务战略目标的实现。

综上所述，国外对财务战略的研究就主体来看主要集中于单个企业；而就研究的角度来看，主要涉及财务战略定位与管理战略的职能层战略；另从战略实施的过程来分析研究如何进行战略决策；就内容来看，财务战略主要包括：筹资、投资、分配及运营资金管理等几方面。

第三节　我国财务战略的研究现状

我国对企业财务战略的研究是由企业战略的引入开始的。20 世纪 90 年代，我国开始研究企业财务战略。而国内对企业财务战略的研究主要以国外战略研究为基础。而企业财务战略沿用国外的定位，将其定为企业职能战略。1997 年，吉全贵对财务战略进行了系统研究主要内容有：①介绍了企业财务战略的含义、分类、特点和程序；②论述了利润战略、成本战略、投资战略、融资战略、周期财务战略和竞争财务战略；③分类研究了常规企业的财务战略，并提出了 3 种企业可选择的财务战略类型：积极型财务战略、稳定增长型财务战略、收缩型财务战略。（《现代财务战略与策略》）

1997 年，刘志远选择了现代理财环境这一角度来研究财务战略管理过程，并系统地探究了财务战略的基本范畴与具体内容。论述了企业资金投放战略、企业资金筹措和分配战略的目标与原则、生成方法和类型进行。

1999 年，陆正飞重点研究了企业发展的财务战略问题。主要成果：从企业目标与财务目标的角度，提出了适当的现代企业目标与财务目标是"长期稳定发展"和"长期资本增值最大化"；从企业理财环境的视角来分析，在安排促进企业发展的财务战略的工程中，仅考虑企业自身的力量是不行的，同时也要顾及企业的各类环境特征；指出适度负债、规模扩大、资金营运效率与资金积累是当前中国企业发展的三大核心问题，并对此进行了深入探讨；针对不同类型的企业，指出在其发展过程中遇到的特殊财务战略问题：中小企业发债的财务战略、集团企业的财务体制与财务控制、跨国企业转让定价以及国际企业内部控制等；分析了财务战略实施的宏观环境和微观环境，提出我国企业存在规模偏小、资金低效运行、缺乏国际竞争力等问题，同时又存在因同一产业投资过剩而导致的同业恶性竞争。指出企业通过财务手段进行扩张十分必要。此外，陆正飞在其博士后研究阶段性成果《论财务战略的相对独立性——兼论财务战略的关系》中，提出财务战略的三种类型：快速扩张型财务战略、稳健发展型财务战略、防御收缩性财务战略。

1999年，王军和雷宏对财务战略进行了研究，主要观点和研究内容包括：在日常运营中，企业财务管理的地位日益重要，将财务管理提升到企业的战略地位；指出企业财务战略决策的四种基本分析技术，现金流量限制分析、风险收益分析、证券估价模型、财务分析和预测；介绍了长期投资、融资的财务战略问题，对企业购并、跨国公司的财务战略问题有所涉及。

2000年，罗福凯对战略财务管理进行了深入而系统的研究。主要观点和贡献：

（1）探究了财务战略、战略财务管理的基本概念和战略财务管理的特征。指出企业战略包括并在财务领域中表现为财务战略。财务战略是企业组织或处理重大而复杂财务活动或财务关系的智谋策略。企业战略管理在财务方面表现为战略财务管理。战略财务管理是企业为解决重大而复杂的财务问题，或为了实现企业财务管理目标而使用财务战略作为手段对企业全局产生作用的关键性管理行为。战略财务管理具有全局性、长远性、竞争性、相对性的特征。

（2）分析了战略财务管理产生的原因，对复杂财务经济系统的性质、特征进行了前瞻性的探索。

（3）将国外战略管理的最新发展与财务管理进行了有机结合，将我国传统文化和国情与现代西方财务经济学理论研究进行了有机结合，对战略财务管理在我国的应用进行了探讨。

（4）提出成本领先战略和资产组合战略是两种通用财务战略。

（5）构建和深入分析了实施财务战略的有效资产组合模型和资本资产定价模型。

（6）对战略财务管理的应用进行了全面思索，从筹资战略、投资战略、营运资金管理战略、股利分配战略各个角度进行了分析。

2001年，魏明海侧重从周期性因素影响的角度，提出了财务战略的定义并以公司治理结构作为企业战略的制度基础进行研究，重点讨论了资本市场选择与融资渠道战略分析、资本结构与举债经营管理、公司信用政策、投资战略、战略性重组、成本战略和公司股利政策等问题，认为他们都是企业最重要的财务战略。

2003年，姚吉从企业核心能力的角度来分析企业财务战略。指出企业核心能力与财务战略性质具有内在的一致性，由于企业活动长期盈利能力的真正源泉和求得持续竞争优势的根本动因是企业的核心能力，因此，以企业核心能力的识别和培育为中心的财务战略管理更符合企业的长期和全局利益。

2004年，黄国良、潘华、钟晓东等提出以企业核心竞争力为视角来分析在不同阶段的财务战略，孕育核心竞争力阶段应采用集中财务战略；在核心竞争力的成长阶段应采取扩张财务战略，在核心竞争力的成熟阶段应采取稳健财务战略，在竞争力的衰退阶段应采取防御型财务战略。

2011年,王兆亮,以生命周期为视角,对中小型企业的财务战略进行了研究。

以上财务战略研究主体多为单一的,而在1999年,朱元午编著了《企业集团财务理论探讨》和《企业集团财务实证研究》,对企业集团财务管理的主要问题和基本对策、财务管理系统的构建和理财环境分析、公司治理结构和审计模式、资本结构、内源融资、现金流、管理利润和国有资产保值增值考核指标体系等内容进行了研究和探讨。

2000年,冯建在其论文《企业集团财务运作》中,从集团财务的视角,对企业发展战略与管理体制、集团财务公司与融资渠道、集团投资策略和集团企业的利益分配进行了论述。

2001年,张志刚等在其著作《集团公司理财》中,着重从企业集团母公司的角度对集团公司的理财环境及理财目标、集团公司财务体制、财务机制与财务战略、集团公司理财的基本内容及现金流管理、集团公司的资本运作与扩张等内容进行了研究。

2002年,张延波在其著作《企业集团财务战略与财务政策》中,研究分析了企业集团治理结构、财务管理体制、财务战略、预算控制体系、投资政策、固定资产投资和风险监测预警体系等内容。

2002年,王斌主持的中国会计学会课题《企业集团组建与运行中的财务与会计问题》,研究了财务管理体制、财务战略、预算控制体系、财务委派制研究、业绩评价研究、会计目标与政策研究、会计政策选择研究、内部信息披露研究等内容。

2012年,纳鹏杰主持的课题《企业集团财务战略及绩效评价——聚焦云南矿产资源型企业集团》,研究了企业财务战略管理体系、财务战略的内容及企业集团财务战略的绩效评价等内容。

对企业集团这一主体的研究,集团财务战略的研究并不多,除以上研究的观点内容外,涉及集团财务战略的多是从企业集团的筹资、投资及分配进行的研究。

第四节 上市公司财务战略目标

随着市场经济的发展,越来越多的企业成为公司,越来越多的公司成为上市公司,在中国经济的迅速稳定增长的背景条件下,上市公司的发展也越来越多样,也越来越成为焦点。上市公司是市场经济发展的结果更是市场经济发展的推动力。纵观各大公司,资源全球化,资源的趋利化,上市无疑成为各大公司追逐的趋势和结果,这也造就了越来越多的上市公司。上市公司在经济全球化,信息多元化,资源有限化的背景下,战略发展成为上市公司规划资源供需及高效使用的核心点,而作为公司战略的核心职能战略的财务战略成为谋求规划资源利用的重要内容。上市成为大多公司发展的平台,公司因上市获得资源,而财务战略也因上市而变得复杂。上市公司受内外界的影响较大,财务战略管理显得尤为重要。

一、上市公司的财务战略目标

上市公司财务战略目标随着市场经济的发展也越来越多样化了，上市公司的财务战略目标不仅仅是公司的财务目标，而是将其纳入到了上市公司发展的战略要点，是上市公司实现其总体战略的支撑点更是上市公司发展的价值体现。现行的上市公司财务战略目标有下：

（一）利润最大化

企业的存在最原本的追求就是利润，公司财务战略的目标设定为利润最大化是公司追求的本源。利润最大化目标的衡量仅仅通过核定利润来实现，在现行的市场经济体制下不是那么简单。利润最大化的衡量表象是简单的，只需利润无限的增长，且在不断地增长，可是用"最大化"来衡量却难以找到最大化的切入点。利润最大化，在公司经营环境不断地变化下，经营获得的利润在条件变化下的最大化如何设定是一个重要问题。在现行的文献中，对利润最大化的财务目标的量定仅仅通过利润的加总，这是不合理的。

上市公司将财务战略目标设定为企业利润最大化，这将导致上市公司目光短狭，整体战略发展受限。利润最大化最大的弊端就是仅仅考虑资金衡量的企业价值，而可用资金衡量的企业价值是企业短期经营的一种结果体现。对企业整体价值的衡量是偏颇的。

（二）股东价值最大化

股东价值最大化简单的就是企业股东投资到企业的资金股份能获得最大化的价值利益。从公司治理的角度来看，股东价值最大化是有一定的矛盾性的。上市公司的股东成千上万，让每个股东的价值最大化是不可能做到的，上市公司股东价值最大化只能是股东所持有的股份值最大化。

（三）市场价值最大化

市场价值最大化简称市值最大化，这一财务目标也仅仅对入市的上市公司适用。市场价值，就是在市场的大熔炉中，让企业的市场所衡量的价值最大化。市场是一个动态多变的价值衡量体，市场的动态多变促使上市公司的价值也是一动态的值。上市公司的市场价值不单由公司内部的经营来决定，还有公司所处的外部环境来定。

市场价值最大化包含了上市公司动态多变的因素，这一财务目标的设定让上市公司不仅仅只追求短期利益，同时考虑企业长远发展，虽然在追求中不可能完全考虑公司其他利益体，但多少有兼顾，这点是市场价值最大化财务目标的特点。

（四）每股收益最大化

每股收益最大化是财务管理的目标之一，每股收益最大化作为企业财务目标就是将企业股东的每股净收益价值最大，这与股东价值最大化具有一致性，但是从每股收益的衡量来看，其是一静态的价值考核，与利润最大化存在等同的弊端。

（五）核心能力最大化

核心能力最大化是从企业价值管理的角度出发提出的。所谓核心竞争力是指"企业内部经过整合了的知识和技能，尤其是协调各方面资源的知识和技术能力，即能使公司为客户带来特别利益的一类独有的技能和技术"。这不仅包括企业所掌握的科学技术本身，而且还包括企业经营管理能力、企业文化的渗透力和感染力等。

从财务战略的目标来看，无论是利润最大化还是每股收益最大化抑或是企业价值最大化，而最终的基本的创造点都会落到企业核心能力上，因为企业的核心能力是企业获取企业竞争优势的能力，而这一能力恰是企业获取核心市场地位赢得市场最大份额的能力，而企业有了市场才会有更多的顾客份额才能补偿成本而获得更大的盈利，而盈利是企业财务战略的最基本的目标实现点。所以可以说企业的核心能力是企业财务战略实现的基石。将企业核心能力最大化作为企业财务战略的目标也就不足为奇。

不过，在现行的理论背景下，对核心能力的考核并没有一个准确的模式，这对企业财务战略的实施反馈具有一定影响。

二、上市公司财务战略的目标重点

上市公司并不是单一的主体，从我国上市公司的背景资料来看，上市公司背后的实际控制人多为集团，而下个层级中，多有子公司的存在。这一情况决定了上市公司总体战略目标的受控性。而财务战略作为总体战略的核心战略，也将受到公司上级财务战略的影响。因此，财务战略目标的选择并不是将上市公司孤立起来考虑的，其需要结合上层控制集团的总体战略及财务目标来分析选择。

由于每个上市公司所处的行业背景不一，加之经济环境的变化，同时考虑上市公司所处的生命周期，结合集团财务战略目标，每一上市公司的财务战略目标的重点是不一样的。

财务战略的目标重点不一，主要体现在对财务战略的管理实施的工作重点中。初创期是上市公司最不稳定的时期，这类上市公司多见于创业板，其财务战略的目标重点是考虑风险的情况下，尽可能的获取企业发展的财务资源，进而实现其他资源的获得，这一时期，实际控股企业的财务战略中多有考虑对其的扶持；成长期，这一时期对上市公司而言提高财务资源的获得能力，但是对筹集的资源依赖依然存在甚至更强，这一时期依然会涉及集团财务战略的支持；成熟型的上市公司财务战略重点是维持财务资源的持续获得力及扩充能力，为集团财务战略的实现提供便利。衰退期，上市公司财务战略可以选择剥离资产转型主业，进行技术的创新，使上市公司的发展进入下个生命周期。

第五节　上市公司财务战略的内容

财务战略有了目标，也对财务战略的内容有了框架设定。财务战略的内容随着实务界的发展需要，理论界也在不断地跟进。

财务战略分为筹资战略、投资战略和分配战略，这一观点被大部分学者认同。不过，资本结构优化战略、成本战略、资本营运战略及资产管理战略也受到众多学者的推崇。当然，三大基本财务战略可以说明财务战略的主要内容，不过随着经济的发展，企业的需要，对财务战略内容扩充的研究是很具价值的。以此，资本结构优化战略可以并到筹资战略中；而成本管理战略、资本运营战略及资产管理战略也是企业财务战略的重要内容。目前企业风险管控的研究也是一热点研究方面，而企业的风险最终是要由财务来显现的，因此，可以看出企业的风险管理战略应纳入企业财务战略。

综上可以得出，企业财务战略的内容包括：筹资战略、投资战略、分配战略、成本管理战略、资本运作战略、资产管理战略及风险管理战略。

一、筹资战略

定义：其是企业财务战略的一个组成部分，它根据企业内外环境的状况和趋势，对企业资金筹措目标、结构、渠道、方式和时间等进行长期和系统的谋划，旨在为企业战略实施和提高企业竞争力提供可靠的现金流保障，并不断提高企业筹资效益。

内容：筹资环境的分析、筹资方式的选择、筹资风险与收益的权衡及资本结构的优化等。

二、投资战略

定义：投资战略是企业财务战略的基本内容之一，投资战略是以企业战略实施为目标，而进行的投资战略规划。

内容：其内容主要包括，投资方向的选择、投资环境的分析、投资风险及收益 评估、流动资产与固定资产投资的比例优化及通货膨胀下的投资战略决策等。

三、分配战略

定义：分配战略是企业根据企业战略的需要和内外环境状况，对企业剩余净利所进行的全局性和长远性的谋划。

内容：剩余净利的分配的主要内容包括，确定股利的支付率，股利的政策选择，股利支付的方式等。

四、战略成本管理

定义：战略成本管理即是指企业运用一系列成本管理方法来同时达到降低成本和加强战略位置的目的。

内容：战略成本管理的内容主要包括，企业价值链分析、成本的战略定位分析、成本动因分析等。

五、资本营作战略

定义：企业在市场经济条件下，为了谋求生存和发展，以企业发展战略为指导，在对企业外部环境和内部条件分析的基础上，对企业兼并、收购、参股好、控股或其他产权为运作对象的重大的经营活动所做出的谋划和决策。

内容：资本运营的战略主要内容包括，实业资本运营、金融资本运营、产权资本运营和无形资产运营。

六、资产管理战略

定义：资产管理战略是在企业战略的目标下，为使企业资产有效的保值增值而对企业资产进行的全局性和长远性的管理规划。

内容：主要包括，固定资产管理战略、流动资产管理战略及无形资产管理战略。

七、风险管理战略

定义：风险管理战略是指企业的风险管理与企业的战略相结合，站在战略的角度来看待企业的风险管理。

内容：风险管理战略包括的内容，风险的识别战略、风险衡量的战略、风险管理策略的实施战略、风险管理的控制战略、风险管理实施结果的评估战略。

企业的财务战略包括企业与财务有关的各方面，随着经济的发展，企业对财务战略有了更多的依赖，对财务战略的内容也有了更多的要求。不单是三大基本战略可以包括完全的。比如，资本运营战略，现在中国经济正处于转型时期，原来的粗放式发展转向精细化发展，部分企业的转业及精细化主业的培育，还有海外市场的进军等等对企业资本运营的要求越来越高，企业的资本运营也越来越重要，而这一内容在企业的财务战略中特别是上市公司的财务战略中也越来越显现出重要的战略地位。

随着上市公司的规模扩大及资本市场的不断发展，上市公司的财务战略内容更加重要和细化。上市公司的三大基本财务战略为企业财务战略的实施提供基础。作为上市公司三大基本财务战略之一的融资战略是上市公司战略实施的极为重要的战略。

上市公司融资方式的选择需要依据上市公司所处的经济环境及内部经营环境。融资方式的选择决定了财务结构及资本结构。随着我国资本市场的发展，上市公司融资对资本市场的依赖度不断增强。依据融资有序理论，先内源融资后债权，最后股权融资，但纵观学者对我国上市公司融资现状的研究来看，融资优序理论在我国上市公司的融资中并不受青睐。我国上市公司融资方式偏股权性。对上市公司的财务结构的影响可以看出，上市公司获取资产的资金来源主要是权益资金，上市公司资产负债率较低，长期负债在总负债的占比较少，不同行业多有区别，技术依赖性企业，长期负债相对其他行业较高，不过对于上市公司资产负债率整体偏低。考虑到节税效益及资金成本，上市公司的财务结构有待优化，适度发挥财务杠杆的效用。

企业的资本结构关系着股东及债权人，对公司的治理结构具有较大影响。在公司的融资战略中考虑实现公司资本结构的最优化，使公司治理结构的约束及激励机制得到更大发挥，进而实现公司价值最大化的目标。最优资本结构是使股权融资和债务融资的代理成本达到最小的点时的资本结构（Jensen and Meckling 1976）。即两者相等时，资本结构达到最优。而另有学者认为资本结构的最优化就是股权融资及债权融资各自产生的代理成本之和最低。不过，无论是哪种定义，股权融资与债权融资均要有适当的比例，仅有一种权益融资的资本结构在现实中是不存在的。1994年，Berglof&Thadden认为，企业存在短期和长期权益的资本结构要优于只有一类权益的资本结构，最优资本结构应该是股权与债权、短期与长期债权并用。

对于上市公司，资本结构最优化并不是单纯的具体数值，而是依据不同的内外环境使企业市场价值最大化的资本结构。可以说，最优资本结构是一动态的资本构成。上市公司最优资本结构的实现需要分析公司内外环境，外部环境中，国家发达程度、经济周期、行业竞争程度及税收机制等，在公司资本结构的优化中需要分析考虑，例如经济周期，在经济的衰退及萧条阶段，整个经济不景气，好多企业经营困难，财务状况不好，甚至面临破产危险，风险很大，此期间需要公司紧缩债务，降低风险；在复苏及繁荣的经济周期，经济环境大好，大多公司的经营良好，发展具，有较多机遇，公司应适度增加债务比例，充分利用债权人的资金进行投资，提升企业价值，同时，应适度掌控股权融资，使公司具有一定的偿债能力，面临适度的债务风险。公司规模、资产结构、获利偿债能力、股利政策及所有者和经营者对权力风险的态度等内部环境因素对公司资本结构具有较大影响，例如获利能力因素，获利能力越强，公司越具有举债的可行性，反之，公司举债更难，面临的风险更大。实现上市公司资本结构最优化，需要公司的融资战略、投资战略、资产管理战略及风险管理战略的协调规划及实施。

第六节　上市公司财务战略管理模式

随着我国经济的市场化程度的不断加强，上市公司现已成为促进国民经济发展的重要力量。同时，在我国"调结构，转方式"的经济背景下，作为典型代表的上市公司在我国国民经济增长及经济结构的优化过程中发挥着重要作用。随着价值理论的发展及绿色经济增长模式的需求，价值创造能力的提升，成为企业的趋势，而上市公司处于较为激烈的市场竞争地位，对其从价值管理的角度分析研究财务战略管理的模式成为必要。

一、企业价值管理

财务战略模式就是企业根据自身的企业战略结合现存的资源（包括"硬性"的和"软性"的资源）条件来选择财务战略目标和实施路径的优化体系。对于价值管理，首先是从20世纪60年代企业价值出现为渊源，随着价值理论的迅速发展，企业价值成为企业发展的目标得到学术界及实践界的认同。而企业价值越来越成为企业经营的核心，与之相关的研究也随之不断地发展。

在企业价值出现之后，企业价值观念逐渐成为企业决策的主导，其概念也随之被提出。

Alfred Rappaport 的《创造股东价值》提出价值管理原则，对股东价值方法在战略管理规划和绩效评估方面的应用进行了阐述，并致力于结合经营分析与财务分析，通过将公司战略转化成货币价值证实了竞争战略和股东价值之间存在直接的联系。

Tom Copeland，Tim Koller 和 Jack Murrin 在合著的《价值评估：企业机制的衡量和管理》中提出了最大限度扩大股东价值的方法，以及以价值为基础的管理如何能够促进战略思想的改进，并向公司的各级经理表明了为其公司创造价值的途径。

JamesA.Knight 1998 年出版了《基于企业价值的管理》，提出增加企业价值的一整套管理模式。

上述著作开启了企业价值管理这一研究的新领域。越来越多的学者和相关研究机构提出了对于企业价值管理的不同定义。

关于企业价值管理的定义除以上观点之外，Anne Ameels 给出了一个较为全面的描述：价值管理是一种用来整合企业资源、活动以实现企业组织既定目标的管理工具、管理装置、管理控制系统；价值管理是通过把企业资源合理地分配到最具价值的投资商尽可能多的创造财富，实现股东价值最大化。

通过以上学者对企业价值管理的定义，可以看出，企业价值管理是种管理工具、思想及理念，其包括企业的方方面面，资源的调配、企业目标的衡量、绩效管理、奖惩分配制度、企业的战略、企业的文化、企业的治理等。

从以上对企业价值管理的阐述中可以发现企业价值管理的目标是企业价值最大化，而这一目标是企业财务管理的目标之一，即企业的价值管理与企业的财务战略的目标有着统一的目标，实际上企业的价值管理与财务战略有着密切关系。而对处于市场竞争地位的上市公司而言，企业价值的管理目标成为众多上市公司的目标追求，从价值管理角度实现上市公司财务战略的目标是同属一体系架构。

二、财务战略的价值管理模式

以价值管理为视角构建财务战略管理模式，融合了上市公司对价值的可持续追求，将上市公司的战略透过价值管理渗透到财务战略的制定上，同时，财务战略的选择上为企业价值管理的优化和价值提升服务。

企业价值管理及财务战略的起点都是内外部环境分析：

以价值管理为视角，增值企业价值必须要找出增值点，而这就与企业价值的驱动因素分析有关，内部环境分析可以找出企业价值增值的驱动因素，而且对上市公司而言，价值驱动因素的分析可以提升公司竞争力，使上市公司面对激烈的竞争能积极应对。

不过随着经济的发展，市场的需求、顾客的消费理念等等也会随之变化，企业的价值管理仅仅考虑内部环境是不能满足企业价值管理的需要的，企业的价值增值点要根据市场的变化进行发展，企业的价值管理才算得上成功。上市公司在对内外环境分析时更要注重细节策略的变动，上市公司对外部环境的敏感性促使其对内外环境分析要动态化。

从价值管理与财务战略的过程联系来看，价值的驱动因素分析可以找出企业价值增值点，而企业价值增值点的分析对财务战略中投资战略、融资战略等战略多有涉及，一项投资可以为企业价值管理创造增值点，一项融资可以对企业的风险及成本收益来权衡，而企业价值管理时这些也是必须考虑的内容。

资源配置，是企业价值管理的重要一环，价值管理是一个思想及理念，而这一思想和理念就是使企业的投入最大限度地获取收益，使企业投入的资源最高效率的得到运用。而财务战略的制定就是财务投入能够在补偿成本至于充分创造出企业价值。但是，无论是价值管理还是财务战略最重要的是人力资源的使用及配置。因为就企业而言，所有的资源中只有人力资源才具有能动性，能动就可以创造。

财务战略的实施过程中，是要进行监控及动态优化的，其目的是保证企业财务战略能够顺利进行并及时发现问题找出解决办法，价值管理中的绩效管理，可以为企业财务战略的实施提供及时的信息，反过来，企业财务战略的实施也为企业价值管理的绩效管理提供前提信息，并能通过财务展开的实施情况来对价值管理进行修正。

企业价值管理中对分配及惩罚的管理，分配也就对企业所创造的价值增值部分进行分配，而这一分配与企业的股利分配相联系，又与融资战略相关。惩罚是对企业价值管理中不能完成企业所定目标或在价值管理中造成重大失误等的组织部门或个人进行的惩罚，目的是促使组织部门及个人能很好地发挥自己的才能，用心完成企业的价值创造。

企业价值管理的目标是价值最大化，对上市公司来说，企业价值管理的目标是股东价值最大化，它体现在市场价值的不断提升。毫无疑问，基于企业价值管理的财务战略的目标同企业价值管理的目标相同。这也就是说，企业价值管理和财务战略不仅在起点上相同，最终的目标也是一致的。过程中的相互关联性，是达到最终目标所必要的。

第三章　上市公司财务风险管理

第一节　上市公司财务风险管理理论

一、财务风险的相关理论

（一）风险的概念

风险："Risk"，是源于意大利的古语"Riscare"，它的意思是说"失去的危险"。

但是，随着我们人类的经济社会的诞生，不同领域不同学者将"风险"依次赋予了不尽相同的含义。人们对风险的探究在最开始并不多，然而，到了 19 世纪初，世界经济危机的爆发使各界学者开始纷纷研究风险。步入 20 世纪后，世界上各理论界就出现了几十种关于风险的定义。迄今为止，经济学的各个领域已经广泛使用"风险"这一词汇，但是到目前，对于风险这一概念，学术界还没有最具权威且统一的结论。

1895 年，海因斯（Haynes）—美国学者，在其编著的《风险：一项经济因素》（Risk as an Economic Factor）一书中最早提出了风险的定义并将风险进行了分类，他是站在经济学的角度对风险的含义进行界定的最早的学者。海因斯指出：风险意味着损害或者损失的可能性。一种行为是否可能产生有害的后果应当以其本身的不确定性评论。要是一种行为有着不确定性，这种行为就反映出了其对风险的负担。

在海因斯之后，有很多学者对风险的概念从不确定性和可能性的角度进行了定义。日本龟井利明学者认为，就风险而言，它不仅指有多大损失的不确定性，还涵盖是否盈利以及盈利大小的不确定性。故此，风险有了广义和狭义之分，广义风险指出，风险具有不确定性，并且具有损失和盈利双重效应。具体说来，风险有可能会给我国的上市公司带来机会，也就是风险机会观；但是反之，风险也有可能给我们市场经济活动的主体带来威胁，也就是风险危机观。

在学术界对于风险的概念可谓是仁者见仁，智者见智，目前仍在热烈讨论着风险的含义。不过，虽然不同的学者对于界定风险的含义有着自己的表述，但是这其中都强调了风险的"不确定性"。所以，在本书中将风险界定为—将来预期结果的不确定性。站在防范风险的立场上，我们应该将重点放在风险的狭义层次上，即我国上市公司需要高度重视风险带来损失的不确定性。然而如果从防范风险的层面进行分析的话，应该将风险带来损失以及盈利的不确定性给予同等的重视。

一般来说，引起风险的因素可分为三类：有些因素是真真实实的给上市公司带来威胁；有些因素仅仅是一种不确定性的情况，比如违法、违规，在一定的条件下我们可以利用这些不确定性，但是运用不好就会给公司带来威胁，比如期货、期权；还有些因素可能相对来说是一种机会，其发生的不确定性较小。

（二）财务风险的含义和特征

我国上市公司的经营运作的结果最终会体现在上市公司的财务状况上，因而我国上市公司在其生存发展的道路上必须要十分重视对公司财务风险的管理。在我们现实社会中，经济环境是变幻莫测的，对公司的管理能力，特别是对财务风险的识别、评估、应对的能力早已成为公司是否能良好发展的决定因素之一。从某种意义上来讲，公司经营管理的实质就是对公司的财务风险进行控制与管理。

作为公司财务活动风险集中体现的财务风险，其定义在目前的会计学术界有广义和狭义之分。具体而言，有许多因素会诱导财务风险，例如：不当的融资方式、不合理的财务结构、资产的管理不善、不科学的投资方式等，这些都有可能使公司丧失偿还债务的能力，从而致使出现各种投资者的预期收益下降的风险。

狭义的财务风险仅仅指的是融资风险，是上市公司用其自有的货币资金来偿还到期债务时的不确定性。这是从如何运营货币资金的角度来界定财务风险，这种观点认为上市公司需要偿还到期的债务才引起财务风险的，也就是认为财务风险来源于公司的负债融资。

然而上市公司的财务活动是一种极其复杂的系统过程。从公司财务活动包含的内容来看，公司的财务活动是其进行生产经营活动的前提条件，是对资金的筹集、投资、回收以及再分配等各项活动的有机整合。那么对于财务风险概念的认识，需要我们从财务活动的整体过程、财务的总体观念去出发理解，但最终需要联系上财务收益。所以，在本书中，将广义的财务风险界定为：企业在资金的筹集、投资、利用、耗费、收回以及分配等各项财务活动的过程当中，由于各种各样没有办法预期、不可控制因素的作用，使企业实际的财务收益与预期的财务收益发生偏离，从而导致公司蒙受财务损失的不确定性。

很多情况下，我国上市公司的财务风险并不是由于公司本身的财务问题导致的。比如：过高的生产成本、较低的生产质量、较少的市场销路、存货发生减值等情况可能是因为公司自身的生产技术和产品营销等方面存在问题，从而导致来自产品市场的风险。又如：上市公司的机器设备、厂房甚至是存货发生的减值、毁损等问题或许是由于自然灾害造成的，这种情况下，就存在着所谓的自然风险。再如：当公司生产的产品主要是销往国外时，可能存在动荡的政治局面、大幅度变动的汇率问题，此时存在的政治风险将会直接影响到公司盈利水平的高低等。以上列举的风险并不都是由于公司本身的财务问题导致的，财务不过是从另一个角度——公司价值的角度来表现和控制公司的风险。从这个角度来说，公司的财务成果会反映出营运风险对公司的影响,其实财务风险不单是指财务的问题,更多的时候是和营运风险联系在一起的,很多时候可以通过经营问题的解决来达到解决财务问题的目的,这种情况的良好体现,如:存货、应收账款等风险。

财务风险作为风险的一种,不仅具备风险的本质特质,还有其特殊的表现形式。我们通过理解财务风险的广义的含义,认为财务风险大致具有以下六个特质:

1. 客观性

财务风险作为公司生产经营过程的产物,并不随着人们意志的转移而转移,它是客观存在的,财务风险形成动因的客观性决定了财务风险的客观性。财务风险客观存在的基础和依据是财务风险的外部动因或者其内部动因都是各管客观存在的。我国上市公司的财务风险并不能完全地避免,只能是通过采取一定的措施来削减其影响,降低风险发生的概率,但是财务风险作为"必然事件",是不可能完全避免的。例如:我国上市公司在其生存经营过程中肯定存在赊销行为,只要是贷款还没有收回,就存在一定的坏账风险,公司没有办法避免它,只能通过各种形式的技术手段对这样的风险进行积极的识别、应对和管理,从而使其发生的不确定性控制在一定的范围之内,但是上市公司却无法将它降至为零。

2. 损益性

上市公司的投资收益与其存在的风险成正比例关系,对于公司的投资者而言,收益大往往伴随着的是较大的风险;反之,收益小风险也会小。上市公司如果想获得一定的营业利润就需承担与利润成正比例关系的风险。即使如此,上市公司绝对不能盲目地去冒险,要准确考虑自身的承受和抵御风险的能力。

3. 不确定性

虽然财务风险的存在是必然的,但是,财务风险发生与否、结果概率的大小都是不确定的。我国上市公司存在着不确定的外部环境、复杂的内部管理因素、连续以及复杂的财务活动,这些都是财务风险不确定的根本原因。

4. 激励性

由于财务风险是客观存在的,所以上市公司为了达到利润最大化的目标,一定会制订相应的措施来减轻或者规避风险对公司的影响。公司要想把财务风险控制在一定的范围之内,必须要有完善的内部管理特别是内部控制制度,这就使得企业不断强化内部管理,实施监督公司状况,加强改进内部控制管理系统中存在的缺陷,从而使内部控制制度更加规范化、合理化和科学化,使公司具有快速适应经济时代竞争的能力。

5. 可控性

财务风险虽然是不能确定的,但是,大多数财务风险事件的发生是具有一定的规律可循的,并且财务风险发生的概率有时可以预测和计算的,因而,一定条件下财务风险是可以控制的。如:上市公司可以通过不同的方式进行并购。历来的实践证明,股权并购可以很好地解决一些法律风险。通过进行对比和分析发现,公司可以有意识的对财务风险的发生进行控制。

6. 相关性

财务风险和自然风险等其他的一些风险相比,有着较强的行为相关性。财务风险是否发生以及将会产生怎样的后果,是与上市公司行为者的行为、决策密切相关的。不管公司的营运环境多么复杂,如果公司的管理人员能够对其所处的环境做出正确的判断,能够迅速、有效的采取控制和防范策略,就能够在一定程度上降低或规避风险。面临某一财务风险事件,同一个决策者采取的措施不同,也会出现不一样的风险结果。

(三)财务风险的类型及成因

上市公司处在不同的成长周期,对于不同的经营主体,财务风险有着不同的种类划分。对财务风险按照不同的标准进行划分,有利于我们正确地识别财务风险以进行评估和应对。

1. 按照公司理财活动的内容进行划分

(1)筹资风险。

筹资风险是公司在筹集资金过程中,由于动荡的资金供需市场、变化的宏观经济环境,使公司在何时筹资、方式的选择、规模的控制上出现失误而带来的风险。公司的筹资渠道主要有两种:一种是投资者投入;还有一种是向债权人借入资金。因而,可以将公司的筹资风险分为收益变动风险与偿债能力风险两种。

(2)投资风险。

投资风险是指公司投入一定的资金以后,由于达不到预期的效益,从而使公司的获利水平与偿还债务的能力受到影响的风险。这种风险包括源自与长期投资和短期投资的风险两部分。

(3)营业风险。

营业风险又被称为经营风险,是指公司在正常的生产经营过程中,由于在供、产、销不同环节存在诸多不确定的因素,可能会使资金链断裂进而影响公司价值的风险。营业风险主要包括采购风险、生产风险、存货变现风险和应收账款风险等。

(4)存货管理风险。

保持一定数量的存货对于公司的正常生产经营是十分重要的,但是我们应该确定一个最佳的库存量,货存较多可能会导致产品的积压,并占用公司的资金,风险相对较高;但是货存太少,可能会出现原材料供应不及时的状况,进而会影响到公司的正常生产活动,严重的话可能会发生对客户违约的恶状,损害公司的名誉。

(5)流动性风险。

流动性风险是指公司不能正常准确的转移现金或公司不能正常的偿还债务和付现的可能性。从这个层次上来说,我们将公司的流动性风险从其变现能力以及偿还债务能力两个方面进行研究。

2. 按照相关财务活动的普遍性划分

我们已经将公司在日常的生产经营活动所涉及的财务风险划分为上述:筹资风险、投资风险、营业风险、存货管理风险以及流动性风险。

然而公司除了进行日常的生产经营活动，有时还会有特殊的情况，如：进行并购活动、投资衍生金融工具、跨国经营、提供担保等，这些活动相应的都伴随着一定的财务风险。判定一种风险是否是财务风险的标注是：这种活动有没有引起公司的财务状况发生变化或者带来了某种程度的不确定性。公司一般不会经常发生这些特殊活动的风险，由于管理层不具有足够的应付经验，因此特殊时期需要公司管理层的重点关注。

（1）并购风险。

并购风险是公司在力求生存与发展的道路上，要对公司目前的规模及组织结构进行调整，但是对于重组的内容、方式等方面所具有的不确定性。公司处在不同的并购阶段就伴随有不同的风险诱导因素，从而会产生不同的并购风险。公司要想成功地完成并购，需要有效地进行风险管理。

（2）衍生金融工具风险。

衍生金融工具是公司的主要筹资方式之一，是现代上市公司进行资本运营的主要方式，这在拓宽了公司的融资渠道的同时，可能会给公司带来更大的风险。

（3）跨国经营财务风险。

跨国经营是一种风险很大的世界经济活动，公司在这种活动中可能会遇到因汇率、利率、政治不稳定等因素诱发的风险，诸多的不确定因素最后都会在公司的财务结果中体现出来。这在某种程度上来讲，跨国公司这一财务活动本身就是一种预测及规避风险，甚至是一种利用风险管理来扩大收益的过程。

（4）担保风险。

担保风险是上市公司为其他公司的债务提供担保，但其他公司最后却没有能力偿还债务，而由上市公司本身代偿债务的风险。因而，公司要审慎办理担保业务，对相关手续进行严格的审批，不断完善反担保手续，来避免不必要的风险损失。

公司的各种财务活动都有可能产生财务风险，它客观存在于公司财务活动的各个环节。对财务风险的成因进行分析是进行风险识别、评估和应对的前提，不同的因素会诱发不同的财务风险，但是财务风险是财务活动本身、所处环境的复杂性、公司人员认识风险的滞后性、财务管理可控范围的局限性所共同作用法的结果。

二、财务风险管理的概述

风险管理的概念和风险的概念一样，国内外学术界有着不同的陈述。以传统的观点来看，风险管理是公司的六大管理职能之一。这样的看法最初源于法国的管理理论学家亨利·费尧（Henri Fayol）。1949 年费尧发表专著《一般与工业革命》，他在里面指出：风险管理活动是公司的基本活动之一。但是，在费尧的书中所指的"安全活动"比现在的"风险管理活动"所涵盖的范围要小得多。格里森——美国的风险管理学家，在其编著的《财务风险管理》一书中,强调了风险管理对公司组织而言是非常重要的并对风险管理的内容作了界定。

美国风险管理学家威廉姆斯和汉斯在1964年合编《风险管理与保险》一书,明确指出了公司风险管理的五个要素。而且认为,虽然不同的公司在进行风险管理时所做的操作不同,但却有着相同的确定要素。这些相同的风险管理要素就是：企业风险任务的确定；企业风险和不确定性的评价；企业风险控制；企业风险融资；企业风险管理信息反馈。

我国理论界普遍认为财务风险管理作为现在风险管理的一个分支,是一种特殊功能的管理,是在前人的风险管理经验和近现代各种科学成就基础上应运而生的一门新的管理科学。财务风险管理指市场经济主体对生产经营的各种活动、各个环节的理财过程中,对存在的各种风险进行识别、评价,并及时采取有效的措施进行防范、应对和控制,从而保证各项理财活动安全正常的进行,保障公司的经济利益尽量不受损失的风险管理过程。这个定义包含了以下四个层次的意义：

(1) 公司财务风险管理作为一门新兴的管理学科,它不仅仅是一种管理方法。它是把观察公司发生的经济损失为手段,将数理统计和概率论作为数学工具,以系统论作为科研的方法,去探究组织结构、风险及其带来损失发生的规律、管理决策、控制技术和风险管理理论等。它作为一门边缘科学,和社会科学、系统科学、行为科学、自然科学等存在着密切的关系。

(2) 这个概念指出了公司财务风险管理的主体是市场经济主体,亦即以获利为目的的公司和各种经济组织。

(3) 这个概念阐述了财务风险管理的内容、手段和步骤,重点在于要选择最佳的风险管理技术组合。每一种风险管理的技术都有其相应的适用范围,所以实现财务风险管理目标的重要环节是要优化组合及综合运用各种风险控制技术。

(4) 财务风险管理的目标是要降低公司的财务风险并减少损失。所以,公司在做出财务风险管理决策时要有效地处理成本与效率的关系,应当从经济且合理的角度应对风险,制定正确适当的财务风险管理策略。公司的内外环境是复杂变动的,因而财务风险管理的过程是动态的,在计划实施财务风险管理过程中,要仔细观察财务风险情况的不断变化,及时对财务风险管理的方案做出调整,不断修正偏离财务风险管理目标的行为。

第二节　上市公司财务风险管理体系的构建

因为公司的股东和管理层经常面临一些难以预料的问题,所以我国上市公司须尽力一套系统化的财务风险管理体制,进而识别判断影响公司获利水平的关键因素,对那些不利于公司达到经营目的的风险行为进行及时的评估、应对与管理。

一、构件的原则及要求

(一) 财务风险管理体系的构建原则

James T.Gleason 在其编著的《财务风险管理》专著中提出了对风险进行综合防范的十大要求,具体是:①财务风险管理体系的构件需要与公司的策略相结合;②财务风险管理体系的构建必须要和公司的能力相结合;③提供帮助;④追求实实在在的经济利益;⑤公司要设计开放的窗口;⑥公开分析并报告相关结果;⑦建立与之相匹配的模型;⑧对于经常发生的事物要做计划;⑨开发数据;⑩创建进行全面支持的工作团队。

在 1993 年 7 月,在国际金融同行业协会中有 30 个人组成的小组 (G—30) 提出了有着里程碑意义的风险防范建议书,指出公司在风险防范的过程中需要关注以下七个因素:①在防范风险时高层管理部门扮演的角色;②逐日盯市;③市场风险的度量;④应力模拟;⑤独立的信用风险防范;⑥总体信用风险防范;⑦专业技能。

本书在借鉴格里森提出的风险管理原则以及 G—30 提出的风险管理的建议,联系财务风险管理的特征,提出了以下三个构建财务风险管理体系的原则:

1. 财务风险管理体系的构建需要与公司的战略目标相结合

财务风险管理是我国上市公司战略管理的一项重要工作之一,规划财务风险管理活动可以在规划战略的过程当中进行,这样也有助于实现战略的目标。与公司的战略目标相融合的构建原则是上市公司财务风险管理的一项基本原则,财务风险管理的过程就是在追求不断的公司的战略目标相融合。

2. 适度承担财务风险的原则

财务风险管理过程是一个不断的追求适度承担财务风险的过程。这个度就是上市公司要通过承担最小的财务风险来实现既定的财务目标,进而达到实现公司的战略目标。在相同收益的状况下,要考虑怎样预算及控制每一投资使其达到最小的风险,但是却达到公司的预期收益。如果公司没有进行财务风险管理的能力,但是却要去进行风险很大的投资,一旦风险致使公司发生损失,那么公司就会出现严重的财务危机甚至濒临破产。相反,要是上市公司不敢适度的承担风险,有可能失去很多创造收益的机会。因此,公司需要具有适度承担财务风险的胆略。

3. 财务风险与收益相匹配

我国上市公司构建财务风险管理体系要使风险与收益相匹配,这是上市公司进行财务风险管理的基本原则。这项原则的关键是要防止公司冒大风险,因为大的风险会使公司发生严重的财务危机。另一方面,不敢冒险可能会使公司丧失许多良好的投资机会,致使公司失去迅速良好发展的生机。因此,要想有效的实施这一原则,需要与投资决策和融资决策进行综合考虑。

我国上市公司要根据这几项原则对项目进行管理,构建良好的财务风险管理体系,在控制目标方面要尽量减少损失，保值目标方面要尽量增加收益等，从而使上市公司以最低的成本实现最大的经济安全保障。

（二）构建要求

我国上市公司进行财务风险管理的能力是和公司是否对其内部控制系统进行不断地监控和测试相关的。所以结合内部控制的内容要求，本书对我国上市公司财务风险管理体系的构建提出了下面四条要求：

1. 应达到"开源"和"节流"双管齐下的要求

要求我国上市公司财务风险管理体系的构建需要"开源"，是要求我们要挖掘公司能够创造价值的地方、保持良好的可持续增长率等，站在现代财务风险管理的角度看，我国上市公司抵御财务风险的理念和手段就是将自身做大、做强、做好；构建体系时要求我们要"节流"，表现为控制财务风险的方法和方式的运用。

2. 应达到"自律"和"他律"双重管理的要求

上市公司要求财务人员健全自我约束机制是其财务风险管理的"自律"要求，我国的《会计法》中第9条规定指出："会计人员应当遵守职业道德，提高业务素质。"遵守职业道德包含6项具体的内容，例如熟悉法规、爱岗敬业、客观公正、依法办事、保守秘密、搞好服务。构建财务风险管理体系时要求的"他律"，是说上市公司在进行财务管理活动时，要严格遵守并执行我国现行的内部控制规范以及美国COSO内部控制要素框架，不断强化公司的风险管理、公司治理和内部控制等方面的法制建设，绝不姑息在财务上的违法行为，坚决杜绝某些人为因素，如贪污、舞弊等致使财务状况不断恶化的风险行为。

3. 应从"事前""事中""事后"全部过程进行构建财务风险管理体系

我国上市公司财务风险管理体系的构建应当充分结合国内外的学术研究成果，综合考虑我国上市公司在财务方面的实践经验，进而以整个财务风险管理活动过程为主线，构建公司投、融活动及经营活动的财务风险管理系统。

4. 应突出"战略"管理和"战术"管理不同层面的要求

我国上市公司财务风险的"战略"管理，是指以我们国家的经济政策为导向，结合生命周期理论，针对公司财务风险与营运风险的状况，从风险控制层面出发，去规划公司3~5年的全范围、全过程的财务战略。"战术"管理是指上市公司进行日常财务风险管理的内容，包括：风险与报酬分析、价值创造管理、投融资风险管理、经营风险管理等。

二、财务风险的识别

（一）识别的相关理论

我国上市公司对财务风险的识别是对其进行防范、应对的首要环节。只有及时并准确的发现和判别公司的财务风险，用一定的度量方法计算风险发生的概率以及导致的损失程度，才能够为公司进行风险防范做出的决策以及选择怎样的技术提供有力的支撑。

财务风险识别（Risk Identification）是指上市公司在发生风险之前利用各种手段及工具，尽在找出所研究的对象面临的各种可能潜在风险以及导致发生风险事件的因素。对于我国上市公司进行防范风险的管理人员来说，要根据公司所处的市场、法律和经济环境下，识别公司在其生产运营和各种财务活动的过程中有可能面临的全部潜在风险，并且要判断导致各种潜在损失的缘由。另外，管理人员需要注意，公司有待他们进行识别的风险，不仅包括已经显现出来的风险因素，还包括那些没有表露出来的风险因素。通常情况下，对于后者情况的识别要困难与前者，而且后者的识别也更为重要。

管理人员应当对可能影响公司的所有风险尽最大能力去识别，既包括整个业务流程所面临的较大或者重大的风险，也包括每个与某一项目的业务单位有联系的不是很重要的风险。公司应当构建全面风险管理体系，用正规的检查程序对公司发生的风险事件及损害进行全面研究。识别风险时一般要求公司管理人员采用计划好的、深思熟虑的方法，去对每个业务单位可能存在的潜在风险进行识别，并判断出一定时间内、可能的环境下对公司产生较大影响的风险。

风险识别程序需要在公司的多个业务层级实施。有的风险可能对某些业务单位或者相关的业务有影响，但是却不一定会对整个公司的生产运营产生影响。对整个市场经济主体产生影响的风险会分流至每一公司以及其独立进行的业务单位。

进行风险识别是对公司风险进行防范、控制等的第一步，公司只有深入调查研究其所处的外在环境和内在环境，才能判断出其生产营运和发生的财务活动将有可能出现什么样的状况，或者将会有哪些风险发生并导致发生损失。在此前提下，才能进行财务风险的度量、评估以及应对。对一个公司而言，进行风险识别是一项有制度并且连续的工作，是整个财务风险防范、控制工作的基础步骤。

（二）识别的方法

影响上市公司财务风险的因素繁多并且具有综合性、复杂性，通常需要我们用定性的方法识别公司的财务风险。定性分析的方法运用定性的含义判别公司营运过程当中所面临的各式各样的风险因素和它们的构成以及将来发展的性质。考虑定性分析方法时，我们首先想到采用的是"环境分析法"，它是指通过对所有客观的营运管理资料（比如计划、会计、统计、总结等）和财务风险事件的记录进行分析、整理和归纳，然后采用"类推比较"等一系列方法，也就是上市公司的管理人员通过以往的历史经验以及自身的感性认识来判别、识别公司的财务风险。用于财务风险识别的方法有很多，例如：报表分析法、指标分析法、专家意见法、德尔菲法、"A记分"法、"Z记分"法等。

1.报表分析法

报表分析法是指公司相关人员根据一定的标准，通过分析公司的各种有关报表资料，从而判别财务风险的方法。这种方法使用简单、容易进行，也具有较强的可靠性，符合我国上市公司管理者的工作和思维习惯等特征，单人可以操作，团队亦可以利用，所以在广泛应用于我国上市公司的财务风险管理。这种方法主要对以下6个方面进行分析。

（1）我国上市公司的获利能力以及稳定性：这种方法所要分析的获利能力是相对于公司的长期发展而言的，但财务报表所反映的是上市公司在某一时期内的获利水平，只能展现公司短时间的营业成果，管理者需要对比分析公司很多时期的财务报表（横向比较），才能评价上市公司的发展能力以及稳定性，从而才能进行最基本的财务风险诊断。

（2）公司偿还债务的能力：上市公司在其生产经营过程中，难免遇到资金不足的问题，此时公司需要通过借债来满足自身的业务活动所需资金，公司如果能够正常生产经营下去，到期就有偿还债务的能力，避免出现财务风险。然而要是上市公司在开展业务活动后无法按时清偿债务，公司就步入"借债—再借债—债上加债"的不良循环之中，进而影响公司的生存。所以为了维护上市公司的债权人利益，维持公司的正常生产经营以使公司良好发展下去，需要管理人员分析公司偿还债务的能力。

（3）了解公司的资本结构：资本结构是公司各种资本的价值构成以及比例关系，包括债务资本和股权资本。公司建立良好的资本结构不仅可以减低公司的融资成本，还可以使财务杠杆发挥极大的调节作用，从而促进公司取得更大的资本收益率。

（4）公司的资金分布情况：在上市公司的各种生产经营活动中，都需要公司投入一定的资金。公司是否良好有效的发展，并不是看公司筹集所需资金的能力，而是决定于公司生产经营的各个阶段是否有合理的资金，并且是否被公司强有力的利用。某一上市公司如果有合理的资金分布，就能够以较快的资金周转速度获取较多的经营收入，进而就可以在其生产营运活动中投入更多的资金，从而保证公司更快、更好地发展下去，有着较强的财务基础去应对可能发生的风险。

（5）公司的持续成长能力：上市公司的持续成长能力不仅仅反映在公司某一时间的经营成果和某一时期的财务状况上，还表现在公司的运行机制和营运管理当中，所以对公司成长能力的分析要困难些。公司的持续成长能力往往具有全面性和系统性，公司如果停滞不前也是一种风险，会有被这种激烈的竞争市场淘汰的危险，因此必须要把公司的持续成长能力作为公司财务风险的分析对象。

（6）公司生产运营管理过程中相对薄弱的环节以及潜在的风险：我国上市公司要求其管理者要站在公司生产运营管理人员的角度去发现在进行财务和生产运营活动中存在的弊端，而且要就是揭露这些弊端可能或者已经给上市公司造成的损失及危害，给经营管理当局予以警示，促使他们不断进行调整、改善。通过对财务报表进行分析，有时可以直接看出某些问题的成因、性质以及可能造成的危害，使财务风险显露无遗；但是有些问题，我们只能看到表象，需要我们进一步对其进行研究，进行财务风险的识别工作，进而发现实质性问题，深入判别不容易被公司管理人员发现的隐患。

我国上市公司通过进行财务报表的分析，不仅可以对财务风险进行识别，还可以对财务风险进行测定、度量、对财务风险的管理进行决策、预测对风险进行管理的效果等，报表分析法作为财务风险管理的常用方法，能够在整个营运风险的管理过程中得以运用。

2. 指标分析法

指标分析法是指上市公司的管理人员通过公司的统计、业务、财务资料以及其他方面（例如上市公司的信息情报部门搜集的、通过市场调查获取的）提供的数据信息，进行计算、对比和分析公司财务风险的相关指标，从财务风险的相关指标中搜寻、判别风险的一种技术方法。此种方法既可以单独运用，也可以和前述的报表分析法结合使用，不过使用该方法之前需要对相关的财务风险指标设定一个临界值，也就是这一指标的数值超过怎样的界限就会对公司的生产运营和财务管理造成损害，从而判定成财务风险因素。流动比率作为衡量短期偿债能力的一个重要指标需要在什么样的范围内才是合适的，如果超过上下幅度的范围就会对公司的财务和经营活动造成危险，影响公司短期偿还债务的能力。

财务风险的分析指标有很多，一般可以分为偿债能力分析、营运能力分析、获利能力分析。

（1）公司的偿债能力分析。

偿债能力分析是要分析公司偿还债务的能力，是公司进行财务分析的一个重要方面，通过对偿债能力进行分析可以揭示公司的财务风险。

（2）公司营运的能力分析。

公司的营运能力全面的对其资金周转情况进行了反映，分析此项能力能够不能很好地公司的经营状况以及营运管理水平，如果公司的资金周转状况良好，则说明公司的营运管理水平较高，进而说明公司的资金利用率高。我们可以利用公司生产产品的销售情况以及资金占用量对公司资金周转情况进行研究，从而准确地对公司的营运能力进行评价。

（3）公司的获利能力分析。

获利能力指的是我国上市公司在生产经营过程中取得利润的能力，获利是公司进行经营的重要目标，是上市公司得以生存及发展的经济基础，它既是公司进行偿还债务的部分来源，也是公司的股东利益紧密相连。所以，公司的股东、债权人和自身的管理人员都迫切的希望公司能够持续盈利。对公司的获利能力进行分析既是公司财务分析的重要构成部分，也是公司评价其管理能力的充分依据。

（4）专家意见法。

专家意见法属于定性分析方法的一种，是指公司需要组织一定的相关领域的专家，并充分运用他们的经验、知识以及能力，通过研究对象的外界环境，进行直观的归纳，找到研究对象运动、发展、变化的规律，进而识别财务风险并对其进行判断分析的方法。最大的特点就是：在缺乏充足的统计数据和原始信息的情况下，能够进行定量估计并得到财务报表上还没有反映的信息。专家意见法的实施程序一般为：

①在已经进行的调查研究法的基础上，选择对公司的生产运营活动有着很大影响并对其有制约性且比较复杂的关键的财务风险项目，将其作为我们进行专家意见法的研究分析对象。

②针对性的聘请相关领域的专家参加对财务风险进行分析的工作，通常情况下人数要

不少于六个人，这些专家相互之间不能进行联系，他们和项目负责人之间要单独用书面的形式进行联系。

③及时向所聘请的专家提供相关财务风险的全部信息，并且要用书面的形式向相关专家提出识别财务风险的有关问题。

④上市公司的管理者在收回相关专家的各自意见后，对其进行进一步整理，并且按照一定的形式将其排列，之后将不同的意见以及理由反馈给专家，以便他们对其提出进一步的观点。

⑤在第一次意见的汇总结果基础上，专家开始进行第二次意见发表，可能对原来的观点进行调整或者改变，也可能坚持原来的观点，相关人员对第二次结果进行汇总并送至公司管理负责人处。

⑥反复进行上述第四、第五过程，一直到得出比较统一的结论为止。

（5）德尔菲法。

德尔菲法的本质是一种进行匿名反馈函询的方法。很多上市公司都借鉴这种方法对财务风险进行识别可控制。步骤是：匿名征求相关专家的观点—进行归纳、统计—匿名反馈给各专家—再归纳、统计……若干轮回后，停止。它具有匿名性、多次进行反馈、小组需统计回答的特点。但是这种方法实施过程较为复杂，并且耗费时间较多。

（6）"A记分"法。

"A记分"法第一步是要列出和公司的财务风险相关的所有现象和凸显性因。

（7）"Z记分"法。

"Z记分"法首先需要上市公司相关人员选出一组能够决定财务风险大小的最重要的财务及非财务的数值比率，再根据这些比率在预测公司经营失败上所起到的作用的大小赋予不同的权重，最后加总所有的加权数值，便得到公司的一个综合财务风险的分数值，把它和临界值进行比较就可以知道公司财务风险的危险程度。我国上市公司可以通过上述讲述的各种财务风险分析的方法建立起风险地图，以使公司的高层领导者和各员工清醒的认识公司所面临的财务风险。

上市公司管理人员识别风险时，要求他们对公司本身的营运情况、行业环境、法律环境以及政治文化环境等有全面的了解，而且要清楚公司的战略目标，这样才有可能判断出有利于公司战略目标达成的因素和损害公司发展的因素。这个过程是伴随着公司和它所处环境的变化而变化的，是一个动态的过程。管理者只有清楚的认识公司所面临的财务风险，才能有效地构建财务风险管理体系。

三、财务风险的评估

上市公司财务风险的评估是在对财务风险进行识别的基础之上进行的，估量财务风险发生可能性的大小以及损害程度，是公司对财务风险进行防范、应对和管理的核心工作，这一步决定着对财务风险进行应对以及管理的有效性的高低。实际市场经济活动中，能够引起财务风险的因素是多种多样的，其发生的时点以及损害程度有着不确定性，然而我们通过观察公司在生产运营过程中的大量事件，可以发现这些财务风险事件的发生具有一定的规律可循。公司的管理者可以运用多种工具评价财务风险对公司的影响，例如：计算机模拟、软件包、敏感性分析、情景设计、决策树等。

在进行财务风险评估过程中，我们应当特别注意概率和不确定性。尤其是在识别出大量财务风险以后，评估人员应该逐一分析财务风险、可能性以及发生的状况。需要我们注意的是，实质上讲，财务风险是不可能保持不变的，但也不是100%会出现。在计算财务风险发生的概率时，不能将概率的估计值简单相加，应该综合性的进行估值。

风险评估的过程就是要确定上市公司的财务风险评估人员是要运用哪种模型以及计量方法去估量公司的风险暴露情况。公司的业务部与风险管理部都应该对财务风险进行评估。评估的内容主要包括：公司是否面临财务风险以及类型、针对不同的财务风险选取各自适合的模型对其进行计量、制定出财务风险模型对应开发的商业计划、不断加强财务风险建模过程中的项目管理、分析出财务风险模型中使用的所有假设情况。在对财务风险进行估计以后，应当准确评价相应的财务风险，如此才能为财务风险管理体系的构建提供强有力的支撑。

财务风险的评估模型实际上就是计量财务风险的方法。构建财务风险管理体系需要上市公司准确采用适当的财务风险度量模型。上市公司采用的财务风险计量模型需要其统一制定，这样有利于对风险度量达成共识；但是这并不是说要在整个公司中仅仅使用一种风险度量模型，允许也需要我们采用不同的度量模型计量不同的风险。我们应当在公司层面的风险管理策略上去评价全部的风险度量。上市公司相关人员需要对财务风险发生的大小进行详细的量化处理，这要依据相关的财务风险管理信息系统和数学方法，分析出财务风险事件发生的各种可能概率，进而达到定量预测对财务风险的目标。一般运用下面三种方式对财务风险进行评估。

（一）依据上市公司的相关财务指标进行估测

这种预测方法主要是要充分利用上市公司的各种财务指标。上市公司的各种财务活动都比较适合采用财务指标对相关的财务风险进行预测。实际运用的过程中，明确选用的财务指标以后，公司可以根据横向、纵向相关情况确定自身的财务风险水平，再将预算出的数据和该基准进行比较，进而分析出公司可能面临的财务风险。

（二）概率预测法

概率预测法是指运用概率分析的方法，计算公司相关收益的期望值、标准差、变异系数对财务风险进行衡量的方法。这种方法更适用于估测项目风险，但主要是对非系统风险的预测，但是不能对系统风险的大小进行估测。这种评量方法分为5个步骤，以下结合某个详细的例子来说明。

1. 估测所有可能出现的结果以及相应的概率

2. 根据概率分布表计算出预期收益率

预期收益率是可能出现的各种收益率在加权平均的方式下计算得到的收益率，它是反映集中趋势的一项指标。

3. 计算标准离差

标准离差反映的是各种可能出现的收益率偏离预期收益率的综合性差异，它反映收益率的离散程度。

4. 计算变异系数

变异系数是用某项目收益率的标准离差除以期望收益率而得到的比值。这是一个相对指标，表示的是某项目的单位期望收益率中所附带的风险的大小。通常情况下，变异系数越大，项目的风险相对越大；反之，变异系数越小，风险也就相对越小。变异系数这一指标可以用作期望收益率不同的项目之间进行风险大小的比较。

5. 对项目的评价

相对于预期收益率相同的两个方案而言，标准差较大的投资风险相对也会较大，标准差小的投资风险相对也较小。

但是，如果两个方案的预期收益率不相同，就需要我们用变异系数来衡量风险的大小。变异系数较大的方案，相对来说财务风险较大；变异系数小的项目，相对而言其财务风险也较小。通过进行衡量，上市公司就可以对财务风险较小的项目进行投资研发。

（三）财务诊断法

财务诊断法指的是上市公司的管理人员运用公司的经验数值，进而得出能够反映上市公司财务风险的模型，并对公司的财务风险大小进行衡量并进行诊断的一种方法。一般情况下，此种方法选择的是上市公司财务指标中比较敏感的部分，建立起财务风险预警模型，从而对公司的财务风险进行预警分析，并对财务风险进行有效的应对和管理。财务诊断法的种类有很多，本书主要介绍下面两种。

1. 单变量财务诊断法

单变量财务诊断法是对财务风险进行诊断分析时利用单一变量的变化趋势，从而分析出公司目前是在何种经营情况。

2. 多变量财务诊断法

多变量财务诊断法所用的多变量分析模型是在西方公司的财务数据之上得出的，所以，我国上市公司不宜直接用该模型评估公司的财务风险。有的研究学者表示，虽然该模型的临界值不适用于我国上市公司的实际情况，但是，我们可以结合我国经济市场的实际条件，找出适合我国上市公司实际情况的有效的财务风险诊断法。

财务风险的识别和评估是两个相互独立的步骤，它们的功能是不同的，不过在实际的应用上，在时间上，它们或许有一定程度的重叠。事实上，从财务风险的识别、评估、应对和管理过程，它们是互相交融的。有时在财务风险的识别活动中就开始进行财务数据的分析，有时在识别、评估财务风险的同时就开始采取财务风险的应对措施了。

四、财务风险的应对

财务风险的应对是构建财务风险管理体系的重点。在上市公司对财务风险进行识别、评估的基础之上，公司要选择出应对财务风险的最好措施，从而合理有效的控制财务风险可能带来的财务损失或者增加财务风险收益。

（一）财务风险应对类型

财务风险的应对发生在公司财务风险管理的整个过程当中，依据财务风险发生的时间我们将财务风险的应对分为下面三类：

1. 财务风险的事前应对

我国上市公司管理人员要对公司所面临的内外部环境条件进行详细的研究分析之后，方可审慎地做出经营决策，这个过程中，要综合估计各种可能导致损失的财务风险因素，在进行公司经营活动的结果预测基础之上，若是发现财务风险因素，那么需要及时实施一系列预防措施，保障公司在正确的营运轨道上发展下去，进而到达上市公司获取营业利润的目标。在事前有效的采取财务风险的应对措施理论上应当可以避免风险带来损失的发生，但是在实际进行经济活动时，对于采取事前财务风险的应对措施具有一定的局限性，例如当要求公司舍弃某项目活动时，意味着失去了部分或者全部可能从此活动中获取的经济利益。

2. 财务风险的事中应对

在对公司的决策实施的过程中，需要时刻关注所处环境的变化，按照既定的标准判定行为决策是否按照正确的轨道发展，假如发现了风险诱导因素，就需要我们做出快速的反映，及时采取措施，对发生的行为进行适当的纠偏。因为风险发生的时间具有不确定性，所以在对财务风险进行事中应对时，需要公司的决策者具有高度敏感性，有能力对财务风险进行及时处理。

3. 财务风险的事后应对

上市公司需要对公司的决策结果和预想的目标进行对比分析，找到偏差并找出导致偏差形成的风险成因，弥补已经发生的过错，及时对公司的经营政策做出调整，认真总结经验教训。对公司财务风险的事后管理需要我们尽可能地降低财务风险给公司带来的财务损失，同时要求我们及时调整公司的经营决策，控制风险再次发生，以为公司良好发展下去进行指导。

（二）财务风险应对流程

上市公司要想对财务风险及时进行应对，首先需要对采取什么样的措施做出正确的决策，其次才会对财务风险进行应对、管理。

1. 财务风险的决策

财务风险决策（Risk Decision-Making）是要我们依据对财务风险的评估，确定公司针对财务风险需要采取何种应对措施的过程。对财务风险进行控制通常并不是针对某一风险只采取一种方法，很多时候是要对各种财务风险的管理措施进行有效综合，选择具有最大安全保障的应对方案。

2. 财务风险的应对

上市公司在决定了财务风险的应对措施以后，就步入实施措施控制风险的最后阶段。在这个过程中，公司应当考虑财务风险情况的变化，及时对处理方案做出调整，修正偏离财务风险防范目标的各种行为。财务风险应对的最大效果是要以最小的财务风险成本来得到最大的安全保障。当然，财务风险的决策以及应对是没有办法在时间上完全分开的，财务风险管理本身就是一个动态的程序，公司需要不断纠正经营过程中出现的偏差，从而有效的管理财务风险，达到上市公司的经营目标。

（三）财务风险应对策略

上市公司在自身所处的内外环境，未来的发展战略前提下，相关管理人员结合自身的风险偏好倾向，根据公司的风险承受能力、管理是否有效的标准，确定采取财务风险保留、风险转移、风险规避、风险降低、风险预防和多元化风险控制等 6 种类型的应对措施。

1. 财务风险保留

财务风险的保留涵盖风险的接受、吸收、容忍三个方面。面临一些确实无法转移或者避免的财务风险，管理人员在考虑不影响投资者的利益的情况下，可以将风险承担下来。比如：发生财务风险的损失时，可以将损失分摊至产品成本或者其他费用，也可以直接和公司的经营利润进行冲减；上市公司的财务风险自保是公司预留一部分资金对财务风险进行预防，也可以事先实施计划性的计提减值准备等措施。对财务风险采取保留措施，也许是由于这种策略成本较低，也许是由于其他的措施都不可行。采用财务风险保留的措施时，管理人员要在已经考虑了所有的方案基础之上进行，要对其他所有可能的方案进行明确的分析才能确定用财务风险保留的策略。

2. 财务风险转移

上市公司的某些资产有可能给其带来严重的经济损失，对于这样的资产，上市公司的相关人员需要以一定的代价或许能够转移资产带来损失的风险。这种措施最终是要通过某种方式将部分或者全部的财务风险转移给其他的经济主体或者个人来承担。财务风险的转移并不会降低其发生的严重程度，只是将财务风险从一方转移给另一方。上市公司应该针对不同的财务风险选用不同的转移方式。在实务中，上市公司通常有下面 7 种转移财务风险的方式。

（1）上市公司通过预先向保险公司交纳保险费的方法，为可能导致发生损失的各种资产或者经营活动购买一定量的财产保险，进而将上市公司的财务风险转移给保险公司。这种方法的实施需要相关人员的慎重分析，要对可能发生的财务风险的重要程度以及可能性进行预测，当财务风险可能导致的损失要比保险金大时，上市公司才需考虑进行投保活动。

（2）如果在开始进行某工程项目之前，上市公司就可以预先注意到较为明显的风险因素，那么上市公司可以将此项目转移给分包商开发，从而转移这部分风险可能对本身带来的财务损失。

（3）上市公司可以通过联营投资的方法，将对外投资的风险转移给予其共同投资的公司。

（4）上市公司可以对其闲置的资产进行出租或者出售，这样可以将资产发生损失的风险转移给承租人或者购买者。

（5）当上市公司需要发行股票来募集资金时，可以采用包销的方式出售股票，如此一来就将股票发行失败的风险转移给了承销方。

（6）当上市公司需要举借外债时，可以和其他的公司签订担保协议，这样就可以将财务风险转移给担保公司。

（7）如果上市公司的赊销收入占有很大的比重，公司需要及时与债务人签订还款协议以转移可能发生的坏账损失风险。

3. 财务风险规避

上市公司在进行经营决策活动时，应当对可能发生的财务风险进行综合性的评价，选用财务风险最小的方案来规避风险的发生，并实现公司财务管理的目标。

（1）存在多样化选择的情况。

当上市公司还有其他选择的情况下，公司理应投资、开发财务风险小的项目或者经营方式。比如：通常情况下，公司进行债权投资的风险要小于股权投资，进行短期投资的风险要小于长期投资，因此，当上市公司选用何种投资方式时，应对财务风险进行综合评价，尽量选择风险较小的短期投资及债权投资。

（2）选择方案单一的情况。

上市公司在做出财务决策时，如果导致财务风险发生的因素具有单一性，公司就只有拒绝或者接受这种决策，当存在突出的不良后果，或者存在不易进行识别、评估的财务风险时，公司需要主动放弃来回避即将发生的财务风险。例如：在进行融资活动时，应当不予受理那些资信可靠度比较低的对象；在选择投资对象时，应当拒绝没有市场前景、产品本身存在问题对象。

4. 财务风险降低

由于每一财务活动都会伴随有一定程度的风险，所以财务风险的规避效果是有一定的局限性的，但是上市公司可以采取一定的方法降低客观存在的财务风险。常用的方法有三种：①付出某些代价降低财务风险带来的损失出现的可能性，或者减少风险带来损失的程度；②加强抵御财务风险导致损失的能力；③降低发生财务风险的可能性。

上市公司须在考虑经济上是否可行的前提下方可运用财务风险降低法，如果成本比收益还要大,则不适合采用这种措施。

5. 财务风险预防

财务风险预防是指上市公司在进行经营活动时,积极采取防护性策略,专门应对可能发生的财务风险或者可能带来的不良后果,减少给公司带来的财务损失。实际生活中,上市公司经常用到下面4种财务风险预防的方法。

(1)在经营过程中,如果涉及赊销产品,需要仔细分析买方客户的信用度,对赊销客户加强管理,做好应收账款的账龄分析,建立良好的责任制度。

(2)上市公司可以建立财务风险准备金,并预提风险补偿资金,进行分期摊销,从而减少财务风险导致的损失对公司正常营运活动的影响。

(3)可以用期权的方式来交易。

(4)和某些公司签订可能发生财务风险的业务之前,就与其签订保护性的契约条款。

6. 多元化财务风险控制

多元化财务风险控制,是要公司经营品种、方式等多元化,进行投资时选择的对象多元化等分散公司的财务风险。它的实质是对财务风险进行有效的分散的同时取得最大化的收益,以使资源获得最优配置,进而实现公司财富最大化的目标。上市公司在突显出本身的经营主要业务及核心竞争力的基础下,认真考虑公司自身的人力、物力、财力和科研能力等,适度的对财务风险进行多元化控制,从而分散公司的财务风险。

我国上市公司在经营活动过程中,要善于管理风险,而不是想方设法消除风险。上市公司要建立适当的、良好的财务风险管理体系,以确保:①公司的财务风险控制在战略目标得以实现的可接受范围之内;②公司和与其利益相关者之间保持可靠、可信的沟通,这其中包括公司需要编制并对其提供真实的财务报告等;③公司要遵守我国有关法律法规的规定;④公司采用相关的策略以保证和公司有关的规章制度顺利实施,经营目标顺利实现,保障公司的经营管理活动有效进行;⑤公司有针对性地建立财务风险危机处理计划,以确保公司不遭受风险等其他因素带来的重大财务损失。

五、我国上市公司财务风险管理体系构建的保障

我国上市公司的财务风险管理活动是极其复杂的,只利用财务风险管理的手段难以高效达到管理目标。因此上市公司必须为之建立较为健全的保障体系,以加强上市公司财务风险管理的效果。我国上市公司财务风险管理体系构建的保障是:一个基础,三道防线。

一个基础是指上市公司要建立健全的治理结构,一个公司的治理结构是公司进行财务风险管理不可或缺的组成部分,它为上市公司提供了对财务风险进行自上而下的管理与监控。这样的治理结构首先是要以公司的董事会为首;其次必须要制定公司的战术与战略目标,包含公司的财务风险政策;最后必须具有极度重视财务风险管理的公司文化。

上市公司需要建立的第一道防线,是各业务单位要系统化的分析、识别、评估、控制

公司面临的各种财务风险,这里要求公司记录并存档公司进行风险评估和内部控制的结果,并需要不断地检验和更新公司的内部控制措施。

上市公司需要建立的第二道防线,是要求公司成立如,财务风险管理部门、投资审批部门、信贷审批部门等一种在业务单位之上的更高级别的财务风险功能。

上市公司需要建立的第三道防线,是需要公司建立一个检查和检测公司内部控制制度执行情况和内部审计机构。内审机构是独立于公司其他的业务和管理部门的,可以直接对董事会报告财务风险评估的意见,如此一来便引起管理人员对内审部门意见的绝对重视;另外,内部审计机构不会从事具体的经济业务活动,这样使其对财务风险进行识别时能够从全局考虑并做到客观公正,并及时对相关部门采取何种财务风险应对措施提出建议。

第四章 上市公司财务绩效评价

第一节 上市公司财务绩效评价体系

一、上市公司财务绩效评价指标体系的设置

财务指标可以衡量上市公司的经营绩效,但是单一的财务指标只能反映公司经营活动中某个时刻、某个方面的情况。而公司的投资者和经营者常常需要对企业的财务状况做出综合评价,以此作为投资和经营决策的依据。所以,对上市公司的经营绩效评价就要从多个方面、多个指标综合来考虑,这就需要我们去建立一个财务评价指标体系,评价指标体系在经营绩效评价中处于中心地位。

(一)指标体系的设置原则

在我国市场经济条件下,企业财务管理的基本目标是在讲求社会效益的前提下实现所有者权益最大化,具体目标是盈利能力、支付能力和经营能力。由此看,这与上市公司财务绩效评价指标体系建立的目标基本一致。此外对于投资者而言,对于企业将来的预期亦是一个重要的因素,因此上市公司成长性也应纳入财务绩效的目标中。以上述四方面的目标为基准,在设置财务指标体系时应遵循以下基本原则:

1. 可理解性原则

指标体系只有当它是可理解的、能被执行者恰当地解释时才是有用的,难以理解的指标体系会导致错误的评价结论。确保指标体系及项目清晰是设计有效的评价体系的一个重要原则。

2. 可接受性原则

一个良好的业绩评价体系,只有当人去使用它时才会有作用。如果一个评价系统不能为使用者所接受,那么,他们会无视它的存在,或是不甘情愿地遵守它。这样,执行中就会大打折扣,评价的结论很可能不正确、不客观。因此,科学的业绩评价指标体系,必须建立在一般理性人可接受的基础上。

3. 相关性原则

建立指标体系所选取的各个财务指标必须同目标高度相关。投资者对于上市公司财务

的关心主要是了解财务状况的质量,有无可以预见的财务危机或者造假嫌疑。因此财务指标的选取在四个目标基础上应能反映这些投资者的关注点。

4. 可比性和可操作性原则

所谓可比性就是说评价指标应具有普遍的统计意义,使其评价结果能实现指标间的横向对比和纵向比较;同时在满足评价目的的前提下,要从上市公司的实际情况出发,指标概念要清晰,数据来源易于采集,从而便于实践推广应用。因此,应摒弃绝对数指标受总体规模大小的影响,而尽量选取相对数指标和平均数指标。

5. 可测性原则

所选取的任何指标均能够量化。必须采用那些能够确实测量的指标,并且测量方法是统一的。不可量化,难以量化的指标不予考虑。

6. 综合性原则

财务绩效评价是一种综合性评价,所选取的财务指标必须概括财务管理的本质特征,能够少而精,反映最主要的财务绩效特征。

(二) 指标体系的构建

对我国的上市公司进行财务绩效的评价必须结合我国的具体国情。目前我国的股市与国外比较成熟的股市相比,具有以下一些特点:①股市扩容速度快;②上市公司从整体上来说规模还不大,规模经济效益还没很好地表现出来;③上市公司的整体经营效益还不是很高;④上市公司的主业并不突出,盲目搞多元化经营;⑤股市的有效性很低,上市公司的信息披露还不十分及时和充分,内幕交易多等等。

总的来说,我国股市目前在很多方面与西方发达国家的股市相比还有很大差距。在建立我国上市公司财务绩效评价指标体系时要考虑到这一点,只有这样我们才能建立一套适合于中国上市公司财务绩效评价的指标体系。从投资角度看,中国股票市场具有明显的各行业板块"轮动现象"同时对于产业链中各行业,其上市公司股票的价格亦存在"传导效应"。因此,基于行业的上市公司财务评价从客观角度和投资角度看都是必要的、可行的。另外,不同行业的上市公司其财务指标亦不尽一致,例如金融业就没有存货周转率等指标;陆正飞、施瑜研究指出,传统企业与"双高"企业的财务特征存在明显的差异性,应对不同行业类型的企业设计不尽相同的财务评价指标体系。

由于我国股票市场还远非有效市场,建立上市公司财务绩效评价指标体系不应追求大而全,试图让所有评价主体都能从评价指标体系中获得全部信息。本书所建立的指标体系是为普通中小投资者进行投资决策时参考服务的,应该相对精简。对于上市公司财务造假问题,应是会计师事务所进行审计以及中国证监会的责任,指标体系应反映的是在审计无保留且假定无欺骗的前提下上市公司财务绩效的具体状况。因此选取传统财务指标是合适的。综上所述,在借鉴前述我国目前常用绩效评价的指标体系基础上,考虑财务绩效评价的四个方面的目的,本书以传统企业为基础,建立上市公司财务绩效评价指标体系如下:

1. 反映盈利能力的指标

（1）主营业务利润率。

主营业务利润率 = 主营业务净利润 ÷ 主营业务收入净额

该指标反映公司的主营业务获利水平，只有当公司主营业务突出，即主营业务利润率较高的情况下，才能在竞争中占据优势地位，是正指标。

（2）总资产利润率。

总资产利润率 = 利润总额 / 平均资产总额

总资产利润率反映企业总资产能够获取利润的能力，是反映企业资产综合利用效果的指标。通常，该指标越高表明企业资产利用效果越好，整个企业的活力越强，经营管理水平越高，是个正指标。

（3）净资产收益率。

净资产收益率 = 利润总额 / 平均股东权益

净资产收益率充分体现了投资者投入企业的自由资本获取净收益的能力，突出反映了投资与报酬的关系，是评价企业经营绩效的核心指标。一般认为，企业净资产收益率越高，企业自由资本获取收益的能力越强，运营效益越好，对企业投资者、债权人的保证程度越高，是正指标。

2. 反映偿债能力的指标

（1）资产负债比率。

资产负债比率 = 负债平均总额 / 资产平均总额

资产负债比率又称财务杠杆系数，该指标反映了企业总资产来源于债权人提供的资金的比重，以及企业资产对债权人权益的保障程度。在生产经营状况良好的情况下，还可以利用财务杠杆的正面作用，得到更多的经营利润。如果企业的经营状况不佳，不但企业资金实力不能保证偿债的安全，财务杠杆还会发挥负面作用，导致财务状况越加恶化。这一比率越小，表明企业的长期偿债能力越强。根据《国有资本金绩效评价指标解释》要求，运营良好的企业，其资产负债率一般不高于50%，即资产负债率的最佳值为50%，是个适度指标。

预警：如果资产负债率 >1，说明企业已经资不抵债，有濒临倒闭的危险。

（2）流动比率。

流动比率 = 流动资产 ÷ 流动负债

该指标表示企业每一元流动负债有多少流动资产作为偿还的保证，反映企业可用在一年内变现的流动资产偿还到期流动负债的能力。该指标值越大，企业短期偿债能力越强，企业因无法偿还到期的短期负债而产生的财务风险越小。但是，该指标过高则表示企业流动资产占用过多，可能降低资金的获利能力。因此该指标为适度指标。

（3）速动比率。

速动比率 =(货币资金 + 短期投资 + 应收票据 - 年内应收账款)/ 流动负债

流动资产中的存货可能由于积压过久等原因无法变现或者变现价值远远低于账面价值，待摊费用一般也不会产生现金流入。因此，仅以流动资产中变现能力最强的部分与流动负债的比值计算速动比率。

速动比率越高，表明企业未来的偿债能力越有保证。但是速动比率过高，说明企业拥有过多的货币性资产从而可能降低资金的获利能力。因此该指标为适度指标。

3. 反映运营能力的指标

（1）总资产周转率。

总资产周转率＝主营业务收入净额／平均资产总额

总资产周转率是考察企业资产运营效率的一项重要指标，体现了企业经营期间全部资产从投入到产出周而复始的流转速度，反映了企业全部资产的管理质量和利用效率。通常来说，这一指标也是越大越好，为正指标。

（2）存货周转率。

存货周转率＝主营业务成本／存货平均余额

存货周转率反映了企业生产经营各环节中存货管理水平的高低，它影响到企业的短期偿债能力，是整个企业管理的一项重要内容。一般来讲，存货周转速度越快，存货的占用水平越低，流动性越强，存货转换为现金或应收账款的速度越快，因此，提高存货周转率可以提高企业的变现能力。该指标为正指标。

（3）应收账款周转率。

应收账款周转率＝主营业务收入净额／应收账款平均余额

应收账款周转率是企业一定时期内销售营业收入净额同平均应收账款余额的比率。应收账款周转率是对流动资产周转率的补充说明。应收账款周转率反映了企业应收账款的流动速度，即企业本年度内应收账款转为现金的平均次数。应收账款在流动资产中占较大份额，及时收回应收账款能够减少营运资金在应收账款上的呆滞占用，从而提高企业的资金利用效率。该指标为正指标。

4. 反映成长能力的指标

（1）主营业务增长率。

主营业务增长率＝（本年主营业务收入—上年主营业务收入）／上年主营业务收入

通常具有成长性的公司多数都是主营业务突出、经营比较单一的公司。因此，利用主营业务收入增长率这一指标可以较好地考查公司的成长性。主营业务收入增长率高，表明公司产品的市场需求大，业务扩张能力强。该指标为正指标。

（2）净资产增长率。

净资产增长率＝（期末净资产—期初净资产）／期初净资产

净资产增长率是代表企业发展能力的一个指标，反映企业资产保值增值的情况。现在企业经营，净资产收益率较高代表了较强的生命力，如果在较高净资产收益率的情况下，有保持较高的净资产增长率，则表示企业未来发展更加强劲。该指标为正指标。

二、上市公司财务绩效评价指标体系的设计原则

（一）企业绩效评价体系基本要素

企业绩效评价体系属于企业管理控制系统的一部分。为保证企业战略目标的实现，企业绩效评价体系必须与各种行为控制系统、人事控制系统相互协同，才能组成一个相对完整的企业管理控制体系。基于企业目标的差异性，一种有效的绩效评价体系并非放之四海而皆准，相反，在各企业中有所不同。在设计企业绩效评价体系时，既要认识到这种差异性，又要掌握评价体系的通用特征即同质性，从而实现企业的各项战略目标。

作为企业管理控制系统中一个相对独立的子系统，企业的绩效评价体系一般由以下几个基本要素构成：

（1）评价目标。目标是组织所期望的成果，是企业经营行为的方向所在，任何企业绩效评价体系必须与企业的目标保持高度的一致性。

（2）绩效评价体系目标与企业目标之间的关系。企业目标的实现需要一定的条件，如：①组建有效的组织结构；②建立完善的管理控制系统；③制定科学的预算管理体制；④设计高效的绩效评价体系；⑤建立合理的激励反馈系统。因此建立有效的绩效评价体系是实现企业目标的必要充分条件。

（3）评价对象。评价对象的确定是非常重要的。绩效评价体系有两个重要的评价对象，即企业和经营管理者。虽然两者的评价标准各不相同，但却有一定的关联性。评价的结果对绩效评价对象必然会产生一定影响，并涉及评价对象今后的发展问题。对企业的评价关系到企业的经营决策行为(如扩张、保持、重组、收缩、转让或退出)，对经营管理者的评价其奖惩、升降及聘用等问题。

（4）评价指标。绩效评价指标是指对评价对象的哪些方面进行评价，即企业发展的关键成功因素。关键成功因素包括财务与非财务两个方面，财务方面包括投资报酬率、营业利润率、每股收益等；非财务方面主要涉及与客户的关系、售后服务水平、产品质量、创新能力等。因此，作为用来衡量绩效的指标也分为财务指标和非财务指标。绩效评价体系的有效性，取决于关键成功因素是否被准确全面的体现在各项评价指标上。

（5）评价标准。绩效评价标准是指判断评价对象业绩优劣的标杆。评价目的决定了评价标准，企业绩效评价体系的评价标准分为三大类，分别为年度预算标准、历史标准和行业标准。三类不同的标准互为补充，互为依赖，为全面发挥绩效评价体系的功能，这三类不同的标准共同判断评价对象的业绩优劣。在具体选用标准时，应与评价对象密切联系。

（6）评价报告。绩效评价分析的结果是以评价报告的方式进行阐述，绩效评价体系通过评价报告反映企业运营状况的综合信息，给出结论性评价。

以上六个方面构成了一个有机的整体，绩效评价工作者以绩效评价对象作为研究客体，在企业既定目标的导向下，提取与评价对象有关的财务或非财务经营管理信息，经过加工

整理后得出绩效评价对象的评价指标数值或状况,与此同时,根据绩效评价目的确定绩效评价标准,将评价指标与评价标准进行年度预算性、历史性和行业性三方面的差异分析,找出产生差异的原因、责任及影响,得出评价对象绩效优劣的结论,形成绩效评价报告。

(二)构建企业绩效评价体系的要求

构建企业绩效评价体系,要满足投资收益的基本要求,同时要坚固对企业未来发展及战略调整的促进作用,这就需要建立完善的企业绩效评价指标体系,并合理确立评价方法和实施步骤。

(1)以企业战略规划为导向。企业发展遵循中长期发展计划,注重当前及长远利益的实现,甚至做出策略选择时候,更重视影响企业发展的利益实现。企业绩效评价体系,应该与企业战略相结合,按照企业战略导向设计指标体系,满足企业长远战略目标以及现实竞争需要,从而为企业实现战略远景发挥作用。

(2)以全面绩效评价指标体系构建为基础。财务指标体系的应用,虽能在某种程度上满足企业绩效评价需要,例如更加直观考察企业过去一段时期内的收益,但是不能完全满足企业对目前经营状况以及未来发展的分析和判断。因此,弥补财务指标不足需要完善非财务指标体系,二者的理想结合才能建立完整完善的企业绩效评价指标体系,能够全面满足企业绩效评价需要。

(3)以科学的方法为指南。绩效指标体系建立,既要考虑财务指标,又要考虑非财务指标,但是二者如何结合,指标体系应该包括哪些内容,如何确定指标权重,如何确定和应用分析结果,就需要采取完善的科学方法,目前一些评价工具和体系在企业内得到广泛应用,但是其结果还存在或多或少的缺陷,因为要应用较为科学方法对结果进行科学分析,使得指标得到正确理解,成果得到正确应用,发挥企业绩效评价的基本效能。

(4)重视创新发展指标。随着国际经济全球化,企业经营已经不再局限小的区域和单一的行业,竞争更加激烈,如何培育核心竞争力,创新无疑是重要的出路,无论是产品、技术、研发和市场,每一项工作都需要创新作为驱动力,因此企业要增加收益,提高盈利水平,就更应该重视创新发展指标。

(5)合理的实施步骤。开展绩效评价,上市公司要按照既定的标准和评价程序,运用科学方法,按照评价内容、评价对象、评价组织等相关要求。对上市公司业绩进行综合评价,这个过程,要求目标明确,流程清晰,指标清楚,条件充分,组织得力,这就要求建立合理的实施步骤,克服组织和个人对绩效评价结果的干扰,取得真实的数据。

(6)正确应用评价结果。开展组织绩效评价,其结果取得已经不再局限于上市公司经营业绩的好坏,更重要的是,评价结果对于改善经营,推动企业进步要发挥积极作用。这就要求在制订绩效评价工作之前,明确评价结果对于公司或组织的意义,并且清楚如何应用结果以及取得哪些预期收益,这是开展绩效评价的指引,使得公司绩效评价更具现实意义。

三、构建企业绩效评价体系常用方法

（一）平衡计分卡

平衡计分卡 (The Balanced Scorecard，简称 BSC)，创建于 20 世纪 90 年代，是根据企业战略而设计的指标体系，它是风靡全球的绩效管理工具，目前得到广泛应用。通过平衡计分卡可以将企业战略目标进行逐层分解，根据不同阶段和时期进行考核，从而推动企业战略目标的达成。

平衡计分卡通过图、卡、表来实现战略的规划，也成为当今世界上最具影响力的企业管理工作，《哈佛商业评论》称之为 75 年来最具影响力的管理工具，它的应用，使得财务指标不再成为唯一衡量企业业绩的方法，使得财务和非财务指标有效结合。

平衡计分卡是一个系统的战略管理体系。根据指标体系的基本要求，建立了完整的考评系统。通过考核，实现了战略管理与战略执行，对企业战略有很好的推动作用。按照企业四个维度，将目标和行动方案很好结合，使得企业战略转化为具体行动，从而为企业在竞争中创造优势。

平衡计分卡是准确的绩效衡量工作。它将战略分为四个维度，并且据此设计不同指标，重构体系的建立和推行，能够准确获得企业经营运作所需信息，并且提供了可量化、可测度、可评估的指标，从而有利于企业应用指标。

平衡计分卡还是有效地企业沟通工具，通过完善的系统，使得参与绩效考核人员很清晰的了解企业的战略及各自所承担的任务，对企业的业绩更加关心，更加努力完成个人业绩。通过平衡计分卡，有效达成企业战略在各个层面的理解和施行，有效提高企业绩效。

（二）杜邦财务分析体系

杜邦财务分析体系的推出，一度成为企业普遍使用的绩效评价系统，特别为通用、松下企业所推崇。

但杜邦财务分析系统更加专注的是财务评价，不能全面反映企业经营所出现的问题，也不能对企业的综合评价还存在不对企业战略目标进行完全理解和分解。因此杜邦财务分析体系，实际上是受时代影响，应用于更加关注财务指标的企业绩效评价中。

（三）国有资本金绩效评价体系

《国有资本金效绩评估规则》和《企业资本金效绩评估操作细则》，是针对国内证券市场发展，借鉴西方经验和成果，在国家有关部委主持下通过的基本管理政策，从制订以后到不断地完善和修订，在国有资产管理，国有资产收益方面发挥了巨大的作用，是一套相对完善的资本金绩效评价体系。在这套规则中，将企业的整体素质、内部控制、公众形象、未来潜力四个方面的非财务指标纳入国有企业业绩评估系统，同时也将工商类企业绩效评估指标体系进行分层分类，采取综合评分方法，这是跨时代的产物，标志着中国证券市场的完善和发展，标志着中国自由的评价体系的建立和制度的产生和发展。但这套体系更多考虑国有资产的保值增值，对行业外以及非国有企业的作用不大，同时指标体系也具有非常大的局限性。

（四）EVA 经济增加值

EVA (Economic Value Added)，也称为附加经济价值，是全面衡量企业生产经营真正盈利的一个指标方法。是由美国学者 Stewart 提出，在斯腾斯特公司注册并实施的财务管理系统。这套系统以经济增加值为核心，确定相应的决策机制和激励报酬机制，与传统会计核算的利润相对比，是基于税后利润与成本差额，更具全面和真实性的一种财务绩效评价方法。

与传统的财务指标评价相比，EVA 经济增加值能够准确反映企业在一定时期内为股东创造的价值，应用 EVA 系统的目的，就是要促使企业以投资回报，价值收益，资本成本为中心，发挥薪酬激励的作用，促进企业与投资者的沟通，符合时代发展的基本要求，对企业成长有良好的推动作用，对企业长期发展利益有积极作用。以价值驱动力和资本成本为中心，确定发放激励薪酬的基础并达成企业内部以及与投资者的良好沟通；应用 EVA 不但符合企业的长期发展利益，而且也符合知识经济时代的要求。

但 EVA 就其性质而言仍属财务业绩的综合性评价指标，以其为中心的业绩评价系统具有如下缺点：如过于综合反映生产过程的结果，不能对具体管理行为进行指导；侧重财务战略，忽视了企业长期战略的发展；针对性不强，对行业和类别企业而言，作用发挥有限，不能指出具体的非财务业绩动因及如何解决等等。

四、上市企业财务评价指标

财务评价指标是应用时间最久，衡量企业绩效最常用的方法。财务指标主要反映已经发生的过去的一个时期内的企业的经济效益，通过数字化，其具有可衡量性。企业而言，获利最为重要，是企业经营的核心。因此，财务指标评价首先是与企业的收益联系在一起，通常有四大类，即偿债能力分析、营运能力分析、盈利能力分析和发展能力分析。本书主要结合财务指标评价分析，对最常用的三个指标进行研究，主要包括主营业务利润率、总资产报酬率和经济增加值。

（一）主营业务利润率

主营业务利润率是指企业一定时期主营业务利润同主营业务收入净额的比率。它表明企业每单位主营业务收入能带来多少主营业务利润，反映了企业主营业务的获利能力，是评价企业经营效益的主要指标。

企业的竞争优势以及长期稳健发展，在于企业掌握更先进的技术、产品、研发实力，以及企业更优质的服务，并且能够高效管理，使得企业很好去发展自己的竞争能力。企业主营业务利润率，反映了企业的市场表现，其计算方法由主营业务利润/主营业务收入

×100%=(销售收入—销货成本—管理费—销售费)/销售收入 ×100%，通过这个公式我们不难看出，经过计算得出的指标越高，说明企业产品具有竞争优势，成本控制得当，价格具有科学性，营销策略具备优势，市场发展及市场竞争力强，企业活力水平高。

（二）总资产报酬率（Return On Total Assets，ROA，又称资产所得率）

代表企业在一定时期内，获得的报酬总额与资产平均总额的比率。计算公式是总资产报酬率=(利润总额+利息支出)/平均资产总额×100%。这里面，利润总额是企业的全部利润，包括当年的营业利润、补贴所得、投资收益等内容，利息支出是指企业在实际经营中所发生的借款利息等。通过总资产报酬率的取得，我们不难发现，它能够表示企业全部资产的总体获利能力，包括净资产和负债在内，可以用来评价企业在运用全部资产的条件下，所具有的总体获利能力，是重要的企业资产运营效益的评价指标。

（三）经济增加值（Economic Value Added，EVA）

是一定时期的企业税后营业净利润与投入资本的资金成本的差额，它是扣除股权和债务的全部投入资本成本后的所得，也称之为经济利润。经济增加值考虑了资本投入的成本，认为企业的盈利是建立在高于成本投入的所得，只有超过成本才能为股东创造价值。这是一种全面进行企业业绩评价的指标工具，能够全面评价企业有效使用资本的能力，是企业价值管理的核心。EVA是真正对企业盈利或者经济利润的评价，是股东衡量利润的方法，更使得企业决策与股东利益一致。

第二节　上市公司财务绩效评价探讨

一、国内企业经营绩效评价的历史发展

中华人民共和国成立以后，随着社会主义计划经济体制的建立，企业按照生产计划完成指标。特别是盈利指标成为企业评价的主要标准。一个企业经营的好坏完全依靠投资和收益指标来评价，更多情况下，国有企业还承担了更多的社会责任的角色，例如大型国有企业同时具备教育、医疗、卫生等公共事业的管理，企业并不是单纯地在市场环境下进行经营，评价企业的方法和机制也不够健全。

1978年改革开放之后，市场经济体制开始实行。不同于计划经济体制下，企业只需完成下达的计划任务指标，在市场经济体制下，要求企业独立自主，自负盈亏。这个时期开始，不再是政府说了算，而是市场说了算，企业利润最大化成为驱动企业科学管理的动机。一些具有先进思想的企业开始引进和吸收国外企业管理方法，对自身进行调整，特别是引进绩效管理的方法。但这一时期，由于政策的不稳定，对经济发展方向和发展思路还在讨论之中，政府还是起到主要的规范和管理作用。

20世纪90年代以后，国家继续调整和稳定经济发展政策，明确了市场经济的主体地位，这一时期，计划经济逐步取消，原有的企业财务指标评价体系已经滞后于经济发展环境对企业的实际要求。随着证券市场的兴起，中国股票市场也从无到有，极大地改变了企业经营管理模式，新的评价方法和方式呼之欲出。在上海证券交易所和深圳证券交易所成立以后，1992年为了对企业规范管理和评价，国家计委、国务院生产办、国家统计局联合下发了工业经济评价考核六项指标，重点考核我国工业经济的运行效益。这套方法的考核对象是全国工业经济或区域工业经济，评价方法主要是根据工业企业考核期的统计结果，对整体工业经济运行状况进行测评业绩评价体系进行了规范。

1993年财政部又出台了《企业财务通则》，对企业提出了八个评价指标，分别从偿债能力、获利能力方面对企业的经营业绩进行全面、综合的评价。这一准则，营运能力和有利于企业财务管理科学化制度化，有利于对企业经营状况进行评价。1995年财政部又进行了补充，发布了企业经济效益评价指标体系，包括10项评价指标。

1999年以国家政府为主导的企业评价方法又有了新的进展，这一年的六月份，财政部、经贸委、人事部、计委联合制订了《国有资本金绩效评价规则》及《国有资本金绩效评价操作细则》。这是针对新的形势下，企业经营评价所作出的更为具体和详细的规范，以作为企业指导性的文件。这一规范，围绕企业资本效益状况、资产经营状况、偿债能力状况和发展能力状况四项内容，由基本指标、修正指标和专家评议指标三个层次，共计32项指标构成，初步形成了财务指标与非财务指标相结合的业绩评价指标体系，全面反映企业的生产经营状况和经营者的业绩，标志着我国企业绩效评价制度基本建立。三年以后，经过试点，在总结经验基础上，对其进行了重新修订，并于2002年重新颁布了《国有资本金绩效评价操作细则(修订)》。

同年，为适应企业绩效评价工作深入开展的需要，规范企业绩效评价行为，增强评价结果的客观公正性，促进建立有效的激励与约束机制，加强国有企业监管，财政部、国家经贸委、中央企业工委、劳动保障部和国家计委在认真总结评价实践经验的基础上，颁布了《公司绩效评价操作细则(修订)》。要求国有企业绩效评价工作中遵照执行。修订后的操作细则更加合理，可操作性强，并且能够适应新的形势发展，国内企业绩效评价体系更加完善。

2003年，国资委成立，国务院提出要建立企业绩效评价体系，开展国有企业综合评价工作。这是基于"三定规定"和《企业国有资产监督管理暂行条例》所提出来的。经过几年的努力，国有资产监管得到逐步发展和完善，框架基本形成，各项管理制度得到建立和调整。在此基础上，为进一步培养企业发展能力和市场竞争能力，特别是培育一批具有自主知识产权能够具备国际竞争力的跨国企业集团企业，引导国有企业健康发展，科学建立综合绩效评价体系，2006年国资委颁布14号令，出台了《中央企业综合绩效评价管理暂行办法》，进一步完善了国有资产管理监督手段。

二、国内企业经营绩效评价方法研究

20世纪90年代以后，特别2000年以后，我国证券市场得到迅速发展，上市公司的规模逐渐扩大，新兴投资与领域得到发展。国内企业管理的研究日益科学化，对企业的治理、考核、评价，方法不断更新与变革。一些跨国的著名咨询公司进入国内市场，国内也出现了众多的咨询机构，理论界和证券行业本身也积极探索上市公司的绩效评价问题，不仅是使用国外的理论工具，也产生了国内自身发展和完善的工具和方法。

一是前面已经提到的国有资本金绩效评价方法。这套评价方法从1999年制定颁布到2002年的重新修订，实际上是探索市场经济条件下政府如何管理国有企业的有效方法。是企业管理部门，在经济环境变化的同时，提高自身的适应性，从计划经济体制向市场经济体制过渡，从计划管理到市场调控的变化。

这套规则是对社会主义市场经济体制建立和政府职能转变的适应，相对科学规范，以企业一定经营周期内的资产运营、财务效益等经营成果，遵循"科学性、规范性、公正性和真实性"原则，按照"内容全面、突出重点、客观公正、操作简便、适应性广"的基本思路制定企业绩效评价指标体系，以企业经营收益为核心，采用综合指标体系和多因素评价方法，运用科学工具和方法，特别是系统论、运筹学和数理统计的基本原理，定量和定性进行分析，进行真实、客观、公正的综合评判。

运用该套制度进行综合评价，有利于更准确地掌握国有企业资产运行效益和财务绩效情况，有利于企业建立科学的绩效评价制度，运用评价结果引导企业经营行为，帮助企业加强运营管理和提高经济效益。通过国有资本金监管制度的不断完善，逐步尝试探讨以及调整，对国有资产管理水平得到明显提高，进而推动我国绩效评价体系与国际接轨，促进企业激励机制和约束机制的发展和完善。

二是中国诚信公司评价指标体系。20世纪90年代中期，中国诚信证券评估有限公司与《中国证券报》合作，采取综合指数法对上市公司绩效进行综合评价。主要依据各上市公司公开的数据资料，在这些指标中，明确了相应的权重，分别是：净资产收益率指标，权重55%；资产总额增长率，权重9%；利润总额增长率，权重13%；负债比率，权重7%；流动比率，权重7%；全部资本化比率，权重9%等。通过对主要指标的单项考核和综合考核，对上市公司进行打分，各上市公司的最后得分是在各项单项指标考核的基础上，乘以每项指标的权数，然后相加得到总评分。得分在60分以上的判定为业绩良好。

三是新兰德业绩综合测评法。该方法主要评价上市公司的获利能力、经营能力、股票含金量、偿债能力以及资产安全性等方面的素质，采用12个具体指标来评测。同时利用股票交易周转率测评公司股票的市场属性。该方法认为公司绩效是公司素质与市场属性的共同结果。采用这套方法其实包含了财务和非财务两个方面的测评，透过市场属性可以判断公司经营和未来发展趋势，同时也能透过股票价格了解公司价值。

四是中国上市公司业绩评价指标体系。由中联财务顾问有限公司和中联资产评估有限公司，借鉴国内外企业绩效评价的体系与方法，结合上市公司的特点，开展相关课题研究，建立的中国上市公司业绩评价指标体系。这套体系的建立，有助于为广大投资者、政府机构、债权人等获得上市公司的真实业绩，并提供相关的分析工具。

三、国内企业经营绩效评价理论研究

上市公司业绩评价方法和体系，在业内及管理机构的主导下虽然不断完善和发展，能够在一定时期内满足上市公司绩效评价需要，但是由于我国法制不健全，上市公司法人治理不完善，股权割裂，一些公司出于市场融资需要，采取不正当方法，例如配合二级市场炒作，避免亏损，需要业绩等等，行为进行干扰，甚至出现采取财务欺诈等方式，造成仅仅从财务利润指标来评价上市公司业绩失准现象。同时由于行业发展，单一的方法不满足不同行业或者类别的上市公司绩效评价需要，在国家有关部门推动下，我国学者也积极参与上市公司绩效评价问题，依据不同行业或者类别进行探讨与修正。目前开展行业研究的主要包括：房地产上市公司、电子行业上市公司、煤炭上市公司、高速公路上市公司、农业上市公司、农机类上市公司、旅游上市公司等等。代表性的理论主要有：

近十年来上市公司绩效评价研究的理论和实践得到了巨大发展，从以上研究总结中不难发现，有以下特点：

（1）评价方法。评价方法上以从国外引进为主，更多吸收国外先进的思想和工具方法，同时进行补充，根据国内现实情况进行进一步完善，使之能够符合国内企业绩效评价需要。

（2）评价指标体系。从评价指标上看，国内所进行业绩评价的指标，还较为笼统，与国外相比，还存在一定差距，我们更多关注财务指标方面，指标来源也仅仅局限于公开的数据，还不能对业绩指标评价有足够关注。

（3）评价手段和方法。从评价手段和方法上，虽然我们更多引入诸如平衡计分卡等相关工具，并建立了完整的评价方法步骤，对结果进行客观分析，但是具体哪种方法更为准确，目前还是众说纷纭，所取得结果，也不是很好应用于企业经济管理的改善。在外部评价与内部管理上，还存在衔接不够的问题。

（4）从开展业绩评价的组织来看，目前我们对房地产业、电子行业、煤炭业、高速公路等上市公司的绩效评价问题有了较多的开展，但是对上市公司业绩评价问题的重视还不够，但近三年来经济形势的变化，促使更多企业进行深入研究，以克服当前国际经济形势为企业发展所带来的障碍。

四、上市公司财务绩效提升的具体路径

（一）不断加强上市公司在发展过程之中的综合财务规划

上市公司的财务战略在经营过程中可以具体地分为快速扩张类型的财务绩效战略、逐

步稳健的扩张类型的财务绩效战略以及不断进行防御的收缩类型的财务绩效战略等三种财务规划模式。上市公司的财务绩效战略要不断地与市场经济体制下的经济周期、该行业的经营周期、上市公司的发展变化周期、生产的产品周期以及上市公司的实际经营情况,然后与上市公司的增长方式相互结合。

(二)实现上市公司相关业务的流程再造工作

上市公司的业务流程一般包括上市公司在进行经营活动时候与之相匹配的相关的管理活动。上市公司的企业在绩效的提升一般都是通过战术层面企业业务的流程再造工作来进行,一般也要依靠于上市公司的财务绩效评价体系。上市公司的企业在业务流程进行再造时候,尤其通过对上市公司的采购流程、相关货品的存货周转的流程、产品生产的流程以及该商品的销售流程的系列改造以及相互调整来对企业中的产品进行流程缩短。(重点依然是关注能够创造上市公司综合价值的关键系列的节点),进而减少上市公司的现金在各个财务流通环节的不良占用,保障企业的现金的运转方面的速度加快,提高上市公司在现金方面的流转利用率,增加上市公司在现金流方面的综合价值创造活动。进而实现上市公司的财务绩效方面的持续、有效提升。

(三)寻找上市公司的财务绩效方面提升的关键性因素

上市公司的企业能否成功的关键主要是看上市公司在财务绩效方面的表现如何,这直接决定着上市企业在战略目标方面的实现程度。面对相关的管理者时候,要着重对上市公司能否成功以及成功的关键等方面的运行情况进行不断度量,力争给上市公司的管理者提供出相对精确的度量结果。上市公司的管理部门将财务绩效评价体系中得来的相关信息与对手的相应方面以及本企业所预计的指标进行综合比较,找出并发现存在差异的原因并进行相应的分析。进而制定和改进相关的措施,促进上市企业的可持续的、快速的综合价值增长。

(四)优化上市公司综合价值链方面的管理

围绕上市公司在"综合价值的创造—综合价值的驱动因素细化分析—综合价值驱动因素综合评价—综合价值的分配"这一综合价值的链条,优化上市公司的综合价值链方面的管理工作。上市公司必须对单位现有的业务流程进行效率整合、将上市公司的工作重心逐步的放在综合价值链的分析方面,做到上市公司内部以及外部综合价值链完美结合。上市公司要对本行业内部的综合价值链进行细化分析,确认上市公司的综合价值活动中包括哪些方面,并处于什么样的行业分布的状态,进而了解上市公司在本行业的内部综合价值链中的相关位置,进而判断上市公司是否能够沿着综合价值链的轨迹向前或者向后进行综合的延伸活动。

(五)形成上市公司可持续的核心竞争能力

上市公司良好财务绩效的取得,其关键在于是否能够形成、保持、运用好上市公司的核心竞争能力。上市公司的核心竞争力是企业绝对优势（不是相对优势是）、其对手不易模仿或超越的企业持续竞争优势。公司的创新与核心竞争力是相互促进的关系，创新是公司核心竞争力形成与保持的关键因素，是价值不断提升的动力源泉。

股权的分置改革从根本目的上来说是为了进一步的改进相应上市公司在管理结构以及财务结构方面，进而通过一系列的控制手段达到提高上市公司在市场经济体制影响下的绩效升级。上市公司如果以构建"商业价值、社会价值为具体导向"的综合性质的财务绩效评价体系，不仅可以帮助上市公司的相关股东或者其他利益相关者的具体利益，而且还实现上市公司在社会主义市场经济下的综合价值最大化。因此，上市公司可以进一步通过建立、健全财务绩效评价体系来加强本公司在社会主义市场经济体制下的发展规划，不断加大上市公司在智力资本方面的开发和综合管理，不断优化上市公司的综合价值产业链的细化管理，进而保障上市公司在社会主义市场经济体制下可以形成或者保持自身的核心竞争能力，提高自身的绩效水平。作为财务绩效评价体系的研究者和管理者，必须肩负研究该体系的重要使命，保障上市公司在财务绩效评价体系方面的综合应用与管理。

第五章 上市公司财务报表舞弊及审计

第一节 上市公司财务报表舞弊的含义、特征、危害

一、舞弊的定义及分类

（一）舞弊的定义

舞弊，指利用非法手段做坏事。常称营私舞弊，即用欺骗手段，做一些违法乱纪的勾当。关于舞弊的定义有很多，下面将列举几种国内外经典的舞弊定义。

1. 国外关于舞弊的定义

1997 年，AICPA（美国注册公共会计师协会）重新定义了财务报告舞弊的定义，即：公司或企业故意在财务报告中错报、漏报一些重大事项，即认定财务报告进行了舞弊。财务报表舞弊大致包括以下几种行为：①篡改、伪造，或变造用以编制财务报告的会计记录或原始凭证；②有意伪报、变造或遗漏事项，交易或其他重要信息；③在处理金额、分类，或披露等方面故意错用会计原则。

霍华德·R. 戴维尔（Howard.R.Davie）等人合写了《管理会计师发现与控制舞弊指南》一书，书中从舞弊检查者的角度出发，认为："舞弊常常涉及一人或若干人，故意的、秘密的夺取他人有价值之物，从而使自己从中获利。"指出舞弊包括以下五个必要因素：舞弊者的存在；舞弊者故意的行为；他人已经失去有价值之物；丧失有价值之物的他人并未察觉舞弊行为；舞弊者能够从中获利。

美国注册舞弊审核师协会前会长 W. 斯蒂文·爱尔伯莱彻在其著作《舞弊检查》中认为舞弊是一种欺诈行为，主要包括以下要素：陈述；重要性；虚假性；容易取信于他人；有意或孤注一掷的行为；涉及伤害对方的行动；对受害方造成了一定的损失。

G. 杰克·波罗格纳和罗伯特·J. 林德奎斯特（G.JackBologna&Robert.J.Lindquist）在其共同写的《美加两国查处舞弊技巧与案例》一书中将舞弊定义为："有目的性的欺骗或故意谎报、错报重大财务事实的不诚实行为。"

美国 CPA 协会发布的《美国审计公告第 16 号》认为："错误（Error）"是指编制财务报表的人无意造成的差错，包括财务报告据以编制的原始凭证和会计数据在计算和处理上的

错误,选用错误的会计原则以及编制财务报告时对既定事实的忽视或误解。舞弊是指人为故意编造虚假的财务报告,如管理人员故意虚报、错报、漏报等。美国 CPA 协会认为财务报表中的舞弊可能是下列原因引起的:①漏报或错误的反映事项与经济业务的结果;②篡改、伪造、变造记录或文件;③从记录或文件中删除重要的信息;④记录不存在的交易;⑤故意乱用会计原则以及为管理层、雇员或他人的利益随意侵占资产。

2. 国内关于舞弊的定义主要有:

我国审计准则第 1141 号中认为:"错误是导致财务报表失真的非故意行为。舞弊是指被审计单位的管理人员、治理人员、员工或第三方使用欺骗手段获取不正当的非法利益的故意行为。"我们从这些定义中可以得出,审计行业对财务报表编制过程中出现的两类失真问题的不同界定,错误是一种非人为的技术性失误,舞弊则是一种人为的蓄谋性欺骗。

2001 年 7 月我国发布的《独立审计具体准则第 8 号错误与舞弊》文中对"舞弊"的定义是指致使会计报告产生不实反映的故意行为。主要包括以下内容:①伪造、变造、记录或凭证;②隐瞒或删除交易或事项;③侵占资产;④蓄意使用不当的会计政策;⑤记录虚假的交易或事项。

财务报告舞弊不仅包括侵占资产,还包括一些其他行为。

我比较认同我国审计准则第 1141 号对舞弊的定义,即舞弊是指被审计单位的管理人员、治理人员、员工或第三方使用欺骗手段获取不正当的非法利益的故意行为。综上所述,舞弊是某些人为了获得非法收益而采用不法手段所实施的故意行为,它通常具有以下特征:

(1)舞弊的动机是有意识的、故意的。实施舞弊的人往往为了获得其自身的某种利益而策划、实施了某种舞弊行为。

(2)舞弊的手段是欺骗性的。舞弊通常采用伪造、变造会计记录或原始凭证,侵占资产,故意隐瞒或删除一些交易或事项,记录不存在的交易或事项,蓄意使用不当的会计原则等手段。

(3)舞弊的目的是为了获取某些收益。

(4)舞弊的性质是违法或违规的。

(二)舞弊的分类

1. 按行为主体不同对舞弊的分类

根据舞弊主体的不同,即实施舞弊者身份的不同,可以划分为管理者舞弊和非管理者舞弊。

(1)管理者舞弊。

是指管理人员故意的舞弊行为,主要表现为在编制财务报表时舞弊。与管理舞弊相近但不同的,还有一种概念是盈余管理,其实质是指公司管理者可以利用会计准则较大的判断空间,选择一种使其自身利益或公司价值最大化的会计政策。以上两者有一个共同点,即这种行为都是管理层的一种有目的的、蓄意的行为,都可以利用其专业判断能力来实现其目标，但两者的根本不同点是：是否违反了公认会计原则。管理舞弊违反了公认会计原则，而盈余管理则没有违背公认会计原则。

（2）非管理者舞弊。

也叫员工舞弊，是指企业中的员工利用公司内部控制的不完善，采用涂改或伪造、变造凭证及其他手段贪污、侵占或侵吞财产的不法行为，一般表现为将现金或其他有价值的物品占为己有。

2. 按行为对象不同对舞弊的分类

按照行为对象的不同，舞弊也可分为财务报告舞弊和资产侵占舞弊。

在财务报表审计中主要考虑的就是财务报表舞弊。财务报表舞弊也可认为是管理舞弊，即管理人员为了会计主体的利益而对财务报表或附注故意的错报、漏报或忽略，主要包括：对编制财务报表时用到的会计记录或原始凭证进行操纵、伪造或变造；有意忽略财务报表的一些交易、事项或其他重要信息；涉及数量、提供方式、分类或披露方式时故意用错会计原则。财务报表舞弊是一种常见的舞弊，且也是注册会计师经常碰到的一类舞弊，经常表现为公司管理当局编制财务报表时谎报公司的财务状况、偿债能力和经营成果等。

资产侵占舞弊等同于员工舞弊，指下属员工对有价值物品的偷窃或挪用而导致的舞弊。这种舞弊一般包括贪污应收款、盗窃有价值物品或在账单上虚拟不存在的交易或劳务等，可以通过伪造凭证或故意编制错误的会计记录来完成。可见，资产侵占这种舞弊不同于财务报表舞弊的是一般由员工进行。

综上所述，我们可以得出，财务报表舞弊和资产侵占舞弊的主要不同是：前者一般是管理当局为了会计主体的利益而欺骗财务报表使用者，而后者一般是员工为了个人的利益为欺骗管理层。但是，如果是管理层个人利用其职权贪污、挪用公司财产，这种舞弊不属于财务报表舞弊，而仍然属于资产侵占舞弊。本书是基于外部审计师的立场将舞弊分为财务报表舞弊和资产侵占舞弊的，这两种舞弊，无论是哪一种都属于公司内部有关人员的蓄意欺骗行为，都使财务报表呈现出不真实、不公允的情况，所以注册会计师在审计时都应该注意到这些舞弊。

3. 按行为后果不同对舞弊的分类

根据行为后果的不同，舞弊也可分为有利于公司的舞弊和不利于公司的舞弊。

有利于公司的舞弊是指通过舞弊这种行为会给公司带来经济上的效益，如：逃避税收，通过粉饰财务报表骗取投资或银行信贷的舞弊等。这种舞弊主要是公司管理层通过高估资产、虚增销售或夸大收入，或者低估负债和缩小支出等方式，故意虚报、错报、漏报财务状况和经营成果及其他重要财务信息，通过这样做可以提升公司的形象，并以此获得更多的社会收益。

不利于公司的舞弊是指舞弊的后果会给公司带来经济上的损失，如下属员工侵占资产的舞弊，竞争者为了商业机密而贿赂雇员的舞弊等。总结如下：即公司下属员工对公司资产的侵占，供应商、竞争者、客户对公司的恶意欺骗等。这种舞弊直接导致的是公司的利益受损。分析舞弊的后果是为了分析舞弊的动机以及舞弊的手段等。从审计人员的角度来讲,公司的舞弊一般只是管理层和下属员工两个层面,因此本书暂时不考虑供应商、竞争者、客户等其他人员对公司所实施的舞弊。

二、三因素理论

美国 W. 斯蒂文·爱尔伯莱彻提出了舞弊三角理论。他认为,舞弊是由三个因素构成的,即:压力 (Pressure)、机会 (Opportunity) 和自我合理化 (Rationalization),就犹如燃烧需要热度、燃料、氧气三个因素一样,所以缺少了上述三个因素中的任何一个都不能构成财务报表舞弊。

驱使财务报表舞弊者的行为动机的因素是压力,它是导致舞弊者舞弊的直接因素。可以说,任何财务报表的舞弊行为都源于压力。公司财务报表舞弊的压力大致可以分为两种,即:经济压力和工作压力。经济压力是指公司管理层或管理层个人在金钱上的困难而实施的舞弊行为,这种经济压力主要包括:高额负债、意外财产损失、贪婪、应急需要以及虚荣等;工作压力主要包括丢掉工作的危险、提升遇阻、对领导的不满等,这种压力会使得当事人通过舞弊手段来应付丢掉工作的危险、提升个人业绩或通过舞弊手段专门搞坏公司业绩以报复对领导的不满。

机会是指舞弊者有进行舞弊的时间和环境,且能够不被发现或者不被惩罚。机会要素使得具有行为动机的舞弊行为的得以实现。斯蒂文将它分为 6 个方面:①缺乏内部控制。内部控制的健全完善能够有效预防并发现舞弊者的舞弊行为,而内部控制的不完善则非常有可能为舞弊者提供机会。②信息不对称。信息不对称是指舞弊者拥有更多的有效信息,被骗者则拥有较少的信息,这样,舞弊者就比被骗者更有信息优势,被骗者往往浑然不知自己被欺骗,或者说发现被欺骗的成本太高。③会计和审计制度的不健全。会计、审计制度的缺陷为财务报表舞弊提供了较为广阔的空间,会计制度的缺陷使得公司财务报表舞弊具有较大的欺骗性,而审计制度的缺陷则是使得公司财务报表舞弊能够以合法的姿态示人。④缺乏惩罚措施。惩罚的缺失导致舞弊者的舞弊行为不会严厉的惩罚,使得他们觉得这样做也不会受到任何的惩罚,从博弈论的角度来说,威胁的信号不存在或者不起作用,这时,财务报表舞弊行为的低成本和高收益的特质使得这种行为更加肆无忌惮。⑤专业性较强的工作不易辨认。专业性较强的工作,一般人不了解,更无法辨认他们所做的工作是否符合要求,如医生、会计师等,这就为从事这种具有较强专业性的工作提供了舞弊机会。⑥能力不足或无知。被欺骗者或者审计人员在某些方面能力不足或者由于无知导致不能识别出舞弊行为,这也会为舞弊者提供机会。

自我合理化是公司财务报表舞弊的最后一个因素,在面临压力、获得机会后,舞弊者就必须为自己找到一个理由,使得自己的舞弊行为与其个人的行为准则、道德观念相符合,其实这是舞弊者自己寻求安慰的一个借口。斯蒂文博士将自我合理化因素分为六个方面,即：这是公司亏欠我的；我不会白拿这笔钱，以后会归还的；没有人会因此受到伤害；我会通过其他方面弥补这些损失；是因为别人都这样做，所以我不做就是一笔损失；一些道德观念如正直、荣誉等是可以抛弃的。

三、GONE理论

GONE 理论来自西方世界。"GONE"不是一个完整的单词，而是由 4 个英文单词的首字母组成。其中，"G"代表"GREED"，为贪婪的意思；"O"代表"OPPORTUNITY"，为机会的意思；"N"代表"NEED"，为需要的意思；"E"代表"EXPOSURE"，解释为暴露。GONE 理论不是针对所有的舞弊行为，而主要是针对资产侵占这种舞弊行为来说的，但在分析财务报告的舞弊时，这四个风险同样适用。管理层是舞弊性财务报告的主体，他们的利益点是想多分点红利，或是想为自己所在的企业获得配股、增发股票等，从而实现个人的私利，正是这种"贪婪"导致了舞弊的发生，而内部控制的不完善、不健全、信息不对称等给管理当局制造了舞弊的"机会"。舞弊既然发生了，就有可能被揭露，而"暴露"正是取决于这种可能性。有这四个因素的共同作用导致了舞弊的发生以及被揭露。

四、冰山理论

舞弊的冰山理论是由美国的 G.杰克·波罗格纳、加拿大的罗伯特·J.林德奎斯特提出的，也称之为二因素论。在该理论中，学者将舞弊比喻为漂浮在海面上的一座冰山，被暴露出来的舞弊案可以说只是冰山的一角，一些更为隐秘、重大且对危害大的舞弊案可能深藏在海底下，没有被暴露出来。露在海面上的是舞弊的结构部分，它可以归类为公司的内部管理部分，一些有形的因素包括在其中，即公司等级制度、生产技术情况、企业财务资源、工作效率衡量措施、团队的目标等，这些因素都是客观的且可以为一些技术性程序识别；深藏在海平面下的更为隐秘和危险是舞弊的行为部分，主要包括无形的因素，如员工的感情、态度、价值观念以及公司管理层对下级的鼓励等等，这才是最为危险的部分，因为它是摸不着、看不见的，更多的是人的一种主观意念，很难用现实中的量尺去度量，所以对外界来说更有难度。

因此，冰山理论要考察舞弊就得从结构和行为两个方面出发。冰山理论认为：上市公司财务报表舞弊案的发生，并不单纯是企业内控制度出现了纰漏，最主要的是因为企业管理当局的利欲熏心导致了财务报表舞弊案的发生。很多学者认为，比起前者更为客观的行为因素，公司内部更为个性化的因素更应引起审计人员的重视和警惕。所以，注册会计师在现实中审计时，除了考察企业的结构角度外，更为重要的是关注主观化的因素，从人性方面去发现舞弊的可能性。

五、风险因子理论

伯洛格那等人提出的风险因子理论是 GONE 理论的基础上发展的，并在原有基础上进行了延伸，该理论是到目前为止内容最为完善的舞弊理论。该理论将舞弊风险因子分为了一般风险因子与个别风险因子：一般风险因子通常是由企业决定的。它主要包括三方面：舞弊的机会；舞弊被揭露的可能性；舞弊者所受到的惩罚程度和性质；个别风险因子是由个人原因决定的，它分为两部分，一部分是个人的道德素质，另一部分是个人的行为动机。该理论认为，财务报表舞弊之所以能够发生，是因为一般风险因子创造了外在的条件，个别风险因子可以说就是内因，两者结合导致了舞弊的发生。

六、上市公司财务报表舞弊的含义

上市公司财务报表舞弊通过对将财务报告中列示的数字、记录或附注故意错报、漏报或忽略，目的是欺骗财务报告使用者。主要包括：将财务报表据以编制的会计记录或原始凭证进行操纵、伪造、变造或更改；将财务报表中的一些交易、事项或其他重要信息故意错报或有意忽略；故意误用与会计原则相关的数量、提供方式、分类或披露方式。在财务报表审计中，两类舞弊行为是经常被注册会计师关注的：①侵占资产。是公司的管理层或员工非法占用或挪用单位的资产；②提供给外部虚假的财务报告。管理层是通过操纵利润使对外界提供的财务报表不是真实公允的，从而导致报表使用者产生误读，进而影响他们的投资方向。

七、上市公司财务报表舞弊的行为特征

经过认真研读资料并分析后，总结了几点财务报表舞弊的特征。

（1）董事会及总经理。从理论上讲，财务舞弊的首要执行者是不会做出此种行为，但是我国公司股权结构的不完善及不健全，导致了股东大会、董事会、监事会三者在治理公司时相互制衡的结果。股东大会掌握了根本的权利，表面上是管理层实施了舞弊，实际上是大股东实施了舞弊。在我国，监事会就相当于是形同虚设，完全起不到对股东和董事会的监视作用。

（2）注册会计师。注册会计师在审计过程中本应秉着客观、公正、独立的原则进行审计，独立性更是注册会计师的根本职业原则，对于其他任何外部的干扰因素都应置之不理。但是，在实际的审计过程中，并不是如此。现在的社会审计都是独立的一个单位，并不是依托于国家，作为一个独立的单位，它的目的就是盈利。现在的会计师事务所都是作为一个服务行业，接受被审计单位上级的依托，对被审计单位进行审计，审计过程可能是独立的，但是出的审计报告就很可能不是完全根据审计过程所作出的结果，其中涉及双方的利

益等问题，导致注册会计师做出具的报告并不能真实公允的反映被审计单位的真实情况。

（3）手段多样化并时间较长。

财务舞弊主要通过故意错误处理账目、隐瞒关联方交易、故意错报、漏报一些重要信息等。舞弊的时间跨度一般也较长，短则一两年，多则五六年，甚至更长。舞弊在此期间有可能被重复地进行，很多企业不是偶尔为之，而是经常进行舞弊，其舞弊手段无所不用其极。

八、上市公司财务报表舞弊的危害

改革开放后，中国的证券化程度大大地提高，广大的投资者通过何种途径了解所要投资的单位成了非常关键的环节，我们都知道，投资者不能进入到公司内部详细了解单位的具体财务状况，只有通过公司对外提供的财务报表了解，这样财务报表舞弊就应势而生。下面，将简单的介绍上市公司财务报表舞弊的几种危害。

（一）不利于上市公司本身生存和发展

一个公司的管理层即决策层是通过单位会计提供的会计信息即财务报表等来观察企业一年的经营状况及财务状况，并对未来企业的走向做出有效的决策。管理层有时为了满足当前的利益，而怂恿企业会计做假账，即对财务报表进行舞弊，这种做法虽然会一时的满足企业当前的利益，但从长远来看，这样做并不能满足未来的需求，管理当局利用当前的非真实的财务报表也不能做出正确的决策，长此以往，公司的发展必然受到限制。

（二）不利于保护相关方的利益

现在公司受益方不再是公司自己，而是有很多股东，尤其一个公司上市之后，广大的投资者便是公司的相关方。这些广大的投资者即是公司潜在的投资者，那么如何选择哪家公司，他们不能深入企业详细了解他们的具体财务状况，而只能通过企业对外提供的公司财务报表了解公司的经营状况、财务状况等，基于此，各家公司为了筹得更多的资金，争取更多的投资者，财务报表舞弊便成了他们的必要手段；公司进行财务报表舞弊也是为了取得银行的信贷额度，获取更多的贷款，银行可以公司提供的财务报表考虑是否向企业贷款，以及确定贷款金额、期限；公司员工也是公司的相关方，员工可以根据财务报表了解他们应得的权益，并可以了解企业目标是否与自己的目标相符，并以此做出自己以后是否留在企业的决定；政府部门也是公司的利益相关者，政府部门可以根据公司提供的财务报表掌握国民经济的运行态势，从而制定一些相关的宏观决策。如果公司提供的财务报表不真实公允的话，那么必然直接影响到这些利益相关者，使得他们做出错误的决策，并影响他们自身的利益，进而影响公司的声誉，这样恶性循环，导致公司和利益相关者两者的利益都受损。

（三）不利于证券市场功能的发挥

证券市场的职能之一就是进行资金的融通，将资金流入所需的地方，并进行社会资源的优化配置。证券市场可以说就是投资者和上市公司的一个桥梁，上市公司将公司的财务数据发布在证券市场上，投资者通过对上市公司的财务数据的分析进而决定是否投资于该公司。我国证券市场起步比较晚，但发展得比较快，但今年由于在市场经济的冲击下，众多上市公司为了获得更多的资金，而对财务报表进行舞弊造假，这样严重扰乱了证券市场的运行规则，重重地打击了我们正然然兴起的证券市场，使广大的投资者对证券市场产生怀疑，长此以往，证券市场的这个桥梁功能势必减弱。

（四）不利于社会诚信建设和经济秩序维护

市场经济可以说是信用经济，诚信从古到今，都是非常重要的一个品质，在现在的市场经济中也是不可缺少的。会计诚信是社会诚信非常重要的一部分，经济的繁荣昌盛离不开会计诚信。因为每个公司或者企业都有自己的会计信息，可以说会计信息渗透到了经济领域的各个方面。如果会计信息是虚假的，将严重扰乱市场经济的运行，破坏市场经济秩序，导致社会经济危机，并有可能由此波及社会的其他领域，最后严重影响整个国家的发展。

第二节　上市公司财务报表舞弊手段

一、上市公司财务报表舞弊的手段分析

财务报表舞弊的手段可以说是层出不穷、变化多端，主要分为以下几种舞弊，分别是资产负债表项目的舞弊、损益表项目的舞弊、现金流量表项目的舞弊，资产负债表项目的舞弊又可以分为资产舞弊和负债舞弊；负债舞弊又可以分为收入舞弊和成本费用舞弊。为了识别辨认出被粉饰的财务报表，必须深入了解各种舞弊手段。

（一）资产负债表项目的舞弊

1. 资产舞弊

（1）现金舞弊。现金舞弊可以说是现实生活中最为常见的，但也是最容易被忽视的。现金舞弊包括五种：受限现金舞弊、高现金舞弊、募集资金使用舞弊、账外资金舞弊、现金流水舞弊。

（2）应收项目舞弊。公司在发展初期为了取得市场竞争力、扩大销售，经常会采取赊销这种方式，这是一种有效的销售手段之一，也是商业信用的一种体现。然而，由于经营活动的复杂多样性，很多公司利用此虚构销售业务从而夸大收入，构成经营业绩良好的假

象。除了赊销的方式外，应收账款项目还存在以下几种舞弊方式：通过"应收账款"科目调平账款；通过"应收账款"科目转移资金；对坏账准备多提或少提、进行人为的调节利润，有的公司将本可以收回的款项作为坏账予以核销，这就形成了账外资金，有的公司收回原本作为坏账的款项时不入账，从而形成内部的"小金库"，还有一些公司将确定已经收不回的坏账不予核销，让其挂账，以增加当期的利润。

（3）存货舞弊。存货属于流动资产，也是流动资产的重要组成部分，存货具有种类多、成本计算复杂、价值差异大、存放分散的特点。由于存货的这些特点，审计起来不是那么方便，所以有些公司正是利用此进行存货舞弊，主要做法有：任意操纵存货的数量。有些公司将合格的产品作为废品处理，或是在虚增销售的同时结转产品成本从而造成存货的虚减；常常将存货无依据的预估并入账，或是以虚假的发票来虚增存货等。有些公司为了调控存货的价值，或是想调控已经结转的主营业务成本，将本应列入期间费用的开支错误归集，并将其资本化，多转或少转原材料价值、多摊或少摊制造费用也是存货舞弊的手法之一；还有一些公司通过操纵存货盘点来进行存货舞弊。有些公司为了应付审计检查，经常会通过操控存货盘点来掩盖账实不符，一般的手法如：临时借入产品以增加存货；转移产品以减少存货；以货已到但发票未到的产品抵作被挪用的产品等。

（4）虚拟资产挂账。虚拟资产主要是指已经达到使用年限的固定资产、长期挂账的应收账款、待处理财产损失、已经超过受益年限的待摊费用等。虚拟资产挂账是这些已经对公司没有价值的资产，本应予以核销，但公司为了虚增资产和利润仍然挂在账上的现象。

2. 负债舞弊

负债舞弊行为主要是在流动负债这个科目上做文章，一般通过其他应付款科目和应付账款科目。应付账款的定义是公司在正常经营过程中，因接受劳务供应和购买商品、材料等而应付给供货单位的款项。在实际操作中，公司经常利用入账时间来进行舞弊，例如购买材料时，材料已经入库，也有入库凭证，但是购货发票还没有收到，这种情况就应该将未付的款项记入应付账款科目，而进行舞弊的公司则有意不记入应付账款或者推迟科目的入账时间；有些公司为了避税，用产品抵应付账款，这种行为本应属于销售行为，但这些公司为了避税不记入主营业务收入科目，这样就隐瞒了收入，也避免了少缴税。其他应付款也是负债舞弊常用的一个科目，常用的做法有：隐藏成本费用。利用这个科目进行舞弊的公司一般的做法是将本应计入应付福利费、应付工资的费用，和本应计入预提费用的负债都计入了其他应付款，以此来隐藏一些成本费用；对于民间借款，由于《企业会计制度》对这个借款并没有明确应计入哪个科目，因此，想进行舞弊的公司一般都将民间借款计入其他应付款科目，公司这样做的目的就是想让公司的财务报表呈现出公司良好的经营状况和财务状况，有足够的能力偿还借款，取得投资人的信任。

（二）损益表项目的舞弊

1. 收入舞弊

收入舞弊主要是通过会计截期和虚构销售活动来完成的。首先，截期舞弊。《企业会计准则》中规定确认为收入要素应满足以下四个条件，即：①供货方已将商品所有权的报酬和主要风险转移给购货方；②企业对已售出产品既没有保留与产品所有权相关的继续管理权，也没有对售出的产品实施控制；③与交易事项相关的经济利益能够流入企业；④相关的收入和成本能够可靠地计量。上述四个条件正是体现了会计确认原则中的"实质重于形式"的原则，一项交易能否确认收入，不是单看产品是否转移给了购货方，而是要满足上述四个条件的情况下，供货方才能确认收入。然而，很多上市公司为了使公司呈现出良好的经营状况和财务状况，违背上述收入的确认原则，将本应下个会计期间商品所有权上的风险才能完全转给购货方的收入提前确认到这个会计期间，虚增了本会计期间的收入。其次，虚构交易事实。虚构交易事实也是收入舞弊经常使用的一种方法。这种方法的实质是通过虚构虚假的业务来虚增收入。具体的做法是填制虚假发票、出库单，虚构关联方和销售对象。

2. 成本费用舞弊

（1）生产费用舞弊。利用生产费用舞弊的公司主要是利用成本的结转和计量的复杂性，提前确认费用或延迟确认费用，即，将本应属于下期的成本费用提前确认到本期或者将本期的成本费用延迟到下期核算。例如原材料核算以领代耗，将本应由本期和以后分摊的材料成本全部提前到本期核算，或将本由以前各期预提的燃料动力费用全部延迟到本期进行核算。其次，虚减或虚增生产成本。这种方式主要是通过多计生产工时和生产工人人数来虚增直接人工费用，或是提高材料单价，增加产品直接材料费用，这样生产成本就被虚减或虚增，也达到了舞弊的目的。再次，通过成本费用账户，隐瞒对外投资。这种做法是公司用存货对外投资，没有计入长期投资科目，而是计入生产成本项目，这样就虚增了成本费用，又隐瞒了投资收益，这样公司的利润就少了，从而达到了少缴税的目的。

（2）期间费用舞弊。期间费用舞弊主要通过以下几种方式：将期间费用和生产费用混淆；随意扩大或缩小开支范围，提高或降低开支标准。企业缩短招待费用的摊销期、加大提取折旧额、超标准列支业务差旅费、招待费等来提高企业的费用水平，相反，这些做法也可以降低公司的费用水平，这样做就能达到虚增或虚假利润的目的。

（3）不恰当的借款费用核算方法。根据《企业会计制度》的规定，利息资本化是企业为在建工程而向银行借的款项在固定资产未达到预定可使用状态时，借款利息是予以资本化的。在现实会计操作中，有些公司就利用这点，人为的确定固定资产达到可使用状态的时间，尽量使借款利息资本化。例如固定资产已经达到预定可使用状态并已交付使用，但还未办理竣工决算的手续，公司就以该固定资产还处于试生产的阶段为借口，将办理竣工决算手续期间的费用全部予以资本化，这样部分费用就转化为资产，且固定资产计提折旧的时间也会退后，这样就达到了虚增资产和利润的目的。还有一种做法是利用借入资金和自由资金难以分辨的事实，人为划定资金用途和资金来源，将非资本性支出的利息予以资本化。

（三）现金流量表的舞弊

因为在会计盈余形成过程中的很多会计原则和会计假设现金流量都不会参与其中，所以公司管理层无法通过改变会计政策、会计方法来改变现金流量，但是公司仍然可以通过结算方式、经济业务等来调控现金流量状况。例如公司管理层在使用存货时，较多地使用库存、减少购买的方式就可以使本年内现金流量支出减少，从而使本年度的现金流量净额增加；与债权人商谈，允许公司延迟偿还本年度内较大金额的应付账款；利用应付工资等内部可以任意调控的科目或与关联方业务往来的债权债务，调节利润则会更加方便；与债务人谈判，给予债务人一些优惠条件使其尽快还款，增加现金流量净额。

二、上市公司财务报表舞弊的动因分析

（一）取得上市资格吸纳资金

2006年5月17日中国证监会公布了《首次公开发行股票并上市管理办法》（以下简称"办法"）。该"办法"规定公司首次公开发行股票不仅应当符合《公司法》的规定，作为拟上市公司，持续盈利能力和财务指标还应当符合以下几个条件：

（1）发行人最近一个会计年度的净利润或营业收入对关联方或者存在重大不确定性的客户不存吧在重大依赖。

（2）发行人最近一个会计年度的净利润主要来自合并财务报表范围以外的投资收益。

（3）最近3个会计年度净利润均为整数且累计超过人民币3000万元，净利润以扣除非经常性损益前后较低者为计算依据。

（4）最近3个会计年度经营活动产生的现金流量净额累计超过人民币5000万元；或者最近3个会计年度营业收入累计超过人民币3亿元。2007年8月14日中国证监会颁布的《公司债券发行试点办法》规定，上市公司发行公司债券财务指标必须符合"最近3个会计年度实现的年均可分配利润不少于公司债券1年度的利息"的条件。

拟上市公司大都处于经营困难、盈利能力欠佳的状态，强烈上市的动机就是为了融资解决公司当前的困难。上市之后融到的钱是不需还本钱的，只需要分红利即可，这和银行贷款有本质的区别。现实中，许多拟上市的公司都无法满足证监会的上市要求。一些条件实在不足的公司，为了达到上市的目的，一般都会在财务报表上做文章，通过修改一些数据，使得财务报表呈现出公司良好的经营情况和财务情况，以符合公司上市的要求。还有一些公司在上市前进行了大规模的改组，将一些发展态势不好的下属公司或者资产剥离出去，只留下经营业绩良好的资产，这样公司上市前三年的业绩就呈现出良好的发展态势，给人以错觉，其实这并不是公司真实的盈利能力，而只是经过人为处理的虚假的业绩。

还有一些已经上市的公司，当它们想再融资时，配股就成了它们融资的重要渠道，然而配股对于上市公司的要求也是很高，证监会要求欲配股的上市公司能够达到"在近三年中净资产收益率平均不低于10%，同时每年不低于6%"。很多上市公司是达不到这样的要求的，它们为了达到配股的目的，就在财务报表上做文章，这样就导致了财务报表舞弊行为的发生。

（二）避免退市的考虑

我国《公司法》第157条、158条规定，上市公司有下列情形之一的，由国务院证券管理部门决定其暂停股票交易或退市：①公司股本总额，股权分布等发生变化不再具备上市条件；②公司不按规定公开其财务状况或者对财务会计报告作虚假记载；③公司有重大的违法行为；公司最近三年连续亏损。2001年11月30日，证监会发布的《亏损上市公司暂停上市和终止上市办法》规定：①上市公司出现最近三年连续亏损情形，证券交易所应自公司发布年度公告之日起十个工作日内做出暂停其股票上市的决定；②若暂停上市公司能在期限内披露暂停上市后的第一个半年度报告且显示盈利，可以申请恢复上市，否则证券交易所有权做出公司股票终止上市的决定。

壳资源是非常稀缺的，因此任何一家上市公司被退市或者暂停上市，无论对公司股东、管理当局或者公司的关联方都是非常不利的。在这种情况下，许多上市公司为了保全壳资源，就在财务报表上开始做手脚，以呈现给证监会和潜在投资人一个公司良好的发展态势。这样就能避免被摘牌。例如，天津格林柯尔在2002—2005期间，经营业绩连年下滑，已经不符合股票上市交易的要求。在这种情况下，唯一的办法就是让公司盈利。但公司盈利并不是短时间内能够完成的，公司盈利是需要核心竞争力和良好的运营效率的，但要达到这两个条件不是短时间内能够办到的，想要在短时间内盈利，唯一的办法就是让对外提供的财务报表呈现出公司盈利的状态。在这样的压力下，格林柯尔的管理者们就将来年的各种费用通过提高当年的收购费用抹去大部分，为来年的赢利做好了准备，这样的话虽然在三年中的最后一年形成巨额亏损，但会在证监会规定连续亏损的最后一年来个"大转折"，由亏损变为盈利，将壳资源继续留在证券市场上。

（三）提高股票发行价格

一家公司上市是为了融资，融资的多少取决于两个因素：股票发行额度和股票的发行价格，其中股票发行额度是由证券主管部门决定的，想要融到更多的资金，则需要提高发行价格。中国证监会对于上市公司确定发行价格做了一定的规定，我国新股发行的定价方法一直采用的是市盈率法，盈利能力是决定发票发行的一个非常重要的因素，为了能够取得较高的发行价格，融得更多的资金，上市公司就有了对财务报表舞弊的动机。

（四）继续融资的需求

2006年5月7日中国证监会于公布并于次日实施的《上市公司证券发行管理办法》对上市公司增发股票做了相应规定。要求公司盈利指标必须符合其中几个条件：

（1）上市公司最近3个会计年度连续盈利，扣除非经常性损益后的净利润前后，以低者为计算依据。

（2）最近24个月内曾公开发行证券的，不存在发行当年营业利润比上年下降50%以上的情形。

（3）最近3年以现金或股票方式累积分配的利润不少于最近3年实现的年均可分配利润的20%。

（4）最近3个会计年度加权平均净资产收益率平均不低于6%，扣除非经常性损益前后，以低者为计算依据。

（5）对于上市公司发行的可转换公司债券，公司最近3个会计年度实现的平均可分配利润不少于公司债券1年的利息。

（6）对于上市公司发行的可转换公司债券，最近3个会计年度经营活动产生的现金流量净额平均不少于公司债券1年的利息。由于以上硬性指标的存在，各个上市公司尤其是那些经营业绩不好的公司施展出浑身解数让自己的财务指标尽可能完美。

（五）骗取银行授信等级和授信额度

资金可以说是企业赖以生存的"血液"，企业的生存，发展壮大都离不开资金。每个企业都想拥有大量的流动资金来支撑企业的整个运转，但不是每个企业自身都有大量的流动资金。因此对上市公司来说，发行股票和向银行贷款是最主要的两种融资方式。债权性资本要承担固定的利息，但这种资本可以通过财务杠杆作用来降低融资的成本，同时还可以减轻公司的所得税负担，而权益性资本虽然不用还本金，但其每年要付给投资者很多红利，这点就比债权性资本的成本高。

当今的金融环境比较复杂，银行等金融机构为了使自己的贷款风险降到最低，都要从盈利能力、偿债能力、资信能力三方面对申请贷款的公司进行全面的评估，而公司的所有信息基本都体现在公司的财务报表上，因此财务报表必然成了银行等金融机构的重点评估的对象。因此，那些经营状况不好的，但又急需资金的公司就产生了舞弊的动机，对它们的财务报表进行了粉饰，以取得银行等机构的信任。

第三节　上市公司财务报表舞弊的审计对策

一、明确审计目标

目标是人们通过努力想要达到的一个心中所想，也是检测人们努力程度标尺。审计活动的最终结果就是审计目标，审计是一种服务性行业，其产生和发展都是以社会的需求为核心，社会的需求决定着审计目标。从审计行业开始到现在，查错纠弊都是审计的目标之一。

(一) 查错揭弊——财务审计永恒的主题

在社会发展过程中，无论国家审计、社会审计或是内部审计的发展，都与检查揭露舞弊有密不可分的关系，而其中社会审计的目标发展最为典型，以下从历史发展角度看舞弊与审计的关系。

1. 社会审计的产生原因之一就是揭露舞弊

1721 年，英国的"南海公司事件"导致了社会审计的产生，南海公司的舞弊案可以说是社会审计产生的"催化剂"，对社会审计的发展有着重要的意义。

1710 年，南海公司成立，目的是发展南大西洋的贸易，主业是买卖非洲黑奴，副业是捕鲸。舞弊被揭穿之后，南海公司的股价迅速下跌，损失最大的就是那些债权人和股东。英国议会迫于外界的压力，组成了一个 3 人特别委员会，对南海公司的舞弊进行审计检查，并聘请了当时非常有名的会计学教师——斯奈尔先生进行审查。斯奈尔审查之后出了一份查账报告书，根据此舞弊案，英国议会颁布了《泡沫公司法取缔法》。"查账报告书"是斯奈尔先生以"会计师"的名义提出的，从此注册会计师诞生了。由于斯奈尔参与了南海公司的舞弊案，便成了世界上的首位注册会计师。

上述历史表明，社会审计第一次审计的舞弊案；第一份社会审计报告揭露的也是舞弊。可以看出，审查公司舞弊是社会审计首次接触的。

2. 揭露舞弊始终是审计目标之一

观察历史可以看出，审计目标的确立是一个很漫长的过程。审计产生以来，从最开始的详细审计到资产负债表审计，再到会计报表审计，现在发展到风险审计阶段，审计的目标也是不断地发展衍化。

20 世纪初以前的详细审计阶段，审计的做法是对被审计单位一定会计期间的会计记录进行逐笔审查，审计的目标是判定这些会计记录是否有舞弊行为和技术性错误。

20 世纪初到 20 世纪 30 年代的资产负债表审计阶段，审计的做法是对被审计单位一定会计期间内资产负债表内的项目余额的真实性、可靠性进行审查，以此来判断公司的偿债能力和财务状况。

20 世纪 30 年代到 20 世纪 80 年代为会计报表审计阶段。1933 年美国发布了《证券法》，1934 年发布了《证券交易法》，自这两个法发布以来，审计的首要目标已经变为审查会计报表的公允性，而防范舞弊也已退居第二位。

20 世纪 80 年代为风险审计阶段，舞弊审计又成为重要的审计目标。舞弊案件的不断涌现，在社会公众的压力下，注册会计师被迫承担起审查舞弊的责任。但在审查时，注册会计师经常以审计技术的局限性、内部控制和审计成本为借口，推卸责任，引起了社会对注册会计师的信任危机。20 世纪 80 年代以后，注册会计师败诉的案件不断增加，引发了审计学界和审计职业界对审计目标的大讨论，注册会计师团体也开始慢慢改变了态度。

最近十年，财务报表舞弊导致对外公开的会计信息严重失实，已成为一个普通且严重的国际问题。近几年，资本市场高速发展，全球资本市场一体化是个必然趋势，潜在投资者、债权人都是依据公司对外提供的财务报表进行决策，如果公司提供的会计信息失真，必然会给潜在投资者和债权人造成巨额损失。目前的情况下，社会公众越来越强烈要求审计承担揭露舞弊的职责。有鉴于此，2002年10月美国注册会计师协会颁布了第99号准则取代原有的82号准则，对注册会计师审查舞弊的态度提出了更为高的要求，也完善了舞弊审计方法和审计程序。

（二）纠错查弊——报表审计现实的选择

1. 缩小公众期望差

我国处于社会主义初级阶段，市场经济也属于幼年时期，许多方面还待完善，欺诈舞弊案也是经常发生，社会公众对此非常不满意，要求这些舞弊案被揭露出来的愿望非常强烈，在市场经济条件下，参与其中的各家公司的经济活动也是非常有序地进行，当然对这种舞弊行为不能视而不见，要求有关部门进行控制。在我国目前的阶段，查错揭弊可以说仍然是首要目标。我国社会审计规定的审计目标为："对被审计单位的财务报表的会计处理方法的一贯性、合法性、公允性发表意见"，从这句话可以看出，社会审计的审计目标主要是判定财务报表的真实性和公允性，并不是查错揭弊。目前财务报表舞弊行为是如此的猖狂，公众对此是非常不满意的。需求是发展的动力，任何行业都是如此，因此审计行业想要发展，注册会计师都应尽量满足公众的需求，承担起查错揭弊的责任，尽量缩小公众期望差。

2. 单一审计目标的缺点

我国审计范围的现状是紧紧围绕公司财务报表来审计，并以此来发表审计意见，以财务报表为核心的表现是：审计时需求的资料只是被审计单位的财务报表和与此相关的会计凭证、合同、总账和明细账等，而其他考虑的非常少。即便是在采用先进的风险基础审计法，一些相关的风险如控制风险和固有风险都被设定的很高，注册会计师等审计人员只是依靠对检查风险的控制，在我国审计活动中的检查只是对于财务报表相关的各种明细账、总账、会计凭证进行检查，其他考虑的非常少甚至不考虑。审计视野可以说是被审计目标和方法阻碍了。如果公司想要舞弊的话，在内外串通的情况下，完全可以对会计资料作假，很多舞弊案都是这样发生的，在这种情况下，审计失败也是在所难免。我们可以看出在单一审计目标的指导下，审计风险是非常高的。因此，我们认为仅仅以财务报表为中心，对财务报表的真实性、合法性、公允性发表审计意见为单一目标，这会误导审计行为的。综上所述，我认为在现有审计目标的基础上，应强调查错揭弊这个审计目标，这样才能满足公众的需求，也能更好地完成现有的审计目标，而且能够揭露出更多的舞弊案件。

审计目标的确立是用来指导审计行为的。注册会计师最开始的定的审计目标即并为专门查错揭弊，那么他们在审计的过程中自然只会千篇一律的进行常规审计，也不会增加他们应有的职业怀疑，这种状态下，注册会计师怎么能合理的检测出财务报表的错误和舞弊呢？因此，这种审计形势下，我国《错误与舞弊准则》认为注册会计师不应采取这种含糊不清的态度，明确提出"查错揭弊是注册会计师在审计时应尽到的责任"。

3. 双重审计目标是形势的需要

在发达国家，特别是美、英两国以及国际审计组织，他们采用的就是双重审计目标。以前，雇员舞弊是经常发生的，公司管理层的责任是防止雇员舞弊，但现在主要是管理人员进行舞弊，而且产生危害远远超过雇员舞弊。因此社会对审计人员应承担查错揭弊的责任的呼声原来越高。实际上，从公众的观点来看，差错揭弊一直是他们对会计师的要求。而审计中尽量降低其责任主要理由是审计能力的限制，对精心设计的舞弊很难发现。尽管如此，但社会环境的强烈要求与自然界"适者生存"的法则，使得审计职业界不得不对此予以重新考虑。目前，在西方发达国家双重审计目标已经逐渐地被广泛接受，基于此，全球经济一体化的形势下，我们的会计和审计体系也要和全球接轨。

二、强调职业理念

注册会计师在借鉴其他审计人员的经验之后可以从中获取经验教训。职业理念我们可以理解为是人们由于对自己专业的热爱而日益形成的一种习惯，这种职业理念有很明显的职业特征，它可以帮助人们更好地完成工作任务目标。我认为注册会计师必须具备以下四点职业精神才能更好地完成审计工作，达到预期的审计目标。

（一）职业谨慎

《审计理论结构》是由莫茨和夏拉夫出版的，这本著作在审计界是相当有名的，他们在书中指出："审计人员应形成职业关注，还以特定的术语指出审计人员在审计时应考虑到的事项。他们还认为如果审计人员严格按照所要求的注意事项去考虑检查，那么他们对所以错误和舞弊基本上都能发现，这样，审计人员既尽到了自己查错揭弊的责任，也不会大费周章的为了所有错误和舞弊进行全面审计。"审计理念是通过审计谨慎体现的，审计理念是一个理论概念，审计谨慎是一个行为概念。它要求审计人员在实际工作应做到以下几点：①了解并熟悉该公司的业务、经营方法、经营环境等；②检查被审计单位的内部控制是否健全完善；③获取被审计单位的会计相关资料；④对异常的事项做出审计人员应有的怀疑态度；⑤对重要的错误和舞弊要更加谨慎的怀疑，并在指导助手工作时也要秉着谨慎的态度。

（二）职业怀疑

职业怀疑是指审计人员在审计时应秉持一种敏感、警惕、怀疑的态度，就是说审计人员对被审计单位的财务报表是不相信的。职业怀疑要求注册会计师认识到：①任何一家公司的管理人员都有舞弊的可能性；②舞弊的发生可能源于公司结构的不完善和管理人员的道德缺失；③对于风险的测试是非常必要的，从风险的水平高低可以看出舞弊发生的可能性。审计人员的职业怀疑态度应贯穿于整个审计过程：在编制审计计划时，要充分了解被审计单位的经营环境、行业地位以及管理当局的个性特征等，并对财务报表的风险进行测评；在审计的过程中，要积极主动地对审计程序进行掌控，特别是在分析性复核阶段，在审核数字的同时，要格外关注公司账簿之外的压力；遇到重大事项，应听管理当局的解释，但是也不能对管理当局的解释全部相信；发现舞弊迹象是要增加审计程序以发现舞弊；在收集审计证据时，要使收集的证据充分合理，不能根据不充足的证据出审计意见；如果审计人员没有合理的审计怀疑，即使审计程序再严密，也可能导致审计失败。

（三）职业判断

审计职业判断是审计人员做出多种工作方案，运用相关的多种知识，做出取舍。很多审计诉讼案例表明，注册会计师应加强对结果的注重而不能只强调过程，要不然一旦败诉，注册会计师就很难抗辩。我国的注册会计师在实际审计时，不能机械的执行审计程序，而是要从实质上将审计准则应用到实际审计工作中，审计人员要在保持应有的职业怀疑和职业谨慎的基础上，运用相关的职业判断，这样才能尽可能多的发现财务报表的舞弊行为。

职业判断主要靠的是注册会计师的个人判断能力。在实际审计过程中，对舞弊风险的评判和对舞弊迹象的识别都与审计人员的个人职业判断能力息息相关，而这种能力不是来自书本或是已经写好的审计计划中，而是完全靠审计人员平时经验的积累。因此，在现实审计中，当发现审计的财务报表的风险很高或是发现重大舞弊迹象时，应增派高级别的注册会计师来审，这样能够更快、更准的发现舞弊。

（四）"关注奇异"的思维

"关注奇异"思维即"问号"思维，这是一种非常重要的审计理念，这种思维的重点就是要突破常规思维，善于从繁杂的会计资料中发现不同寻常的地方，审计人员在审计时头脑中要形成几个问号，通过实施审计程序，发现问号所在的症结，解决或证实问号。分析性复核就是"关注奇异"思维的运用。

1. 换位思考

审计人员要想能发现财务报表的舞弊，就应该换位思考，站在舞弊者的位置想问题："公司为什么要进行舞弊？有舞弊的必要吗？""进行财务报表舞弊对公司和管理当局有什么利益吗？""进行舞弊的财务报表能被识别出来吗？""现行会计准则有什么漏洞，怎样进行舞弊才能不被发现？"等。审计人员要换位思考，站在舞弊者的角度，才能更容易的发现舞弊者的舞弊行为。

2. 善于发现异常

审计人员在进行审计时，应特别关注不合常理、例外的、奇怪的地方，在这些奇异的地方很有可能捕捉到舞弊行为。奇异主要包括以下几种：

（1）奇异数字。会计资料中的奇异数字主要是指那些应精确到某种程度但却没有精确到，不应精确反而很精确的数字；如果会计资料中的某个数值不符合经济业务规定大小范围，则应视为奇异数字；如果在某一时期某个指标超出了大小范围，则应认定为奇异；例如主营业务收入和主营业务成本不匹配等。

（2）奇异时间。奇异时间指的是会计资料中某些业务发生的时间或者被记录的时间不符合正常的发生时间，如季节性业务的记录时间不合理、往来款项长期挂账。

（3）奇异地点。奇异地点是根据物资流动的合理性和距离的远近来判断其是否正常。

（4）奇异往来单位。异常单位指的是这些单位一般不会和被审计单位发生业务往来，但事实上这些单位和被审计单位发生了业务往来。观察到这些奇异单位后，就要查看相关的会计资料来查看其经济业务是否正常；同时，根据购销业务是否涉及第三者或更多方面判断其合理性。

三、规范审计程序

（一）关注舞弊预兆的信号

在审计过程中注册会计师应时刻保持警惕，以察觉重大舞弊。在接受审计业务约定时，审计人员既关注企业内部组织情况和行业领域情况，也要注意行业内最新的舞弊手段。审计人员在关注公司内部时，必须关注公司内员工的个人状况和管理层对内部控制的态度；在对被审计单位所在的行业观察时，要尽量关注一些管理机构公布的一些与该行业相关的一些舞弊案例，以增进对该行业的了解，同时，审计人员还应对最新的舞弊案例进行关注，了解他们的最新舞弊手段。以下是14种最常见的舞弊信号：

（1）公司直接领导过分回避注册会计师的询问或明显的撒谎。
（2）注册会计师靠自己的职业判断，判断公司的管理层不诚实。
（3）管理层对数量目标和利润预算过分强调。
（4）在有关会计原则上，管理层与注册会计师存在严重的分歧。
（5）被审计单位有购买会计原则的倾向。
（6）管理层对财务报表的态度超乎寻常的激进。
（7）被审计单位的内部控制系统相当不完善。
（8）管理层对公司的外部管理机构非常的不重视。
（9）被审计单位的财务决策和经营决策是由一个人或少数几个人决定的。
（10）被审计单位的经理对审计人员非常的不友善。
（11）管理层有冒险的倾向。
（12）一些较难审计的交易总是经常发生且都很重要。
（13）一些重要岗位的直接领导被认为在做事方式上不合情理。
（14）被审计单位的内部组织结构分散，也缺乏充分的监控。

（二）风险评估

实施风险导向审计的目标是对财务报表不存在由于错误和舞弊导致的重大错报获取合

理保证。风险导向审计是当今流行的审计方法，它要求注册会计师评估财务报表重大错报风险，设计和实施进一步审计程序以应对评估的错报风险，根据审计结果出具恰当的审计报告。审计人员了解被审计单位和其经营环境，目的就是为了评估财务报表重大错报风险。了解被审计单位和其经营环境而实施的程序就是"风险评估程序"。审计人员应当依据实施这些程序所获取的信息，评估重大错报风险。下列的就是风险评估程序，审计人员只有实施这些程序才能了解被审计单位和其经营环境：

（1）对被审计单位的管理当局和其他人员进行询问。注册会计师对被审计单位和其经营环境进行了解的重要方法就是询问。

（2）实施分析程序。分析程序是指注册会计师通过研究不同财务数据之间以及财务数据与非财务数据之间的内在关系，对财务信息做出评价。

（3）观察和检查。观察和检查程序可以验证审计人员对管理当局和其他相关人员的询问结果，并可以检查出或观察出一些与被审计单位及其经营环境相关的信息。

（三）制定审计计划

审计计划分为总体审计策略和具体审计计划两个层次。注册会计师应当根据审计策略中的不同事项，制定相应的审计计划。总体审计策略和具体审计计划两者是相关联的，总体审计策略在审计计划之前制定，对审计计划起着指导作用，审计计划又是对审计策略的具体反映，两者中其中一项改变，则另外一项也会跟着改变。

在实际工作中，审计人员在审计之前会制定具体审计计划。总体审计策略相对于具体审计计划来说比较简略，具体审计计划则更加详尽，其内容主要包括：获取适当的、充分的审计证据；审计程序的实施时间、范围和性质。可以说，具体审计计划的核心是获取适当、充分的审计证据，从而确定审计程序的时间、性质、和范围。

（四）实施审计

1. 控制测试

现代风险导向审计模式下，控制测试的目的是为了检测审计程序的设计、执行和内部控制是否有效，但其最终目的仍是为了证实会计报表的认定。控制测试并不是风险导向审计下必需的程序，这点和传统审计模式一样，控制测试是审计人员在进行风险评估时希望被审计单位的内部控制有效，或者是实质性测试不能为审计人员带来满意的效果时需要进行控制测试。

2. 实质性程序

实质性程序是指注册会计师针对评估的重大错报风险实施的直接用以发现认定层次重大错报的审计程序。审计人员实施的实质性程序包括下面两点：①将会计记录和依据此编制的财务报表进行核对；②检查重大会计分录和其他重大调整。审计人员是依据被审计单位的重大错报风险确定对重大会计分录和其他重大调整的性质和范围。

由于审计人员对重大错报风险的评判只是个人的职业判断，由于能力或其他原因可能无法识别所有的重大错报风险，而且被审计单位的内部控制存在着局限性，无论重大错报风险的高低，审计人员都应当对所有重大的账户余额、交易事项等实施实质性程序。

3. 风险再评估及修改审计计划

随着审计过程中收集到的审计证据增多，审计人员对重大错报风险的评估也将发生变化。

因此审计人员应再次评估风险以及相应地修改审计计划，扩大审计测试范围或修改审计程序，以对发表审计意见提供合理保证。

四、加强审计防范

管理学中对控制的分析有事前控制、事中控制、事后控制三部分。上述审计程序等都是属于事后控制，其实，要想从根本上解决财务报表舞弊应该做好事前控制和事中控制，下面讲的就是从事前控制和事中控制入手。

（一）健全内部控制制度，强化内部审计

美国世界通信舞弊案震惊了世界，发生舞弊案的最根本的原因就是内部审计部门的权利受到了限制及监事会没有发挥应有的职能，导致管理当局任意操纵财务报表，最后导致了舞弊大案的发生。从这个舞弊大案我们可以再次看到内部审计部门和监事会的重要性，应该让这两个部门充分发挥它的作用，这样公司内部才能形成股东大会、董事会、监事会三者之间相互制衡的关系，这样不仅能够减少董事会及管理层舞弊的风险，而且减少了舞弊实施的"机会"。

上市公司都设有独立董事的职位，以此来制约大股东的决策，降低公司只由公司内部人掌控的可能性，但是在实际中，我国上市公司的独立董事基本都是形式重于实质，作用根本没有得到体现。上市公司应该完善独立董事制度，使其发挥真正的作用，减少舞弊发生的可能性。

（二）加强民间审计监管，提高职业质量

注册会计师审计可以分为事中审计和事后审计，事中审计也称之为跟踪审计，注册会计师的跟踪审计就可以及时发现公司的违规、违法行为，可见，注册会计师在审计中的作用是非常重要的。注册会计师的专业素养可以审查出财务报表中的舞弊，降低投资人的风险，注册会计师除了自己的专业素养外，还需要自律等外部监管措施。

（三）完善相关法制建设，加大执法力度

我国财务报表舞弊的主要原因之一是即使舞弊被发现也不会受到很严厉的处罚，以致舞弊者更加肆无忌惮，加大执法力度、加强法制建设既可以增加其舞弊被揭露的风险系数，引入相应的民事诉讼机制和民事赔偿机制也是必需的。因为民事赔偿既可以使被欺骗者得到相应的赔偿，又可以使舞弊者造成经济上的负担，有效的抑制他们的舞弊行为；从另一

角度来说,民事赔偿还可以积极调动利害关系人的法律意识,这样不仅能够维护被骗者的权利,还能够对舞弊者起到威慑作用。二是加大舞弊行为的刑事责任。民事惩罚虽然能够对舞弊者起到威慑作用,但民事惩罚对于大多数上市公司并不能起到根本的震慑作用,上市公司还是会为了自家的利益铤而走险,法律部门应加强对舞弊者的刑事责任的处罚,刑事处罚一般比较重,这样才会对舞弊者起到该有的震慑作用。

总之,认识了上市公司财务报表舞弊的动机和手段之后,审计部门应制定严密的审计程序对上市公司的财务报表进行审计,相关部门也应加强防范,这样对规范资本市场,提高投资者对资本市场的信心有着重要的作用。因此,我们认为,对上市公司财务报表的防范和治理,提高会计信息的披露质量,是一项非常复杂的工程,这个路程是艰巨而漫长的。完善的上市公司信息披露制度和信息披露体系是我国目前欠缺的,我国可以大胆的借鉴外国先进的制度和体系,进而结合我国的国情,制定出适合我国的上市公司信心披露制度和信息披露体系。

第六章 上市公司财务质量评价

第一节 财务质量评价的理论基础

一、财务质量的含义

在目前的理论研究中,对财务质量的含义还没有形成统一的认识。因此,对财务质量的含义做出界定,是进行财务质量评价和研究的基础。在此,我们先对质量的含义进行阐述,然后结合国内外对财务质量的研究,最后得出本书所采用的财务质量的含义。

《辞海》中,关于"质量"的含义有两点,一是产品或工作的优劣程度,二是量度物体惯性大小和引力作用强弱的物理量。ISO9000 质量管理体系标准中对质量下的定义为:质量是产品、体系或过程的一组固有特性满足顾客和其他相关方要求的能力。

对于财务质量概念的界定很少,从国内外研究文献的梳理中得出以下几种说法:

David Cummins(1997)从保险定价的角度对财务质量进行了阐述,他认为一个公司的财务质量应定义为对违约风险的反映程度。因此,违约风险低的公司其财务质量则高。张新民教授(2000)的研究认为,财务质量可以理解为企业的财务状况,即企业可以用货币表现出来的各个方面。张鹏飞(2006)将"财务质量"的概念定义为:企业财务资源及其产生的财务效果满足规定或潜在需要的特征及特性的综合,即通过合理而有效的配置、整合和安排企业的各项资源,结合有效的管理和运作,使企业达到的具体财务效果能够符合现实或潜在的利益相关者对所需求财务信息的各种要求。王翠春(2008)在其实际研究中提出了一个新的观点,即财务质量是公司核心竞争力的外在货币化表现,是公司拥有的各种资源及其运用效果的货币化表现所能满足公司利益相关者的程度。

基于以上概述,本书认为财务质量的含义应为:财务质量是对公司营运过程中财务状况、经营成果、现金流量和发展潜力的反映,是公司拥有的各种资源及其运用效果的货币化表现所能满足公司利益相关者的程度。

通过对上述有关财务质量文献资料的研究,本书认为,应分清以下两个相关概念与财务质量的异同。

(一)财务质量与财务状况质量

财务状况质量是企业财务状况(局部或整体)按照账面金额进行运转(如资产)或分配(如利润)的质量。从两个概念所涵盖的内容来看,财务质量不但应包含财务状况质量方面的定量分析,还应结合企业财务制度、公司治理结构、内部控制、企业创新能力以及核心竞争力等方面进行定性分析,所涉猎的范围较广。如果对财务质量作较为狭义的理解,则专指财务状况质量。本书对财务质量和财务状况质量不加区分,视为同一概念。

(二)企业财务质量与企业经营业绩

企业的财务质量不能等同于企业的经营业绩,业绩评价仅仅只是财务质量评价的一个组成部分。一家财务质量高的企业必然会有好的业绩做支撑,但经营业绩好的企业并不一定拥有高的财务质量,二者不可混为一谈。

二、财务质量的构成要素

目前有关财务质量的理论研究较少,相关理论文献也较少,仅有张新民教授的《企业财务状况质量分析理论研究》是对财务质量状况研究的专著。张教授认为,企业的财务质量应包括资产质量、资本结构质量、利润质量、现金流量质量以及财务信息质量等。但本书认为,张教授对财务质量细分的五方面存在重复交叉的地方,财务信息质量不必单列一项,可以通过前面的几项进行体现;但是在其分类中,忽视了企业的持续发展能力问题,因此,应在其分类中加入"企业可持续发展能力"这一方面。

(一)资产质量

资产质量,是指特定资产在企业管理过程中满足企业对其预期期望的质量,具体表现为资产的变现质量、单独增值质量、被利用质量、与其他资产组合增值的质量等方面。一般来说,资产质量的好坏,主要表现为资产的账面价值量与其变现价值量或被进一步利用的潜在价值量(可以用资产的可变现净值或公允价值来计量,或与其他资产组合增值之后的价值)之间的差异上。对资产质量的分析,必须结合公司特定的经济环境来进行,不能一概而论,要着重强调资产的相对有用性。

企业对资产的安排和使用程度上的差异,即资产质量的好坏,将直接导致企业实现利润、创造价值水平方面的差异。因此,不断优化资产质量,促进资产的新陈代谢,保持资产的良性循环,是决定企业能否长久保持竞争优势的源泉。

(二)资本结构质量

资本结构质量,是指企业资本结构与企业当前以及未来经营和发展活动相适应的质量。具体来说,企业资本结构质量主要应关注以下几个主要方面:第一,企业资本成本的水平与企业资产报酬率的对比关系;第二,企业资金来源的期限构成与企业资产结构的适应性;第三,企业的财务杠杆状况与企业财务风险、企业的财务杠杆状况与企业未来融资要求以及企业未来发展的适应性；第四，企业所有者权益内部的股东持股构成状况与企业未来发展的适应性。

（三）利润质量

利润质量，是指利润在形成、结构、分配等方面的质量。考察利润的质量，可以从三个方面来进行：第一，对企业核心利润形成过程质量的考察；第二，对企业利润结构进行考察；第三，对企业利润结果进行考察。

高质量的企业利润，应当表现为资产运转状况良好、企业所依赖的业务具有较好的市场发展前景、企业对利润具有较好的支付能力（缴纳税金、支付股利等）、利润所带来的资产能够为企业的未来发展奠定良好的资产基础。反之，低质量的企业利润，则表现为资产运转不灵、企业所依赖的业务具有企业的主观操纵性或没有较好的市场发展前景、企业对利润具有较差的支付能力（推迟缴纳税金、无力支付股利等）、利润所带来的资产质量恶化、其增加不能为企业的未来发展奠定良好的资产基础等等。

（四）现金流量质量

现金流量质量，是指企业的现金流量能够按照企业的预期目标进行顺畅运转的质量。在日益激烈的市场竞争中，现金流量质量已经成为影响企业生存和发展的关键因素。

具有较好质量的现金流量应当有如下特征：第一，企业现金流量的结构与状态体现了企业发展战略的要求；第二，在稳定发展阶段，企业经营活动的现金流量应当与企业经营活动所对应的利润（即同口径营业利润）有一定的对应关系，并能为企业的扩张提供现金流量的支持；第三，筹资活动现金流量能够适应经营活动、投资活动对现金流量的需求，且无不当融资行为。

（五）企业可持续发展能力

1. 企业可持续发展能力的内涵

企业可持续发展能力，是企业在追求自我生存和永续发展的过程中，既要考虑企业经营目标的实现和企业市场地位的提高，又要保持企业在已领先的竞争领域和未来扩张的经营环境中，通过完善内部各要素系统，并兼顾与企业经营活动相关的社会、经济、环境目标，可持续地满足各利益相关者的需要，始终保持持续的盈利增长和发展能力。

2. 企业可持续发展能力分析的目的

企业能否可持续发展对经营者、投资者、债权人及各利益相关者都至关重要。就投资者而言，企业是否能够可持续发展，不仅关系到投资者的投资回报率，而且也关系到这个企业是否真正具有投资价值；对企业的经营者来说，要经营好一家公司，不能只看企业目前的经营业绩，更重要的是要放眼未来，关注企业未来的发展趋势和可持续发展能力，比较和识别竞争对手的潜在弱点和预测未来的行为；对债权人而言，企业能否可持续发展，关系到债权人投入的本金及利息能否按时收回，与债权人的根本利益密切相关。

三、财务质量评价的相关理论

（一）财务质量评价的内涵

财务质量评价是以企业对外报出的财务报告及其他相关资料为主要依据，对企业某一时期的财务状况、经营成果及现金流量进行的质量评价和剖析，反映企业在运营过程中的财务状况、经营成果及发展趋势，从而为改进企业财务管理工作和优化经济决策提供重要的财务信息。

（二）财务质量评价的指标体系

我国评价上市公司财务质量的指标体系主要以财政部、国家经济贸易委员会、人事部和国家发展计划委员会于1999年联合发布的《国有资本金效绩评价规则》和2002年发布的《企业效绩评价操作细则（修订）》为基础。《国有资本金效绩评价规则》和《企业效绩评价操作细则（修订）》中明确确定了《企业效绩评价指标体系》及其计算公式。

企业效绩评价指标体系更具有先进性和科学性，呈现出以下几个基本特点：第一，以净资产收益率为核心指标；第二，采用多层次指标体系；第三，以统一的评价标准值作基准；第四，采用定量分析与定性分析相结合的方法。

（三）财务质量评价的方法

目前业界较为流行的财务质量评价方法主要有如下几种：杜邦分析法、沃尔评分法、综合评分法和雷达图分析法等多种方法，本书着重介绍应用较为广泛的杜邦分析法和沃尔评分法两种方法。

1. 杜邦分析法

杜邦分析法是美国杜邦公司于20世纪20年代通过对企业各种财务比率之间的内在关系深入研究而建立起来的一个模型，它是利用各种财务比率的内在联系，借以综合评价企业财务质量状况的综合分析方法。杜邦分析法的核心指标是净资产收益率，它是一个综合性很强的财务指标，反映了企业净资产的获利能力。

杜邦分析法以净资产收益率为核心，分为三大层次：

（1）净资产收益率及其分解。

净资产收益率 = 净利润 / 净资产 = 总资产收益率 × 权益乘数

（2）总资产收益率及其分解。

总资产收益率 = 净利润 / 总资产 = 销售净利率 × 总资产周转率

（3）销售净利率与总资产周转率的分解。

销售净利率 = 净利润 / 营业收入 =（总收入－总成本费用）/ 营业收入

总资产周转率 = 营业收入 / 总资产 = 营业收入 /（流动资产 + 非流动资产）

杜邦分析法有助于企业投资者和管理层更加清晰地看到"净资产收益率"这一财务管

理基本目标的决定因素,以及销售净利率与总资产周转率、筹资结构(权益乘数)之间的相互关联关系,为投资者和管理层提供了一张明晰的考察企业盈利能力、资产管理效率和筹资结构是否最大化股东投资回报的层次。

2. 沃尔评分法

沃尔评分法是财务状况综合分析的先驱,最早是在19世纪末20世纪初由美国会计学家亚历山大·沃尔提出的。他在20世纪初出版的《信用晴雨表研究》和《财务报表比率分析》中首次比较完整地应用沃尔评分法对企业财务状况进行了分析,以评价企业信用水平的高低。沃尔评分法选择了七项财务比率对企业的信用能力进行评价,通过对选定的几项财务比率给定一个分值,然后计算出综合得分,从而对企业的信用水平乃至整个企业的财务状况做出评价。其评分过程分为三步:

(1)计算相对比率。相对比率=实际比率÷标准比率

(2)计算某比率得分。某项比率的分数=标准值评分×该指标的相对比率

(3)计算综合得分。企业综合得分=∑各项比率的评分

综合得分结果按A、B、C、D、E(即优、良、中、低、差)五档划分,如下所示:

优(A):综合得分为85分以上(含85分);

良(B):综合得分为70-85分(含70分);

中(C):综合得分为50-70分(含50分);

低(D):综合得分为40-50分(含40分);

差(E):综合得分为40分以下。

沃尔评分法可以解决企业投资价值分析、企业财务状况综合评价、企业偿债能力评价和客户或其他合作者信用状况评价等问题。需要注意的是,用于不同目的和不同行业的分析时,其指标体系和标准值不尽相同。

(四)利益相关者分析

凡是关心公司经营业绩、希望了解公司财务状况和经营成果的人都是财务质量的利益相关者。利益相关者是公司财务质量评价的主体。由于评价主体的不同进行财务质量评价的目的也不尽相同。按照其与公司的关系,可以分为外部使用者和内部使用者两类。

1. 外部使用者

(1)投资者。

企业的投资者包括企业业主、合伙人,以及现有的和潜在的股东。投资者可以是自然人,也可以是保险公司、基金等机构投资者。投资者追求的是股东财富最大化,虽然不直接参与企业的日常经营,但是需要通过财务信息实时关注企业的情况。投资者对财务信息的解读最根本的作用是帮助他们做出投资决策。投资者会关注企业的盈利能力、股价变动以及风险等,并通过分析来判断这项投资的获利水平。

(2)债权人。

根据债权的期限，债权人可以分为短期债权人和长期债权人。债权人关注的是债权的安全性，本息能否按期收回。短期债权人更侧重于关注短期偿债能力，需要利用财务信息来分析企业的流动性和现金流。长期债权人更关心长期偿债能力，除了流动性和现金流之外，还关注企业的盈利能力和资本结构。债权人通过分析财务信息，做出维持原贷款条件、收回贷款、追加贷款以及调整信用条件等决策。

（3）政府部门。

政府部门对企业负有管理和监督的职能，还需要对宏观和产业经济进行整体调控，因此政府部门也需要了解企业的财务质量，包括盈利状况、资金状况、风险水平等信息，以便做出征税、政府补贴、行政干预、市场监管等方面的决策。

2. 内部使用者

（1）董事会与监事会。

董事会与监事会都是企业内部的组织。其中，董事会是企业的最高决策机构，企业的重大战略和长期发展方向都由董事会决定，董事会只有了解了企业的财务质量，才能准确地把握企业当前的经营情况，做出有关利润分配、高层管理人员变动、年度财务预决算等方面的重大决策。

监事会是企业的最高监督机构，肩负着监督企业全面业务状况、财务状况的责任，要完成这一职能，监事会必须详细了解企业的财务质量。

（2）管理层。

企业的管理层是在投资者的委托下经营管理企业，以投资者的利益为目标经营整个企业。管理层需要解决日常经营中出现的各种问题，制定有助于企业发展的经营决策，实现企业的发展目标。这些任务的实现也都离不开对财务质量的了解和关注。

（3）职工。

现在，越来越多的职工参与到企业的经营活动和决策当中。另外，职工获得的薪资水平和福利待遇，都与企业的经营情况息息相关。为了维持自身收入的稳定，职工也要关注企业的盈利能力、偿债能力和发展前景。职工的这些需求都要求职工对企业的财务质量有较为详细的了解，因此职工也是财务质量的使用者之一。

第二节　上市公司财务质量影响因素及评价中存在的问题

一、我国上市公司财务质量的影响因素

财务质量包括资产质量、资本结构质量、利润质量、现金流量质量和企业可持续发展能力五个方面，本节将分别对财务质量各个方面的影响因素进行深入分析。

（一）资产质量的影响因素

资产质量的影响因素主要包括资产的收益性、资产的营运能力、投资收益能力、虚资产占总资产的比重等几方面，下面分别对这几个影响因素进行分析。

1. 资产的收益性

资产的收益性是指资产的运用能够为企业带来一定的经济利益。收益性是资产质量的综合表现，通过真实存在资产的流动取得收益，是企业得以生存和发展的必要条件，只有获利的企业才能长久存在下去，且资产质量的其他影响因素最终必然影响资产的收益性。资产的收益性良好，说明企业可以利用资产获得更多的利润，从而有利于企业的生存发展，企业的资产质量状况也较好；反之亦然。资产的收益性可以用总资产收益率这一指标来体现。

2. 资产的营运能力

资产的营运能力指的是企业资产的周转运行能力，反映企业资产和利用的效率。营运能力强的企业，有助于获利能力的增长，进而保证企业具备良好的偿债能力，因此高质量的资产必定体现为高效的营运能力。企业资产的营运能力可以分为以下两种进行阐述：

企业的经营性流动资产是企业短期内最具有活力的资产，也是经济增长的主要来源、偿还短期债务的主要保障。因此，高质量的经营性流动资产，应该表现为较为适当的流动资产周转率以及较强的偿还短期债务的能力。企业的固定资产和无形资产，反映企业从事长期发展的物质基础和技术装备水平。高质量的固定资产和无形资产，应当表现为周转速度适当，资产的闲置率不高，并能获得利润。

3. 投资收益能力

企业的对外投资，体现了企业谋求对外扩张或者实现投资收益的动机。对于短期投资，应表现为投资的直接增值。高质量的长期投资，则应表现为：投资的结构与方向体现或者能增强企业的经济利润；确认的投资收益有与之相符的现金流入。投资的收益能力可以用投资报酬率这一指标来反映。

4. 虚资产占总资产的比重

虚资产包括待摊费用、递延资产、待处理财产损溢和递延税款借项等，它是企业过去已经耗用的资源，是企业按照权责发生制原则推迟至以后确认的费用，是企业未来利润的抵减项目，它不再代表企业未来可动用的经济资源。虚资产的实质是企业的实有费用或损失，必须用过去的积累或今后的收入来进行补偿，最终将减少所有者权益。当企业虚资产在企业总资产中所占比重较大且数额较大时，将会加大企业的经营风险，削弱企业所提供的会计信息的可靠性、有用性、公允性，给企业会计信息的利益相关者带来一定的负面影响。虚资产占总资产的比重越大，说明企业的资产质量越差。

（二）资本结构质量的影响因素

资本结构质量的影响因素主要包括以下三个方面：

1. 偿债能力

偿债能力是指企业偿还到期债务（包含本金及利息）的能力。能否及时偿还到期债务，是反映企业财务状况好坏的重要标志。通过对偿债能力的分析，可以考察企业持续经营的能力和风险，有助于对企业未来收益进行预测。因此，企业偿债能力较强，则表明企业的资本结构质量状况较好；相反，企业偿债能力较弱，企业的资本结构质量状况则不好。

2. 财务杠杆比率状况

企业的财务杠杆状况与企业财务风险、企业未来融资要求以及企业未来发展的适应性。按照财务管理理论，企业财务杠杆比率越高，表明企业资源对负债的依赖程度越高，企业未来进行债务融资的成本和难度增大，其财务风险也相对较高。因此财务杠杆比率越高，企业的资本结构质量越差；反之，其财务风险相对较小，企业的资本结构质量也较好。

3. 企业资本成本的高低与企业资产报酬率的对比关系。

从成本效益关系的角度分析，只有当企业的资产报酬率（企业的利息和所得税前利润与企业总资产之比）大于企业的加权平均资本成本时，企业才能在向资金提供者支付报酬以后，使企业净资产的规模得到扩大，表明企业的资本结构质量较好；相反，企业的资产报酬率小于企业的加权平均资本成本时，企业在向资金提供者支付报酬以后，会使企业净资产的规模逐渐缩小，表明企业的资本结构质量较差。

（三）利润质量的影响因素

利润质量的好坏主要反映在利润结构的合理性、盈利能力、利润的获现能力三方面。其对利润质量的影响如下：

1. 利润结构的合理性

利润结构是指构成企业不同形式的利润（营业利润、投资收益、营业外收支净额）的有机搭配和比例。在利润的总体构成内容中，营业利润特别是主营业务利润及其所占比重大小是决定企业利润是否稳定可靠的基础。这部分利润是企业基本经营活动的成果，也是企业一定期间获得利润中最主营、最稳定的来源，对利润的影响最大。在其他条件不变的情况下，营业利润所占比重越大，利润质量越高。

2. 盈利能力

"一定的盈利能力"是指在企业会计政策保持一贯性的条件下，在绝对额上，企业每年能够获取与企业经营规模、行业特点和成长周期等因素相适应的一定规模的净利润，并能保持持续增长的基本趋势。企业盈利能力的强弱在一定程度上也反映了企业利润质量的高低。企业盈利能力较强，则企业的利润质量较高。

3. 利润的获现能力

在现金获取能力方面，无论是核心利润还是投资收益，都会产生恰当的现金净流量，从而为企业正常的经营活动提供稳定的现金来源。利润的获现能力强，则企业的利润质量较好；如果企业的利润并未给企业带来稳定的现金支持，则说明企业的利润质量较差。因此，利润的现金保障程度是衡量利润质量的核心标准。

(四)现金流量质量的影响因素

现金是企业经营中的"血液",血液是否通畅、质量是否良好直接决定着一个企业的生命力。一般来说,一个企业现金流量质量较高的表现是现金流量结构是否合理、经营活动产生的现金流量是否具有支付能力。

1. 现金流量结构的合理性

企业的现金流量包括经营活动的现金流量、投资活动的现金流量和筹资活动的现金流量,其中占主要地位的应该是经营活动的现金流量。因为经营活动现金流量的主要构成是主营业务,主营业务突出、收入稳定是企业运营良好的重要标志,反过来企业主营业务突出,经营越稳健,现金流越稳定、持续,现金流量质量也越高。

2. 经营活动产生的现金流量是否具有支付能力

在稳定发展阶段,企业经营活动产生的现金净流量应当对企业的利润有足够的支付能力。企业正常情况下的经营活动现金流量除了要维护企业经营活动的正常周转外,还应该有足够的补偿经营性长期资产折旧与摊销,以及支付利息和现金股利的能力,并能为企业的扩张提供现金流量的支持。

(五)企业可持续发展能力的影响因素

影响企业可持续发展能力的因素主要包括以下几个方面:

(1) 营业收入。

企业收入的主要来源是营业收入,只有营业收入持续稳定地增长,才能为企业不断发展提供充足的财务资源,企业才能实现可持续发展。因此,企业的可持续发展能力与企业的营业收入密切相关。

(2) 资产规模。

企业拥有资产是企业经营发展的前提,同时也是企业取得收入的基本保证。只有当企业拥有了一定规模的资产,企业才有可能实现可持续发展。

(3) 净利润。

净利润的增加一方面显示了企业出色的盈利能力,能够吸引更多的投资者,为企业的可持续发展提供资金支持;另一方面净利润形成留存收益,可以保证企业的扩大再生产,这也是企业实现持续发展的源泉。

(4) 人力资源和产品的竞争力。

人力资源竞争力和产品竞争力是承载企业发展的动力,能够体现企业的发展是否具有很强的生命力。

二、我国上市公司财务质量评价存在的问题

在现代经济的环境下,企业的管理当局、各利益相关方、报表使用人和潜在的外部投

资者无论做出任何决策都必须有相关信息的支持,而这些信息归根结底也都来自于对企业财务质量的评价。由此可见,如果对企业没有一个正确的财务质量评价,那么利益相关者将无法做出正确的决策。然而,就目前上市公司财务质量评价的指标体系和方法来说,还存在着许多问题和局限性,这就会导致无法准确、客观地对财务质量做出评价,无法为利益相关者提供有效的决策信息。因此,我们有必要对目前我国上市公司财务质量评价指标体系和方法中存在的问题进行分析,为以后财务质量评价指标体系的设计和方法选择提供依据。

(一)财务质量评价指标体系的问题

1. 没有充分考虑企业财务质量的影响因素

现行评价指标体系中鲜有像虚资产占总资产的比率、主营业务鲜明率等这种反映企业财务质量的指标,这显然无法为财务信息的利益相关者做出正确地评价。财务质量高的企业往往表现为主营业务突出、核心竞争力强,偶发性业务带来的利润少,关联交易少,或有负债少,潜在损失少,经营活动产生的现金流量与营业收入相匹配,现金股利支付能力强等特征,但现行的评价指标体系中没有充分考虑企业的财务"质量"问题。

2. 不重视对现金流量的分析

自 1998 年 1 月 1 日起,我国开始要求编制现金流量表,由于实行的时间较晚,导致基于现金流量的评价没有得到应有的重视。在权责发生制下,会计利润更多地取决于企业所采用的会计处理方法,盈余操纵屡见不鲜。而相对于会计利润,以"收付实现制"为编制基础的现金流量能够更加真实地反映企业的财务质量状况和财务风险,使财务质量评价的结果更加真实可靠,有助于信息使用者真实客观地评价企业的财务状况。但是在企业效绩评价指标体系的 8 个基本指标中,竟然没有一个关于企业现金流量方面的指标,只有盈余现金保障倍数和现金流动负债比率两个修正指标反映现金流量信息。这显然不符合当今"现金至上"的财务观念,因此也就不能全面准确地反映企业的财务状况、经营成果和现金流量情况,掩盖了企业可能面临的风险。

3. 对企业可持续发展能力的重视不够

企业可持续发展能力对企业持续、健康的发展有着重要的作用。但是在权数为 100 的现行企业效绩评价指标体系中,发展能力状况评价指标的分值仅为 24 分,这些评价指标及其权重是不能客观评价企业发展潜力的,在一定程度上有可能助长企业管理者的短期行为倾向,忽视经营发展战略,不利于企业长期稳定持续地发展。

(二)财务质量评价方法的局限性

1. 杜邦分析法的局限性

第一,没有包括现金流量指标。杜邦分析法以净资产收益率为核心指标,以总资产收益率、权益乘数、销售净利率和总资产周转率为关键指标,将企业的资本结构、资产结构、营运能力和获利能力等指标有机结合起来,目的是寻求提高净资产收益率的途径。所以,杜邦分析法是以利润指标为核心构建的，数据资料全部来源于资产负债表和利润表，没有包括现金流量方面的信息，不能反映企业的现金流量情况，具有主观片面性和易操纵性。

第二，没有包括每股收益指标。每股收益是衡量上市公司获利能力的重要指标，也是投资人最为关注的财务指标，杜邦分析法没有包括该指标，不利于体现股东财富最大化的财务目标。

第三，净资产收益率指标存在局限性。杜邦分析法以净资产收益率为核心指标，该指标在设计上没有考虑风险和时间因素，容易导致短期化行为，不利于企业的可持续发展。

2. 沃尔评分法的缺陷

沃尔评分法是评价企业综合财务状况的一种比较可取的方法，这一方法的关键在于指标的选定、权重的分配以及标准值的确定等。该方法具有简单、易懂、便于操作的优点，但也有自己无法克服的缺陷。

第一，沃尔评分法从理论上讲有一个明显的问题，就是未能证明为什么要选择流动比率、产权比率、固定资产比率、存货周转率、应收账款周转率、固定资产周转率和自有资金周转率这七个指标，而不是更多或者更少，或者选择别的财务指标。同时未能证明每个指标在总评分中所占比重的合理性，缺少理论依据。另外，如果七个指标中有一个过高或过低，就会影响企业的实际总评分，导致该方法反映的企业整体财务状况失真。

第二，沃尔评分法选用的七个指标，没有涉及现金流量表中的数据，实际上只反映了企业的资产营运能力和偿债能力，缺少了反映盈利能力和发展能力的指标，这就远远不能满足评价现代企业财务状况和经营成果的需要了。

综上所述，我们可以看到杜邦分析法和沃尔评分法存在共同的局限性：第一，指标选取都来源于资产负债表和利润表，没有来自现金流量表中的数据，因此不能反映企业的现金流量情况；第二，由于分析过程具有一定的主观性，导致这两种方法都或多或少地存在分析结果较为主观的局限性。

第三节　我国上市公司财务质量评价体系

一、财务质量评价指标体系设计

（一）财务质量评价指标体系设计的原则

为了能够科学、合理、全面地反映企业的财务质量状况，在设计财务质量评价指标体系时应遵循以下几条原则。

1. 科学性原则

所设计的财务质量评价指标体系，应当既能反映财务活动的规律性，又能体现财务管理的目标和要求。财务指标的经济内涵要明确，所需的数据应尽可能与会计核算口径相一致，指标体系的设计要完整，评价方法以及变量的确定要正确等方面。

2. 可比性原则

财务质量评价指标体系设计的目的在于通过比较了解企业的优势和劣势，掌握企业财务质量的真实情况，并根据不同环境做出不同的战略决策。因此，所选择的指标应有较强的横向和纵向比较的功能。

3. 系统性原则

影响企业财务质量的因素有很多，因此，财务质量评价指标体系是一个非常复杂的系统，应包涵影响资产质量、资本结构质量、利润质量、现金流量质量和企业可持续发展能力五个方面因素的多项指标，充分反映出企业真实的财务质量情况。

4. 可行性原则

财务质量的评价指标应能够揭示出企业的财务状况、经营成果和现金流量的情况，且其指标数据应真实有效。本书所使用的原始数据全部来源于各个样本公司的年度报告、新浪财经网站及我国证券监督管理委员会网站上公开的资料，这些资料均经过了会计师事务所注册会计师审计，数据的真实性和取得的可行性符合财务评价的相关原则。

5. 通用性原则

设计出来的财务质量评价指标体系必须具有通用性，即应用的指标能够反映出不同企业财务质量的共性。通过通用性，分析企业的财务质量，然后进行时空上的比较，从而确保评价得分或最终财务质量的横向和纵向的可比性。

（二）财务质量评价指标体系设计思路

1. 从资产负债表分析企业的资产质量和资本结构质量

资产质量是指资产的变现能力或被企业在未来进一步利用的质量，资本结构质量是指企业在现有资本结构下良性发展的质量。资产负债表能够反映企业所拥有或控制的、能以货币表现的经济资源的规模及分布形态，以及企业全部资金的来源及其构成情况，进而能够对企业的资产质量和资本结构质量进行评价；通过对资产负债表有关项目的指标分析，对企业各种资源的利用情况做出评价，进而能够对企业的财务状况和经营成果做出整体评价。

2. 从利润表分析企业的利润质量

利润质量，主要涉及企业利润的形成过程、利润结构以及利润结果等方面的质量。利润表收入结构质量分析可以反映企业获取利润的来源与途径，收入趋势质量分析可以反映企业持续盈利的潜能或危机，投资报酬质量分析可以反映企业资本投资所创造出的价值和效用。

3. 从现金流量表分析企业的现金流量质量

在市场经济环境下，现金流量质量与一个企业的生存、发展、壮大息息相关，"现金至上"的观念名副其实。在企业价值分析过程中,现金流量表分析可以帮助我们了解企业获取现金的能力以及企业投资、筹资和经营活动等方面的内容,这些信息都体现了企业的现金流量质量。

4. 从所有者权益变动表分析企业的持续发展能力

所有者权益是企业的资本所有者在企业中应享有的权益。企业的各利益相关者期望企业能够拥有一个合理有效的所有者权益结构,以保障财务结构的稳定性和建立有效的企业治理结构。进行所有者权益结构分析,可以评价所有者权益结构的集中化程度以及企业治理制度的有效性。对所有者权益变动情况进行分析,可以评价企业资本保值增值能力和股东财富增长能力,进而对企业的可持续发展能力做出分析。

企业不同的财务会计报表之间是互相联系的,它们共同构成了一个统一的整体。为了全面地评价企业的财务状况、经营成果和现金流量状况,我们必须将各个财务会计报表联系起来进行财务质量分析与评价。

(三) 财务质量评价指标体系的改进设计

本书按照财务质量评价指标体系的设计原则及财务质量各个方面的影响因素,从资产质量、资本结构质量、利润质量、现金流量质量和企业可持续发展能力五个方面共选取了23项指标对财务质量评价指标体系进行改进设计,尽量做到能够更准确地反映企业财务"质量"的特征,全面、真实地反映企业的财务质量状况,对企业的财务质量做出客观准确地评价,为利益相关者决策提供可靠依据。

1. 资产质量的评价指标

(1) 总资产收益率。总资产收益率从总体上反映了企业资产的利用效果,说明企业运用其全部资产获取利润的能力。其计算公式为:

$$总资产收益率 = 息税前利润 / 平均资产总额 \times 100\%$$

总资产收益率不考虑利息费用和税收因素,涵盖了企业全部的资产,考察角度全面,因而最直接、最全面、最真实地反映了企业资产的综合利用效果及其获取利润的能力,是体现资产质量的最佳指标之一。

(2) 流动资产周转率。流动资产周转率是反映全部流动资产周转速度和利用效率的指标,是评价企业资金营运能力的重要指标。其计算公式为:

$$流动资产周转率(次数) = 销售收入净额 / 平均流动资产总额$$

一般情况下,该指标越高,表明流动资产周转速度越快,对流动资产的利用越好。因为在更快的流动资产周转速度下,企业的流动资产占用就会更为节约,企业的盈利能力更强;而缓慢的周转速度需要补充更多的流动资产参加周转,造成资金浪费,降低企业的盈利能力。

(3) 固定资产周转率。固定资产周转率也称固定资产利用率,它反映了企业固定资产的周转情况,从而衡量固定资产的利用效率,表明了一定数量的固定资产能够带来多少销

售收入。其计算公式为:

固定资产周转率(次数)=营业收入/固定资产平均净值

一般情况下,固定资产周转率高,周转天数短,固定资产利用得充分,说明企业固定资产投资得当,固定资产结构分布合理,能够充分发挥固定资产的使用效率;反之,则表明企业资产使用效率不高,拥有固定资产数量过多,设备闲置没有充分利用。

(4)应收账款周转率。应收账款周转率是评价企业应收账款流动性大小的一个重要指标,它可以用来反映企业应收账款的周转速度和管理效率。其计算公式如下:

应收账款周转率(次数)=赊销收入净额/应收账款平均余额

一般来说,应收账款周转率越高,说明应收账款的变现速度越快,应收账款的管理效率越高,可以减少坏账损失,而且资产的流动性强,企业的资产质量状况也好。反之,说明企业催收账款的效率低,这样会影响企业资金的利用效率和资金的正常周转,从而影响企业的资产质量状况。

(5)投资报酬率。投资报酬率是指通过投资而应返回的价值,企业从一项投资性商业活动的投资中得到的经济回报。其计算公式为:

投资报酬率=年利润或年均利润/投资总额×100%

该指标涵盖了企业的获利目标,既能揭示投资中心的销售利润水平,又能反映资产的使用效果。

(6)虚资产占总资产的比率。该比率反映了企业资产的虚实情况。计算公式为:

虚资产占总资产的比率=虚资产总额/资产总额×100%

当企业虚资产在企业总资产中所占比重较大且数额较大时,将会加大企业的经营风险,削弱企业所提供的会计信息的可靠性、有用性、公允性,给企业会计信息的使用者和提供者均带来一定的负面影响。

2. 资本结构质量的评价指标

(1)流动比率。流动比率的基本逻辑是流动负债主要是依靠流动资产来偿还的。其计算公式为:

流动比率=流动资产/流动负债

流动比率通过表示企业流动资产与流动负债之间的相对比例关系,反映了企业用流动资产偿还流动负债的能力。该指标过低,意味着企业的短期支付能力不足,可能捉襟见肘,难以如期偿还债务;该指标过高,则表明企业资金没有得到充分利用,影响资金的使用效率和企业的获利能力。国际上一般认为流动比率为2时是比较合适的,这样既达到一定的安全性,又充分利用了能够利用的资金来源,表明了企业的财务状况稳妥可靠。

(2)资产负债率。资产负债率反映了企业的资本结构状况,直接体现了企业财务风险的大小。其计算公式为:

资产负债率=负债总额/资产总额×100%

资产负债率是反映债权人所提供的资金占企业全部资产的比率,用来衡量利用债权人提供的资金进行经营活动的能力,反映债权人提供资金的安全度。资产负债率并不存在标准比率,它依据行业状况、企业实际经营和财务状况而定,合理的资产负债率通常为40%~60%,规模大的企业适当大些。

(3)产权比率。产权比率反映了债权人所提供资金与所有者所提供资金的对比关系,因此它不仅反映了所有者权益对债务的保障程度,还可以揭示企业资本结构的合理程度、资金成本的高低、财务风险的大小和企业财务杠杆的利用程度。其计算公式为:

产权比率=(负债总额/股东权益总额)×100%

产权比率越低,说明债权人权益的保障程度越高,承担的风险越小,也即企业偿还长期债务的能力越强;反之,则说明企业偿还长期债务的能力较弱。但是,在实际中对该指标的分析应结合企业的具体情况。

(4)资产报酬与资本成本差异率。计算公式为:

资产报酬与资本成本差异率=(息税前利润/平均资产总额)—[年资本使用费用/筹资总额×(1—筹资费用率)]

从成本效益关系的角度分析,只有当企业的资产报酬率大于企业的资本成本时,企业才能向资金提供者支付报酬以后,使企业的净资产的规模得到增加,表明企业的资本结构质量较好;相反,企业的资产报酬率小于企业的资本成本时,企业在向资金提供者支付报酬以后会使企业的净资产的规模逐渐萎缩,表明企业的资本结构质量较差。

3. 利润质量的评价指标

(1)营业利润占利润总额比率。该指标是评价企业经营效益稳定性、持久性的重要指标。其计算公式为:

营业利润占利润总额比率=营业利润/利润总额×100%

利润总额是营业利润、投资净利润、营业外收支净额三者的总和。营业利润是企业的主要经营业务产生的,是所获利润中最主要、最稳定的来源,因此它具有可持续性且是企业利润总额的主要构成部分。营业利润在利润总额中所占比率越高,企业利润的可持续性就越强,企业的利润质量越高。该指标能更真实地反映营业利润的收现程度,能更客观地分析企业的利润质量。

(2)净资产收益率。净资产收益率反映了企业所有者所获投资报酬的大小,是反映企业盈利能力的核心指标。其计算公式如下:

净资产收益率=净利润/平均净资产总额×100%

净资产收益率是企业所有财务比率中综合性最强的一个指标。该比率越大,表明企业所有者权益资金获取收益的能力越强,运营效益越好,企业所有者所享受的净利润越多,企业盈利能力越强,对债权人的保障程度也越高;反之亦然。

(3)主营业务利润率。主营业务利润率反映了企业业绩的核心业务,是企业利润的主要来源。企业的利润质量构成项目较多,主要有主营业务利润、其他业务利润、投资收益、补贴收入等,在上述项目中,其他业务利润具有不稳定性,投资收益除了具有不确定性的特征外，有些还包含了较大的风险。因此，一个利润质量高的企业，其主营业务利润应在利润总额中占有较大的比重。为了使利益相关者更加了解企业利润质量的高低情况，在利润质量中应列示主营业务利润率。其计算公式为：

主营业务利润率＝(主营业务利润/主营业务收入净额)×100%

一般来说，该指标越高，表明企业整体经营活动的市场竞争力越强，发展潜力越大，盈利能力越强，利润质量也越高。

（4）利润现金保障倍数。利润现金保障倍数反映了企业当期净利润中现金收益的保障程度，真实地反映了企业的利润质量。其计算公式为：

利润现金保障倍数＝经营活动产生的现金流量净额/净利润×100%

一般说来，利润现金保障倍数较高，表示利润的可靠性较高，具有一定的派现能力，利润质量也较高；反之，利润的可靠性与派现能力都值得怀疑。

4.现金流量质量的评价指标

（1）现金流量结构比率。该比率反映了企业经营活动产生的净现金流量在现金净流量中所占的比例。计算公式为：

现金流量结构比率＝经营活动产生的现金流量净额/现金净流量总额

经营活动现金流量的主要构成是主营业务。主营业务突出、收入稳定是公司运营良好的重要标志，反过来公司主营业务突出，经营越稳健，现金流越稳定、持续，现金流量质量也越好。

（2）盈利现金比率。盈利现金比率是一定时期经营活动产生的现金净流量与净利润的比值，计算公式为：

盈利现金比率＝经营活动现金净流量/净利润

盈利现金比率反映了企业当期收益的质量。一般来说，该比率越大，表明净利润的现金含量越高，企业可支配的货币量越大，企业的支付能力越强，企业的现金流量质量越高；反之则越低。如果该比率小于1，说明本期净利中存在尚未实现现金的收入，在这种情况下，即使企业盈利，也可能发生现金短缺的情况。

（3）现金流量比率。现金流量比率反映本期经营活动产生的现金流量是否足以抵付短期债务的能力，计算公式为：

现金流量比率＝经营活动产生的现金净流量/期末流动负债

该指标越高越好，这不仅表明企业支付到期债务的能力越强，而且说明企业经营活动创造现金流量的能力越强，这是企业经营活动效率和质量较高、财务状况良好的重要标志。

（4）现金流量利息保障倍数。现金流量利息保障倍数反映了企业经营活动产生的现金对偿付利息费用的保障程度。其计算公式为：

现金流量利息保障倍数＝(经营活动现金净流量＋本期支付的所得税)/本期支付的利息

该比率表明1元的利息费用有多少倍的经营现金净流量作为保障，越高说明企业的长期偿债能力越强；反之，则说明长期偿债能力越弱。

5. 企业可持续发展能力的评价指标

企业可持续发展能力可以从两个方面来衡量：一是企业的收益能力，通常体现在一些营利性指标的增长上；二是企业的规模及经济实力，通常反映在资产的规模及扩张上。

（1）主营业务收入增长率。主营业务收入增长率是指企业本期主营业务收入增长额与上期主营业务收入总额的比率，具体计算公式如下：

主营业务收入增长率 t = 主营业务收入增长额 t / 主营业务收入 $t-1$ ×100%

主营业务收入增长率反映了企业主营业务收入的增减变动情况，能够预测企业的趋势，是评价企业成长性的重要指标。该指标数值较大，代表着公司拥有较强的主营业务盈利能力和竞争能力，这也反映出企业的可持续发展能力较强。

（2）总资产增长率。总资产增长率也称总资产扩张率，用来衡量企业本期资产规模的增长情况，评价企业经营规模总量上的扩张程度。其计算公式为：

总资产增长率 = 本年总资产增长额 / 年初资产总额 ×100%

总资产增长率指标是从企业资产总量扩张方面衡量企业的可持续发展能力，表明企业规模增长水平对企业发展后劲的影响。该指标越高，表明企业当年资产经营规模扩张的速度越快。但利用该指标进行分析时，应注意资产规模扩张的质与量的关系，以及企业的后续发展能力，避免资产盲目扩张。

（3）净利润增长率。净利润增长率是企业扩大再生产的资金来源和实现可持续发展的重要基础。其计算公式为：

净利润增长率 = 本年净利润增长额 / 上年净利润 ×100%

通常，该指标越高越好，越高表明增长速度越快，企业往往处于成长期，企业潜在的发展能力越强；该指标变化不大，一般来说企业应该处于成熟期，企业的持续发展能力基本保持不变；该指标越低，则说明企业可能处于衰退期，企业的可持续发展能力也随之变弱。

（4）资本积累率。资本积累率反映了企业当年权益资本的积累能力，是评价企业可持续发展能力的重要指标。其计算公式如下：

资本积累率 = 本年所有者权益增长额 / 年初所有者权益总额 ×100%

式中，本年所有者权益增长额 = 所有者权益年末数 — 所有者权益年初数

资本积累率反映了企业当年所有者权益的变动水平和投资者投入资本的保全性和增长性，体现了企业资本的积累情况，展现了企业的可持续发展潜力。该指标越高，表明企业资本积累越多，应付风险和可持续发展的能力越强。

（5）技术投入比率。技术投入比率是当年技术研发费用占主营业务收入的比率，反映企业在技术创新方面的支出。其计算公式如下：

技术投入比率 =（当期技术转让费支出 + 当期研发投入）/ 当期主营业务收入净额 ×100%

企业只有通过不断地创新，才能保证企业持续发展，因此该比率在一定程度上反映了企业的创新能力和企业可持续发展能力。

（四）与现行财务质量评价指标体系相比的优势

本书根据财务质量的含义及影响因素等相关方面的研究，在引入现金流量表中数据的前提下，从资产质量、资本结构质量、利润质量、现金流量质量以及企业可持续发展能力五个方面改进设计了财务质量评价指标体系，在指标的选取和设计上更加全面，对帮助利益相关者准确解读企业业绩、有效透析企业管理状况、揭示企业管理问题及潜在风险起到十分积极的作用，与现行的财务质量评价指标体系相比具有明显的优势。

二、财务质量评价方法选择

（一）财务质量评价方法的选择

本书选择因子分析法对我国上市公司的财务质量进行分析与评价。因子分析法与上述评价方法相比，具有如下两点优点：

1. 运用因子分析法

可以非常全面地考虑企业财务质量的各项财务指标，避免了单指标的片面性，而且还没有对指标直接赋予权重，所得的权数是伴随着数学的变换而自动生成的，同时它的分析结果是由系统产生的，因此减少了主观因素的影响，从而使其评价依据和分析结果都具有客观公正性。

2. 运用因子分析法

可以非常准确、迅速地计算出企业财务质量各个方面的得分及排序情况。从综合得分和各个公共因子的得分及排序中，每个企业都能找到其在行业中所处的位置，与其他企业及行业平均水平进行对比，找出自己的不足，从而制定出优化企业财务质量的战略。

综上所述，因子分析法应用在财务质量评价中是一种客观、定量的评价方法，其计算结果更为准确、客观，操作性比较强。下文将对因子分析法进行详细的介绍。

（二）因子分析法

1. 因子分析法的概念

因子分析的概念起源于 20 世纪初 Karl Pearson 和 Charles Spearmen 等关于人的智力测验的统计分析。近年来，随着计算机的高速发展，因子分析已成功应用于心理学、医学、气象学、地质学、经济学等领域，并因此促进了理论与方法的不断丰富和完善。

因子分析法 (Factor Analysis) 是一种多元统计分析法，是利用降维的思想由研究原始变量相关矩阵内部的依赖关系出发，将具有错综复杂关系的变量归结为少数几个综合因子的一种多变量统计分析方法。因子分析法应用在财务质量评价中是一种客观、定量的综合评价方法。

因子分析法的基本思想是在尽量减少信息丢失的前提下，根据相关性的大因子分析的出发点是用较少的相互独立的因子变量来代替原来变量的大部分信息。

2. 因子分析法的基本步骤

因子分析有两个核心问题：一是如何构造因子变量；二是如何对因子变量进行命名解释。因子分析法有以下几个基本步骤：

第一步，将原始数据进行标准化。

进行因子分析是在标准化数据的基础上进行的，所以需要将原始数据标准化。

第二步，确定待分析的原有若干变量是否适合于因子分析。

因子分析是从众多的原始变量中构造出少数几个具有代表意义的因子变量，这里面有一个潜在的要求，即原有变量之间要具有比较强的相关性。如果原有变量之间不存在较强的相关关系，那么就无法从中综合出能反映某些变量共同特性的少数公共因子变量来。因此，在进行因子分析时，需要对其进行适用性检验，确定待分析的原有若干变量是否适合于因子分析。本书研究采用KMO（Kaiser-Meyer-Olkin）检验和巴特利特球形检验（Bartlett Test of Sphericity）。KMO检验的统计量用于比较变量间简单相关系数和偏相关系数的指标，当KMO的值大于0.5时，表明可以进行因子分析；而当KMO的值小于0.5时，则不适合进行因子分析。巴特利特球形检验的检验统计量根据相关系数矩阵的行列式计算得到，且近似服从卡方分布。如果该统计量的观测值比较大，且对应的相伴概率值小于显著性水平，原有变量适合作因子分析；反之，如果检验统计量的观测值比较小，且对应的相伴概率值大于显著性水平，可认为相关系数矩阵与单位阵无显著差异，原有变量不适合做因子分析。

第三步，构造因子变量。

建立变量的相关系数矩阵R，求R的特征根及相应的单位特征向量，根据累计贡献率的要求（或特征值大小的要求），取前m个特征根及相应的特征向量，写出因子载荷阵A。

第四步，利用旋转使得因子变量更具有可解释性。

将原有变量综合为少数几个因子后，如果因子的实际含义不清，则极不利于进一步分析。一般需利用旋转方法使提出的因子的含义更加清晰，使因子具有命名可解释性。

第五步，计算因子变量的得分。

因子变量确定后，对每个样本数据，我们希望得到它们在不同因子上的具体数据值，这些数值就是因子得分，它和原变量的得分相对应。有了因子得分，我们在以后的研究中，就可以针对维数少的因子得分来进行。

第六步，计算综合得分。

综合得分是由每个因子变量的得分加权平均求和计算得出的，权数为提出的各公因子方差贡献率占所有提取公因子的累计方差贡献率的比例。

第七步，根据各个因子得分和综合得分进行进一步分析、评价，得出相应的结论。

结　语

上市企业在制定财务管理战略时，要严格树立"以人为本"的管理理念，重视管理知识培训。在全球化的知识经济发展时代，知识已经成为企业发展的最重要因素，重视"以人为本"的管理理念是上市企业财务管理发展的必然趋势。基于此，上市企业要增加员工的责任感，端正企业管理人员态度，从而保证上市企业财务管理工作的顺利开展。

总而言之，在全球经济一体化背景下，上市企业加强财务战略管理是必然要求。上市企业要根据财务管理的发展要求，提出健全内部财务管理控制、监督财务战略管理实施、建立财务管理奖罚机制等措施，从而正确选择企业财务管理战略，进一步推动企业财务管理的快速发展，促进企业快速、稳定发展。